共通テスト情報Ⅰ 模擬問題集

目　次

知識・技能の整理

本書の使い方

大学入学共通テスト「情報Ⅰ」の概要と本書のねらい

2025年1月実施の大学入学共通テストより，科目「情報Ⅰ」が導入されます。

共通テスト対策においては，①実際の試験の傾向を知ることができるため，②過去問題を通して苦手な分野を発見できるため，③実際の試験の形式に慣れることができるため，などの理由により，過去問題の活用が非常に重要です。しかし，新規に導入される共通テスト「情報Ⅰ」については，本書編集時点（2023年度）では過去問題がまだありません。大学入試センターが2022年11月9日に試作問題を公表しており，これが数少ない「対策の手がかり」となっています。

本書は，「過去問題の活用が重要であるにも関わらず過去問題がない」という状況に対して，過去問題の代わりとして使用できる模擬問題を掲載することにより，受験生の皆さんの入試対策をサポートすることを目的として作成しました。模擬問題は，2022年11月9日に公表された試作問題をベースとしつつ，教科書，学習指導要領，文部科学省の情報科教員向け研修資料，ITパスポートや基本情報技術者試験などの情報処理技術者試験などを踏まえ，「情報Ⅰ」の力を共通テストの形式に合わせて総合的に確認できるようにすることをねらいとして作問しています。また，試作問題も本書に掲載しています。

本書の活用方法

本書の模擬問題・試作問題は，教科書や分野別問題集でインプットした内容を踏まえ，「どの分野が理解できていないのか？」，「インプットした知識・技能をどのように活用して問題に解答するのか？」などを確認するために活用することができます。

また，本書p.4〜39の「知識・技能の整理」では，「情報Ⅰ」の重要な内容をコンパクトにまとめています。p.40以降の模擬問題や試作問題に挑戦するための準備として，知識の整理にご活用ください。

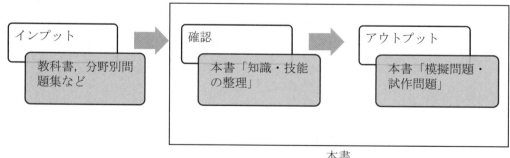

インプット	確認	アウトプット
教科書，分野別問題集など	本書「知識・技能の整理」	本書「模擬問題・試作問題」

本書

模擬問題挑戦への心構え

試作問題には，次のような特徴が見られます。

> ・「何かを知らないとまったく解答することができない」ということはあまりない。設問文の中に，解答に必要な情報が書かれていることが多い。ただし，第1問は設問文が短いためこの限りではない。また，非常に基本的な知識・技能についてもこの限りではない。
>
> ・一方で，多くの受験生にとって初めて触れる内容が出題される可能性もある。
>
> ・だからといって，事前の勉強が必要ないということではない。事前に「情報Ⅰ」の知識・技能や考え方をつかんでおくことで，設問文の中の重要な点をすぐに見つけることができたり，注意しなければならない点に気づけたりする可能性が高い。
>
> ・各問いのテーマは，受験生にとって身近な場面における問題解決に関連するものである。

　これはあくまで試作問題の特徴なので，実際の試験では異なるかもしれません。しかし，「事前に学習したことを踏まえ，試験の中で一生懸命に考えること」，「時間が限られているので注意すること」，「初めて見るようなテーマがあったとしても，他の多くの受験生も同じなので驚かず，諦めないで粘り強く挑戦すること」などが重要であることは間違いないでしょう。本書の模擬問題はこのような考え方に基づいて作成しているので，受験のための練習として挑戦してみてください。

分野について

　本書では，文部科学省『高等学校情報科「情報Ⅰ」教員研修用教材』の項目立てを参考にし，以下のように分野を設定しています。3回分の模擬問題と試作問題の中で，できる限り幅広い分野を扱うようにしているので，苦手な分野については確認するようにしましょう。

> **1** 情報やメディアの特性と問題の発見・解決
> **2** 情報に関する法規・情報モラル
> **3** 情報技術の発展
> **4** デジタルにするということ
> **5** 情報デザイン
> **6** コンピュータの構成
> **7** プログラミング
> **8** シミュレーション
> **9** 情報通信ネットワークの仕組みとサービス
> **10** 情報セキュリティ
> **11** 情報システム
> **12** データベース
> **13** データの活用

一 問 一 答

解答➡ p. 2

❶ 情報やメディアの特性と問題の発見・解決

情報の特性と情報の伝達

□□**1** ある事柄についての知らせや，判断を下すための知識を □□□ という。

□□**2** 情報は「もの」に比べ，形がないこと，伝えても元のところに残ること， □□□ が容易であること，広く伝播しやすいことなどの特徴がある。

□□**3** 情報伝達の媒体となるものを □□□ という。

□□**4** メディアは，次の3種類に分類することができる。
- □①□ メディア：文字，音声，画像，動画など。
- □②□ メディア：書籍，電話，新聞，郵便など。
- □③□ メディア：メモ帳，USBメモリ，HDDなど。

①

②

③

□□**5** 新聞，ラジオ，テレビ，雑誌などのような，大衆への大量的な情報伝達のための媒体を特に □□□ という。

問題解決とアイデアの可視化

□□**6** 問題とは，あるべき □①□ の状態と □②□ とのギャップである。

①

②

□□**7** 問題解決は，次のような手順で行われる。
- □①□ の発見
- □②□ の収集と分析
- □③□ の探索と計画の立案
- 計画の実行
- □④□ を行い，次の問題解決へ

①

②

③

④

□□**8** 問題解決の手順には，計画，実行，評価，改善を繰り返す □□□ もある。

□□**9** メンバーが自由に意見や考えを出し合い，発想を引き出す手法を ① という。この方法を効果的に行うためには，質より量を重視する，出された意見を ② しない，などのルールを参加者が守ることが重要である。

①

②

□□**10** アイデアをカードに一つずつ書き，それらを関連付けることで新たなアイデアを生み出す方法を □□□ という。

□□**11** 中心となるテーマを紙の中央に書き，そこから連想されることをつなげて書いていくことで考えをまとめる方法を □□□ という。

2 情報に関する法規・情報モラル

情報モラルの概要

□□**12** 情報社会で求められる態度や倫理を □□□ という。

個人情報

□□**13** 個人を特定することができる情報を □□□ という。

□□**14** 個人情報の中でも，人種，信条，社会的身分，病歴，犯罪歴，犯罪により害を被った事実などを特に □□□ といい，取り扱いに特に配慮が必要となる。

□□**15** 個人を特定できないように個人情報を加工した情報を □□□ という。商品開発や地域ごとの出店計画などに活用される。

□□**16** 個人情報を取り扱う企業に対し，個人情報の適切な取り扱いを義務付ける法律を □□□ という。

□□**17** 個人の私生活などのように，他人に知られたくない秘密や，秘密を知られない権利を □□□ という。

□□**18** 自己の容貌や姿態を，許可なくみだりに撮影されることのないよう主張できる権利を □□□ という。

□□**19** 企業が受信者に広告などのメールを配信する際，受信者の同意を得ないとメールを送れないとする方式を ① 方式という。一方，通常はメールを送ってよいものとし，受信者が拒否を表明したら送らないようにする方式を ② という。原則として前者を採用する必要がある。

①

②

知的財産権

□□20　知的活動によって生じた財産の財産権を ☐ という。	
□□21　知的財産権は，著作物に関する ① ，産業財産に関する ② ，その他の権利に大別することができる。	① ②
□□22　著作権は，著作物を創作したら自動的に生じ，登録は必要ない。このことを ① 主義という。一方，産業財産権は特許庁に申請し，登録されて初めて権利が生じる。このことを ② 主義という。	① ②
□□23　著作権を保護する法律を ☐ という。	
□□24　著作権は，著作者の死後 ☐ 年までの間保護される。	
□□25　著作権の保護期間が切れており，誰でも自由に利用できるようになったものを ☐ という。	
□□26　著作権のうち，著作権（財産権）は他人に譲渡や相続が可能だが，☐ は著作者だけに与えられ，譲渡や相続は不可能である。☐ には，公表権，氏名表示権，同一性保持権が含まれる。	
□□27　著作物を利用できる条件を著作者が明示することで，柔軟に著作権を運用することを目指すプロジェクトを ☐ という。例えば，「著作権者の表示を要求する」（BY）などのライセンス条項がある。	
□□28　産業財産権には次のようなものがある。 　・ ① ：新規かつ高度で産業上利用できる発明を保護。 　・ ② ：物品の形状，構造などの考案を保護。 　・ ③ ：物品の形状，模様などのデザインを保護。 　・ ④ ：商品などを区別するためのマークを保護。	① ② ③ ④

3　情報技術の発展

情報技術

□□29　情報通信技術を総称して ☐ または IT という。	
□□30　コンピュータに知的な活動をさせる技術を ☐ という。	
□□31　あらゆるモノをインターネットに接続して，自動制御や遠隔操作など様々な機能を実現しようとする考え方を ☐ という。	

□□32 インターネットを経由して他者のソフトウェアやハードウェアなどの資源を利用するサービスを総称して □□□ という。

□□33 インターネットを活用し，人と人とのつながりを構築するサービスを □□□ という。

□□34 コンピュータを利用し，現実の風景に情報を重ねて表示する技術を □□□ という。

□□35 コンピュータを利用し，現実には存在しない仮想の空間を作り出す技術を □□□ という。

□□36 現金と同様に決済を行うことができる電子情報を □①□ という。また，現金を用いずに決済を行うことを □②□ 決済という。

① ____
② ____

□□37 電波を送受信することにより，カードなどに埋め込まれた IC チップに記録されたデータを非接触で読み書きする技術を □□□ という。

情報技術と社会

□□38 コンピュータによる長時間の作業によって引き起こされる様々なストレスを □□□ という。

□□39 情報技術を活用できる人と活用できない人の間に生じる格差を □□□ という。

□□40 インターネット上において，多くの誹謗中傷などが集中することを □□□ という。

□□41 インターネット上で誹謗中傷などが生じた際に，プロバイダが負う責任の範囲や誹謗中傷の書き込みをした人の情報開示命令などについて定めた法律を □□□ という。

4 デジタルにするということ

デジタルデータ

□□42 数値を長さや角度などの連続した物理量で示したデータを □□□ データという。

□□43 数値を段階的に区切り，離散的に示したデータを □□□ データという。

□□44	アナログデータをデジタルデータに変換する際には，次のような三つの処理を順に行う。	①
	・ ① ：一定の間隔でデータを抽出する。	②
	・ ② ：抽出したデータを離散的な数値で表す。	
	・ ③ ：二進法で表す。	③

n進法 （計算問題は p.28～p.31 にも掲載されています。以下同）

□□45	値を0と1の二値で表す方法を ① といい， ① の一桁で表すことができる情報を1 ② という。	①
		②
□□46	nビットで表すことができる情報の種類は [　　] 種類である。	
□□47	通常，[　　] ビットで1バイトである。	
□□48	10^3 バイトを1 ① バイト，10^6 バイトを1 ② バイト，10^9 バイトを1 ③ バイト，10^{12} バイトを1 ④ バイトという。	①
		②
		③
		④
□□49	二進法 [　　] 桁を十六進法一桁で表すことができる。	
□□50	十進法の 10 は，十六進法の [　　] にあたる。	
□□51	十進法の 15 は，十六進法の [　　] にあたる。	

文字のデジタル表現

□□52	各文字に識別番号を割り当て，コンピュータで文字を扱えるようにするための体系を [　　] という。	
□□53	[　　] はアメリカ規格協会が制定した文字コードであり，アルファベットや数字一字を7ビットで表現する。	
□□54	[　　] は日本産業規格が制定した文字コードであり，日本語を表現することができる。	
□□55	世界中で使われている文字を一つのコードにするというプロジェクトによって作られた文字コードを [　　] という。	
□□56	文書を作成する際に使用した文字コードと表示する際に使用した文字コードが異なる場合，[　　] が生じてしまう。	

音のデジタル表現

□□**57**	1秒間に標本化する回数を ① といい，単位は Hz で表す。この値が ② ほどデジタル化によって失われる情報は少なくなるが，データ量は多くなる。	① ②
□□**58**	波を一定の時間間隔に分割して標本を取り出すとき，その分割する時間間隔を ① という。この値が ② ほどデジタル化によって失われる情報は少なくなるが，データ量は多くなる。	① ②
□□**59**	一つの標本を何ビットのデータ量で表すかを ① という。この値が ② ほどデジタル化によって失われる情報は少なくなるが，データ量は多くなる。	① ②

画像と色のデジタル表現

□□**60**	画像を，色情報を持った点の集合で表現する形式を □ 形式という。	
□□**61**	画像を，座標などの数学的な計算によって表現する形式を □ 形式という。	
□□**62**	画像を構成する，色情報を持つ最小単位を ① という。また，デジタル画像の精細さを ② といい，一つの画像がいくつの ① によって構成されているかで表すことが多い。	① ②
□□**63**	1インチ（25.4mm）の中にいくつのピクセルがあるかを表す単位を □ という。この値が大きいほど解像度が高い。	
□□**64**	ディスプレイは， ① ， ② ， ③ の三色から成る「光の三原色」の組み合わせにより，色を表現する。なお，これら三色の配合比率を変えて色を表現する形式を RGB という。	① ② ③
□□**65**	光の三原色においては，色を重ねるほど ① なり，すべての色を同じ割合で混ぜると ② 色になる。	① ②
□□**66**	光の三原色（RGB）において，各色の輝度情報をそれぞれ8ビットで表現すると，合計で約1700万種類の色を表現できる。このような色の設定を □ という。	
□□**67**	印刷物は， ① ， ② ， ③ の三色から成る「色の三原色」の組み合わせにより，色を表現する。なお，これら三色に黒（Key Plate）を合わせた四色の配合比率を変えて色を表現する形式を CMYK という。	① ② ③

□□**68**	色の三原色においては，色を重ねるほど ① なり，すべてを同じ割合で混ぜると ② 色になる。	① ②

動画のデジタル表現

□□**69**	動画を構成する1枚の画像を □□□ といい，動画はこれを連続して表示することにより表現している。	
□□**70**	1秒間に画面に表示するフレームの数を ① といい，単位は ② で表す。	① ②

圧縮

□□**71**	データの内容をできるだけ損なわないようにしつつ，データ量を減らすことを ① という。また， ① したデータをもとに戻すことを ② という。	① ②
□□**72**	圧縮したデータをもとに戻すとき，圧縮前の状態に戻せるような圧縮を ① 圧縮，戻せないような圧縮を ② 圧縮という。	① ②
□□**73**	「AAABBBCCC」を「A3B3C3」と変換するように，繰り返し現れる符号を「符号＋回数」に置き換えて表すような圧縮方法を □□□ 圧縮という。	
□□**74**	データ中の文字列の出現頻度に応じて，多く出現する文字列ほど短い符号に置き換えて表すような圧縮方法を □□□ 符号化という。	

代表的なデータの形式

□□**75**	「計画書 .txt」の「txt」の部分のように，ファイルの属性や内容を表す文字列を □□□ という。	
□□**76**	□□□ は画像データの記録形式の一種であり，フルカラーを表現でき，写真データなどによく用いられる。非可逆圧縮により効果的に圧縮を行っている。	
□□**77**	□□□ は画像データの記録形式の一種であり，一つの画像で使用する色の数を 256 色に限定している。色数が少ない画像に向いており，パラパラ漫画のようなアニメーションを作成することもできる。	
□□**78**	□□□ は画像データの記録形式の一種であり，フルカラーを表現でき，Web ページでよく用いられる。可逆圧縮で圧縮を行い，透過処理も可能である。	

□□**79** 　□□□□は音声データの記録形式の一種であり，音楽 CD 並みの音質を保ちながらデータを効果的に圧縮することができる。

□□**80** 　□□□□はファイル圧縮形式の一種であり，Windows の圧縮機能はこの形式でファイルを圧縮する。

5　情報デザイン

□□**81** 　効果的なコミュニケーションや問題解決のために，情報を受け手にとって分かりやすく伝達できるようにするデザインを□□□□という。

□□**82** 　人とモノの関係性を□□□□という。情報デザインにおいては，言葉などで説明をせずとも人に特定の行動を促すことを指す場合もある（こちらの意味ではシグニファイアということもある）。

□□**83** 　ユーザとコンピュータの接点を□□□□という。マウス・キーボード・ディスプレイなどのハードウェア的なものや，入力画面・出力画面などのソフトウェア的なものが含まれる。

□□**84** 　コンピュータへの命令を文字入力によって行うユーザインタフェースを□①□といい，アイコンなどの画像を使って直感的に操作できるようにしているユーザインタフェースを□②□という。

①

②

□□**85** 　ソフトウェアや Web サイトなどの使いやすさのことを□□□□という。

□□**86** 　ソフトウェアや Web サイトなどの利用しやすさのことを□□□□という。高齢者や障害のある人などもソフトウェアや Web サイトなどを利用できるようにするという文脈で用いられることが多い。

□□**87** 　すべての人が利用しやすいようなデザインを□□□□という。

6　コンピュータの構成

ハードウェア

□□**88** 　コンピュータを物理的に構成する機器を総称して□□□□という。これらは，機能から五大装置に分類することができる。

□□**89** 　五大装置のうち，データの計算を行う装置を□□□□装置という。

□□90 五大装置のうち，命令を解読して各装置に指示を送る装置を◻︎装置という。

□□91 五大装置のうち，プログラムやデータを記憶する装置を◻︎装置という。

□□92 五大装置のうち，コンピュータの外部からデータを取り込む装置を◻︎装置という。キーボードやマウスなどがある。

□□93 五大装置のうち，コンピュータの外部へデータの内容などを表示する装置を◻︎装置という。ディスプレイやスピーカなどがある。

□□94 コンピュータを構成する主要部分で，プログラムの実行やデータの処理を行う部分を◻︎という。

□□95 コンピュータを構成する各装置がデータ交換などのタイミングをあわせる信号を①といい，1秒間あたりの①の発振回数を②という。単位はHzを用いる。

①
②

□□96 CPUの内部にある，プログラムの命令や計算結果を一時的に記憶するための装置を◻︎という。高速だが記憶容量が少ない。

□□97 CPUが直接データの読み書きをできる記憶装置を①といい，①の容量不足を補うための比較的低速・大容量の記憶装置を②という。

①
②

□□98 データの読み出し専用の記憶装置を①，読み出しと書き込みができる記憶装置を②という。

①
②

□□99 補助記憶装置には，円盤状の磁気ディスクに磁気ヘッドでデータを読み書きする①や，データの書き込みを電気的に行う②などがある。

①
②

ソフトウェア

□□100 コンピュータで動作させるためのプログラムのまとまりを◻︎という。

□□101 コンピュータの制御・利用に必要な，基本的なソフトウェアを◻︎という。

□□102 文書作成や表計算など，特定の目的のために作られたソフトウェアを◻︎という。

コンピュータ内部の数値表現

□□**103** 小数点の位置を固定して表現した数を ① ，固定せずに表現した数を ② という。同じビット数では， ② の方が広い範囲の値を表現できる。

①

②

□□**104** コンピュータで数値を表現する際は，二進法を使用することや一つのデータの記憶領域が定まっていることなどが原因で □□□ が生じることがある。

□□**105** 演算結果が，処理できる値の範囲を超えてしまうことを □□□ という。

□□**106** 二つの自然数 x と y について，「x + y = 10」となる場合，片方をもう片方の「10 の □□□」という。コンピュータにおいては，□□□ は負数を表現するために用いられることがある。

□□**107** コンピュータは高速で処理を行うので，小さな量を表す接頭辞を用いて処理にかかる時間を表すことがある。10^{-3} 秒を 1 ① 秒，10^{-6} 秒を 1 ② 秒，10^{-9} 秒を 1 ③ 秒，10^{-12} 秒を 1 ④ 秒という。

①

②

③

④

論理演算

□□**108** AND，OR，NOT などの記号を用いて，ルールに従って演算し真偽を求めるような演算を □□□ という。コンピュータは，二進法の各値を □□□ によって処理している。

□□**109** 「0」を「偽」，「1」を「真」としたとき，AND（論理積）を用いた論理演算結果は次のようになる。

・　0 AND 0 = ①

・　1 AND 0 = ②

・　1 AND 1 = ③

①

②

③

□□**110** 「0」を「偽」，「1」を「真」としたとき，OR（論理和）を用いた論理演算結果は次のようになる。

・　0 OR 0 = ①

・　1 OR 0 = ②

・　1 OR 1 = ③

①

②

③

知識・技能の整理

□□**111** 「0」を「偽」,「1」を「真」としたとき,NOT（否定）を用いた論理演算結果は次のようになる。 ・ NOT 0 = ① ・ NOT 1 = ②	① ②
□□**112** AND回路にNOT回路を接続したもの（NOT AND）をNAND回路という。「0」を「偽」,「1」を「真」としたとき,NANDを用いた論理演算結果は次のようになる。 ・ 0 NAND 0 = ① ・ 1 NAND 0 = ② ・ 1 NAND 1 = ③	① ② ③
□□**113** OR回路にNOT回路を接続したもの（NOT OR）をNOR回路という。「0」を「偽」,「1」を「真」としたとき,NORを用いた論理演算結果は次のようになる。 ・ 0 NOR 0 = ① ・ 1 NOR 0 = ② ・ 1 NOR 1 = ③	① ② ③
□□**114** 「0」を「偽」,「1」を「真」としたとき,XOR（排他的論理和）を用いた論理演算結果は次のようになる。 ・ 0 XOR 0 = ① ・ 1 XOR 0 = ② ・ 1 XOR 1 = ③	① ② ③

7 プログラミング

※ プログラミング関連の知識事項のみをまとめています。共通テスト「情報Ⅰ」のプログラミングについては，p.32〜p.37 も参照してください。

□□**115** ある問題を解決するための処理の手順を ① という。また，① をコンピュータが処理・実行できるように記述したものを ② ，② を記述することを ③ という。	① ② ③

□□**116** プログラムの記述内容について，コンピュータがそのまま理解することができる言語を ① という。 ① は単なる数字の羅列であり，人間には理解しづらいので，人間がプログラムを作成する際には ② を使用する。 ② を ① に一括翻訳するプログラムを ③ といい， ② を一行ずつ解釈して実行するプログラムを ④ という。

①
②
③
④

□□**117** _____ はプログラミング言語の一種であり，OS の記述など，幅広い用途に用いられている。1972 年に AT&T ベル研究所が開発した。

□□**118** _____ はプログラミング言語の一種であり，Web ページにアニメーションなどの動的な視覚効果を加えることができる。

□□**119** _____ はプログラミング言語の一種であり，Web ページや AI などの幅広い分野で使用されている。

□□**120** プログラムを， ① 構造， ② 構造， ③ 構造 の三つの構造のみによって構築するという考え方を構造化プログラミングという。

①
②
③

□□**121** プログラムの誤りを ① と呼び，これを取り除くことを ② という。

①
②

□□**122** プログラムにおいて，各値を一時的に記憶するための，名前を付けられた記憶領域を ① という。また， ① に値を入れることを ② という。

①
②

□□**123** プログラムにおいて，同じ型のデータ項目の集合を ① という。 ① の一つのデータを要素または ① 要素といい，要素を区別するための番号を ② という。

①
②

□□**124** プログラムにおいて，ある値が入力されると，決められた処理を行い，処理結果を出力するような命令群を ① という。 ① の入力値を ② ，出力値を ③ ということもある。

①
②
③

□□**125** OS，アプリケーションソフトウェア，Web アプリケーションなどが，自らの機能を外部のプログラムが利用できるように設けるインタフェースを _____ という。

8　シミュレーション

□□**126** ある事象や現象に特徴的な要素を単純化・抽象化して表現したものを 　①　 という。また，　①　 を使って様々な状況に応じた実験を行うことを 　②　 という。

①

②

□□**127** 確率的な事象を含まず，入力値が同じであれば毎回同じ結果が出力されるようなモデルを 　　　　 モデルという。

□□**128** 確率的な事象を含むモデルを 　　　　 モデルという。

□□**129** 乱数を用いたシミュレーションを何度も行うことにより，問題の近似解を求めるシミュレーションの手法を 　　　　 法という。

9　情報通信ネットワークの仕組みとサービス

LAN と WAN

□□**130** 複数のコンピュータを接続し，データを共有するシステムを 　　　　 という。

□□**131** 同じ建物の中など，限定的な範囲内で構築されるネットワークを 　　　　 という。

□□**132** 他人の所有地などにまたがるような形で，比較的広い範囲で構築されるネットワークを 　　　　 という。

□□**133** ケーブルによって機器同士を接続して構築する LAN を 　①　，電波によって機器同士を接続して構築する LAN を 　②　 という。

①

②

□□**134** LAN の実質的な標準規格を 　　　　 といい，ケーブルの種類や通信の仕組みなどを定めている。

□□**135** 同じ LAN に接続する機器の LAN ケーブルを接続し，機器同士の通信を可能とする集線装置を 　　　　 という。

□□**136** 異なるネットワーク同士を相互に接続する装置を 　　　　 という。

□□**137** 無線 LAN において，複数の機器をネットワークに接続するために電波を受ける装置（親機）を 　　　　 という。

□□**138** 世界中のネットワークを相互に接続することで構築される，巨大なネットワークを 　　　　 という。

□□**139** インターネットへの接続サービスを提供する業者を 　　　　 という。

□□**140** 電子メールや Web ページのデータの送信・受信など，ネットワークを介して提供される機能を ① という。① を提供するコンピュータを ② ，提供されるコンピュータを ③ という。

①

②

③

インターネットのプロトコル

□□**141** コンピュータ同士が通信を行う際の手順や規約を ▢ という。

□□**142** 1 秒間に伝送可能なデータ量は，① という単位を用いて表す。例えば，8 ① は，1 秒間に 8 ビット，すなわち ② バイトのデータを伝送可能であることを意味する。

①

②

□□**143** インターネットにおいては，① というプロトコル群が広く利用されている。① は ② つの階層から構成されており，情報の送信時に各階層で情報が追加されていく。

①

②

□□**144** インターネット上の通信相手を特定し，データを届けるためのプロトコルを ▢ という。

□□**145** インターネットに接続された機器に割り当てられた識別番号を ① という。IPv4（IP のバージョン 4）においては，② ビットで構成される。

①

②

□□**146** インターネット上で重複しない IP アドレスを ① IP アドレスという。一方，LAN 内などに限定して，定められた範囲内で自由に割り当てられる IP アドレスを ② IP アドレスという。

①

②

□□**147** IP アドレスは，その IP アドレスを持つ機器が属するネットワークを指す ① 部と，そのネットワーク内のどの機器なのかを指す ② 部から構成される。IP アドレスのどの部分までが ① 部で，どの部分までが ② 部なのかは，サブネットマスクというビット列によって示される。

①

②

□□**148** 単なる数字の羅列である IP アドレスは人間にとって扱いづらいので，IP アドレスと対応する名前である ▢ も利用される。

□□**149** ドメイン名と IP アドレスの相互変換を行う仕組みを ① という。また，① の機能を提供するサーバを ② といい，ドメイン名を ② に問い合わせると，対応する IP アドレスが返され，コンピュータによる通信が可能になる。このような処理を名前解決という。

①

②

知識・技能の整理

□□**150** IPv4 の IP アドレスは枯渇が懸念されているので，□□□ビットで IP アドレスを構成する IPv6（IP のバージョン 6）への移行が進められている。	
□□**151** LAN に接続する機器には□□□という 48 ビットの固有の番号が設定されており，隣接する機器への通信にはこの番号が用いられる。	
□□**152** IP に基づく通信では，データは ① という小さなブロックに分割されて送信される。データを小さく分割することによって，回線の占有を防いだり，データ送信エラー時に再送するデータ量を少なくしたりすることができる。また，① には ② という情報が付加され，送信先，送信元などが分かるようになっている。	① ②
□□**153** パケットのヘッダの情報をもとに，最適な配達経路を決めることを□□□という。	
□□**154** IP に基づく通信を補い，データの転送量を調整したり，パケットが順番に正しく届いているかを管理したりすることにより通信の信頼性を高めるプロトコルを□□□という。	

WWW

□□**155** 文書の中の文字列や画像に，他の文書などの位置情報を埋め込むことで，世界中の情報をクモの巣のようにつなぐ仕組みを ① という。また，この位置情報のことを ② という。	① ②
□□**156** インターネット上で公開される一つの文書を ① という。また，① の一定のまとまりを ② という。	① ②
□□**157** Web ページを記述するための言語を□□□という。＜＞で囲まれたタグという文字列を使用することにより，他の Web ページなどへのリンクを張ったり，見出しを設定したりすることができる。	
□□**158** HTML で作成された Web ページのデザインやレイアウトを設定する規格を□□□という。	
□□**159** Web ページを閲覧するためのソフトウェアを□□□という。	

□□**160** クライアントのブラウザの求めに応じ，□□□は HTML ファイル，CSS ファイル，画像ファイルなどの，Web ページを構成するファイルを送る。これらのファイルをクライアントのブラウザが処理して表示することで，利用者は Web ページを閲覧することができる。	
□□**161** クライアントのブラウザと Web サーバの間で，Web ページに関する様々なデータをやり取りするための方法を定めたプロトコルを ① という。また，送受信される情報の安全性を高めるために，② というプロトコルが利用されることもある。	① ②
□□**162** インターネット上にある Web ページのデータの場所を特定するための表記法を□□□という。	
□□**163** URL が「https://www.example.co.jp/index.html」 の場合，「https」は使用する□□□を表している。	
□□**164** URL が「https://www.example.co.jp/index.html」 の場合，「example.co.jp」は Web サーバの□□□を表している。	
□□**165** URL が「https://www.example.co.jp/index.html」 の場合，「index.html」は□□□を表している。	

電子メール

□□**166** インターネットを用いて，ユーザ同士でメッセージを交換するシステム，あるいは交換するメッセージそのものを□□□という。	
□□**167** 電子メールの送受信を行うためのソフトウェアを ① という。なお，① を用いず，Gmail などのようにブラウザ上でメールの送受信ができる ② も広く用いられている。	① ②

知識・技能の整理

□□**168** メール送信時に設定する宛先欄には，次のような項目がある。

　　・ ① ：メールの宛先を指定する。 ① ～ ③ に設定された
　　　すべての受信者は，誰が ① に設定されているのかが分か
　　　る。メインの宛先を設定する。

　　・ ② ：メールの同報者を指定する。 ① ～ ③ に設定され
　　　たすべての受信者は，誰が ② に設定されているのかが分
　　　かる。メインの宛先ではないが同時に内容を伝えたい相手を設
　　　定する。

　　・ ③ ：メールの同報者を指定する。設定されている本人を除
　　　き， ① ～ ③ に設定されたすべての受信者は，誰
　　　が ③ に設定されているのかが分からない。メールアドレ
　　　スを共有せず，多くの人に同時に内容を伝えたいときに設定す
　　　る。

①

②

③

□□**169** メールの送受信機能を提供するサーバを ⬚ という。

□□**170** メールアドレスが「taro@example.com」の場合，「taro」
は ⬚ を意味する。メールサーバ内の誰宛のメールなのかを
特定するために用いられる。

□□**171** メールアドレスが「taro@example.com」の場合，「example.
com」は ⬚ を意味する。メールサーバのインターネット上
の位置を示しており，DNS によって IP アドレスを得ることで
メールを送り先のメールサーバに届けることができる。

□□**172** メールの送受信は，次の手順で行われる。

・送信者はメーラを使ってメールを送信する。

・ ① に基づき，メーラから送信者のメールサーバにメールが届けられる。

・送信者のメールサーバはメールアドレスのドメイン名をもとにDNS サーバに問い合わせを行い，受信者のメールサーバのIPアドレスを把握する。

・IP アドレスをもとに， ① に基づき，受信者のメールサーバにメールが届けられる。

・受信者のメーラは，メールアドレスのユーザ名をもとに， ② に基づき，メールを受信する。なお，メールをダウンロードせずサーバに保管したままで閲覧する場合は， ③ というプロトコルを使用する。

①

②

③

10 情報セキュリティ

情報セキュリティの概要

□□**173** 情報を安全かつ正当に利用できるようにすることを □□ という。

□□**174** 情報セキュリティは，次の三要素をすべて確保することによって成立する。

・ ① ：権限のある人のみが情報にアクセスできるようにすること。

・ ② ：情報が改ざんされたり失われたりしないようにすること。

・ ③ ：情報を利用したいときに利用できるようにすること。

①

②

③

□□**175** 情報セキュリティによって守るべき対象となる情報を □□ という。企業においては，顧客情報，販売情報，商品情報などが □□ の例として挙げられる。

□□**176** 情報資産の「情報セキュリティの三要素」を脅かしうる要因を ① という。また， ① を現実のものとして生じさせてしまう弱点や隙を ② という。例えば，「不正アクセスによって機密性が脅かされる」という ① は，「パスワードが設定されていない」という ② によって引き起こされる。

①

②

知識・技能の整理

□□**177** 企業などの組織がセキュリティ対策を行うための指針を □ という。

マルウェア

□□**178** 悪意のあるソフトウェアを総称して □ という。

□□**179** 他のプログラムに寄生し，コンピュータ内やネットワークで接続された他のコンピュータなどに感染を広げるマルウェアを □ という。（広い意味では，マルウェアと同じ意味で用いられる）

□□**180** 他のプログラムに寄生することなく，単独で増殖・活動するマルウェアを □ という。

□□**181** 善意・無害・有用なプログラムを装って被攻撃者のコンピュータに侵入して活動するマルウェアを □ という。

□□**182** 感染したコンピュータ内のファイルを暗号化して使用できなくし，元に戻すことと引き換えに金銭を要求するマルウェアを □ という。

□□**183** キーボードに入力した内容を記録するハードウェアやソフトウェアを □ という。本来はデバッグなどのために使用するものだが，パスワードを盗むために悪用されることがある。

□□**184** 被攻撃者に気づかれないように，コンピュータ内のデータを外部に送信するマルウェアを □ という。

□□**185** マルウェア対策には，□ をインストールすることが有効である。また，インターネット上から入手したファイルなど，危険なファイルを実行しないことも大切である。

□□**186** マルウェアなどに付け込まれうる，ソフトウェアの脆弱性を特に □ という。

アクセスコントロール

□□**187** 権限がないにも関わらず，情報にアクセスすることを ① という。また，① を禁止することを定めた法律を ② という。

①

②

□□**188** ある人が，その情報を利用する権限があるかどうかを確かめることを □ という。

□□**189** 認証は，次の三要素を用いて行う。単独で用いることも，複数の要素を組み合わせて用いることもある。

・ ① 要素：本人しか知りえない情報を知っているか（パスワード，秘密の質問など）

・ ② 要素：本人しか持っていないはずのものを持っているか（スマートフォンへの SMS 送信など）

・ ③ 要素：本人にしかないはずの生物学的な特徴があるか（指紋，顔，虹彩など）

①

②

③

□□**190** 二つの認証を続けて行うことにより，不正に認証されることを防ぐような認証を □□ という。

□□**191** LAN 内の情報資産に対する不正なアクセスを防ぐために，LAN とインターネットの境界に置き，通信を制御する装置を □□ という。

□□**192** パケットのヘッダに設定されている送信先 IP アドレスや送信元 IP アドレスなどの情報をもとに，そのパケットを通過させるかどうかを決めるファイアウォールを □□ 型ファイアウォールという。

暗号化

□□**193** ネットワーク上に流れるデータを第三者が不正に取得する行為を □□ という。

□□**194** 第三者が見てもデータの内容が分からないようにデータを加工することを ① ， ① を行ったデータをもとに戻すことを ② という。また， ① をしていないデータを ③ という。

①

②

③

□□**195** 暗号化・復号の方法を ① ，暗号化・復号に必要な値を ② という。例えば，平文が「informatics」， ① が「平文の各文字を辞書順で後ろに ② の示す字数ずつずらす」， ② が 4 の場合，暗号文は「mrjsvqexmgw」となる。これを復号して平文に戻すためには， ① と ② の両方が必要となる。

①

②

□□**196** 暗号化と復号に同じ鍵を用いる方式を □□ 暗号方式という。処理速度は比較的速いが，通信のペアの数だけ鍵が必要になる。

知識・技能の整理		

□□197 暗号化と復号に異なる鍵を用いる方式を ① 暗号方式という。受信者はペアとなる ① と ② を生成し，暗号化のために用いる ① を公開しておき，復号のために用いる ② は漏れないように管理する。送信者は ① を使ってデータを暗号化して送信し，受信者は暗号化されたデータを ② によって復号する。

①

②

□□198 公開鍵暗号方式を応用し，改ざんとなりすましを防止する技術を □ 署名という。公開鍵暗号方式を応用しているが，盗聴の防止が目的の技術ではない。

□□199 公開鍵の持ち主を証明するデータを ① という。 ① は，厳正な本人確認をした上で ② が発行する。

①
②

□□200 暗号化によってブラウザと Web サーバの間の通信を安全に行うためのプロトコルを ① または TLS といい，HTTP に ① で暗号化機能を加えたプロトコルを ② という。

①
②

その他のセキュリティに関するトピック

□□201 コンピュータやインターネットを活用した犯罪を総称して □ という。

□□202 サーバに対して大量のパケットを送信し，システムをダウンさせるなど，標的のサービス提供を不可能にする攻撃を ① 攻撃という。また，多くのコンピュータを用いて ① 攻撃を行う攻撃を ② 攻撃という。

①

②

□□203 実在する企業などを装い，パスワードやクレジットカード番号などの機密情報を入力させるような手法を □ という。

□□204 技術的な手段によらず，情報を盗むような手法を □ という。例えば，パスワードを入力しているところを脇から盗み見る，電車内での会話を聞く，上司のふりをしてパスワードを聞く，ごみ捨て場に処分された書類を回収することなどがこれにあたる。

□□205 コンピュータの故障などに備えて，データを複製しておくことを □ という。ランサムウェア攻撃の被害を軽減するためにも有効である。

□□206 複数の記憶装置を仮想的な一台の記憶装置のように運用し，処理速度やデータの安全性を高める技術を □ という。

□□**207** バーコードなどの末尾に設定されている，一定の計算式によって求められる誤り検査用の番号を ☐ という。

□□**208** 誤りを検出するために，二進法のデータを送信する際にデータの末尾に付加されるビットを ☐ ビットという。

⓫ 情報システム

□□**209** ハードウェア，ソフトウェア，ネットワークなどで構成される，情報を体系的に収集・蓄積・伝達・利用するための仕組みを ☐ という。

□□**210** 情報システムに期待される性能である「信頼性」「可用性」「保守性」「完全性」「機密性」は，英語での頭文字を取り，総称して ☐ という。

□□**211** 情報システムの総運用時間のうち，正常に稼働している時間の割合を ☐ という。この値が大きいほど，情報システムの可用性が高い。一度も停止せずに稼働していれば，☐ は1となる。

□□**212** 情報システムが故障した際に，被害を最小限に抑え，安全を確保するようにするという考え方を ☐ という。例えば，信号機が故障したときには赤の状態にし続けるような設計はこの考え方に基づく。

□□**213** 情報システムが故障した際に，機能を低下させてでも処理は継続できるようにするという考え方を ☐ という。例えば，飛行機のエンジンが故障しても継続して飛び続けられるようにするような設計はこの考え方に基づく。

□□**214** 情報システムの利用者が誤った操作をしてしまう可能性があることを前提とし，誤った操作がされても大きな被害が出ないようにするという考え方を ☐ という。例えば，電子レンジの扉を閉めないと温め開始ができないようにする設計はこの考え方に基づく。

⓬ データベース

□□**215** ある決まった形により，大量のデータを整理・蓄積する仕組みを ☐ という。

□□**216** データベースを管理し，データベースのデータを更新・追加・削除・検索するためのシステムを ☐ という。

□□217 データベースに対するひとまとまりの処理の塊を ① という。
障害によって ① の処理の一部しか行われないような場合は
矛盾が生じるので, ② によって更新内容をすべて破棄して元
の状態に戻す。例えば, X口座からY口座に一万円を振り込む
場合,「X口座の残高を一万円減らす」「Y口座の残高を一万円増
やす」という二つの処理を一つの ① とし, 障害によって前
者しか実行されなかったような場合は ② によって前者の処
理も含めてすべての更新内容を破棄する。

①

②

□□218 データを表の形式で管理し, 表同士の項目と項目を関連付けて管
理するようなデータベースを ☐ データベースという。

□□219 ☐ は関係データベースを操作するための言語の一種であり,
データの抽出・追加・削除などの処理を指定することができる。

□□220 関係データベースにおいて, 行を一つに特定できる項目
を ☐ という。

□□221 関係データベース以外にも, 項目（キー）と値（バリュー）が一
対一で対応している ☐ 型のデータベースなど, 様々なデー
タベースモデルがある。

⑬ データの活用

※ データの活用関連の知識事項のみをまとめています。共通テスト「情報Ⅰ」のデータ
の活用については, p.38〜p.39も参照してください。

□□222 データには, 区別に用いるものであり四則演算を行えな
い ① データと, 数量として意味がある ② データがある。

①

②

□□223 質的データには, 次の二つの尺度がある。
  ・ ① 尺度：血液型などのように, 単なる区別に使用する尺
  度。
  ・ ② 尺度：クラス順位などのように, 順序に意味がある尺
  度。ただし, 各値の間隔は等間隔ではないので, 平均値の算出
  などは行っても意味がない。

①

②

□□**224** 量的データには，次の二つの尺度がある。 　・　①　尺度：摂氏温度などのように，目盛が等間隔になっているが絶対的な0がなく，データの比に意味がない尺度。 　・　②　尺度：身長などのように，目盛が等間隔になっており，かつ絶対的な0があり，データの比に意味がある尺度。	① ②
□□**225** 他のデータに比べて大きく値が異なるデータを　　　という。	
□□**226** データ全体の特徴を一つの数値で代表させて表すための数値を　　　という。	
□□**227** 複数の数値の和を数値の個数で割った値を　　　という。	
□□**228** 最もよく現れる値を　　　という。	
□□**229** データを値の大きさの順に並べたとき，中央に来る値を　　　という。	
□□**230** 「個々のデータと平均の差を2乗したもの」をすべて足し，データの個数で割ったものを　①　という。また，　①　の正の平方根を　②　という。いずれも，データの散らばりを表す値である。	① ②
□□**231** 二つの変量について，一方が変化すればもう一方も変化するというような関係が見られるとき，これら二つの変量には　①　関係がある。また，一方が変化したときにもう一方がどれだけ変化するかを表す値を　②　という。	① ②
□□**232** 二つの変量について，一方が増えればもう一方も増えるとき，二つの変量には　①　の相関があるという。また，一方が増えればもう一方は減るとき，二つの変量には　②　の相関があるという。	① ②
□□**233** 二つの変量について，片方が原因，片方が結果という関係にあるとき，二つの変量には　　　関係がある。	
□□**234** 大量のデータの中から法則を導き出す手法を　　　という。	
□□**235** テキストデータの中から法則を導き出す手法を特に　　　という。	

重要な計算問題

解答➡ p.6

1 10 ビットで表すことができる情報の種類は何通りか。

（通り）

2 10 バイト（B）は何ビットか。

（ビット）

3 二進法の 10101 を十進法で表すとどうなるか。

4 十進法の 135 を二進法で表すとどうなるか。

5 二進法の 11001011 を十六進法で表すとどうなるか。

6 十六進法の A3D を十進法で表すとどうなるか。

7 アルファベットは，小文字が 26 種類，大文字が 26 種類ある。これに数字 10 種類を合わせた計 62 種類の文字を表現できる文字コードを作成する場合，一つの文字あたり，少なくとも何ビットのデータ量が必要となるか。

（ビット）

8 ある企業は，1000 種類の商品を販売している。これらの商品について，アルファベット大文字 26 種類を使い，商品ごとに一意の（他と重複しない）コードを割り当てたい。商品コードは，少なくとも何字必要か。

（字）

9 横が 1200 ピクセル，縦が 800 ピクセルの画像がある。ピクセルごとに，RGB の各色について 8 ビットの輝度情報を設定する場合，この画像一枚のデータ容量は何 MB となるか。ただし，$1MB = 10^6 B$ とする。

（MB）

10 音楽 CD の規格では，一秒間に 44100 回サンプリングを行い，一つの標本を 16 ビットで量子化する。また，立体感・臨場感をもたせるために，左右 2 チャンネル分のデータを用意する（データ量が 2 倍になる）。音楽 CD の規格において，1 分の音楽のデータ量は何 MB となるか。ただし，$1MB = 10^6 B$ とする。

（MB）

11 1 フレームが 500 × 200 ピクセル，1 ピクセルあたりのデータ量が 3B，フレームレートが 10fps の動画がある。この動画 1 分あたりのデータ量は何 MB となるか。ただし，$1MB = 10^6 B$ とする。また，動画の音声のデータ量については考慮しない。

（MB）

12 「AAA」を「A3」と置き換えるように，ある文字列を「文字＋連続数」で置き換えるランレングス圧縮によって「AAAAABBBBCCC」を圧縮した場合，圧縮後のデータ量は圧縮前のデータ量の何％となるか。ただし，どの文字もデータ量は同じであるものとする。

（％）

13 二進法「1010 ＋ 1111」の答えを二進法で表すとどうなるか。

14 二進法「1101 － 0110」の答えを十進法で表すとどうなるか。

15 十進法「4」と十六進法「D8」の積を十進法で表すとどうなるか。

16 二進法「1100101」の2の補数を答えなさい。ここでの2の補数とは，二進法「1100101」に加えるとちょうど桁上りして「10000000」となる数を指す。

17 AとBは，いずれも1ビットの値である。「A＋B」の計算結果の下位ビットをS，上位ビットをCとしたとき，A，B，S，Cの関係は下表のように表すことができる。

入力		出力	
A	B	C	S
0	0	0	0
0	1	0	1
1	0	0	1
1	1	1	0

「A＋B」の計算結果としてのS，Cを適切に出力する回路図を作成したい。次の回路図の空欄 X に当てはまる回路記号を答えなさい。ただし， は OR， は AND， は NOT を表す回路記号である。

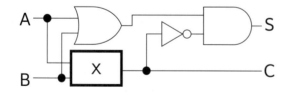

18 クロック周波数が 2GHz の CPU がある。この CPU は、何 p 秒ごとにクロックを発振するか。ただし、$1GHz = 10^9Hz$, $1p$ 秒 $= 10^{-12}$ 秒とする。

(p 秒)

19 クロック周波数が 700MHz の CPU がある。この CPU では、次の①・②の 2 種類の命令を実行する。

①一つの命令実行に 4 クロック必要。出現率 70%。

②一つの命令実行に 14 クロック必要。出現率 30%。

このコンピュータは、1 秒間に平均していくつの命令を実行することができるか。ただし、$1MHz = 10^6Hz$ とする。

20 128kbps の通信回線を用いて、320KB のデータを伝送するためには何秒かかるか。ただし、$1kbps = 10^3bps$, $1KB = 10^3B$ とする。また、伝送効率や距離による遅延については考慮しないものとする。

(秒)

21 IP アドレスが 192.168.30.16/28 のネットワークに接続可能な機器（ホスト）の数はいくつか。ただし、「/28」は、IP アドレスのうち先頭から 28 ビット目までがネットワーク部、それ以降がホスト部であることを意味する。また、ホスト部がすべて 1 のアドレスと 0 のアドレスは、それぞれブロードキャストアドレス、ネットワークアドレスという特殊な役割を持つアドレスなので、機器（ホスト）に割り当てることはできない。

22 共通鍵暗号方式を用いて、10 人が相互に秘密に通信を行うとき、必要となる共通鍵の数はいくつか。

アルゴリズムとプログラミング

ここでは，試作問題第3問で出題されていた「アルゴリズムとプログラミング」の問題を解くための考え方の例を，試作問題を踏まえ，簡潔に解説します。

❶ アルゴリズムとプログラミングの全体像

コンピュータによって問題を解決し，ある目的を達成したい場合，問題を解決するための処理手順を考え，この処理手順をコンピュータが解釈できる形で記述する。処理手順のことをアルゴリズム，アルゴリズムをコンピュータが解釈できるように記述することをプログラミング，プログラミングに用いる言語をプログラミング言語という。

一般的に，プログラミングは次のような手順で行われる。共通テスト「情報Ⅰ」の問題に挑戦する上でも，この基本的な手順を意識すると全体像が把握しやすくなる。

※必要に応じて，アルゴリズムの
改良・プログラムの再利用

① 問題の把握

生徒（S）と先生（T）の対話などの形で，何らかの「問題」や「実現したいこと」が示される。これから検討・作成するアルゴリズム・プログラムで，結局何をしたいのかをまずは把握するようにする。

② アルゴリズム検討

①で確認した「問題」を解決したり，「実現したいこと」を実現したりするための方法が示される。②の「アルゴリズム」と③の「プログラミング」は密接に関係しており，プログラムの空欄補充問題の大きなヒントとなるのでよく確認する。

③ プログラミング

②のアルゴリズムをプログラミング言語によって，プログラムで実現可能な形で記述する。共通テストでは，プログラムを一から十まですべて記述することが求められるのではなく，要所の空欄を補充するような問題が出題されると考えられる。

④⑤ プログラムの実行・出力と，改良・呼び出し

③で作成したプログラムは，改良の余地があったり，関数として他のプログラムから呼び出されたりすることがある。共通テストでは，基本的なプログラムを作成した後，そのプログラムを改良したり，別のプログラムから呼び出したりするような問題が出されうる。

2 例題（解答➡ p.13）

　試作問題の「アルゴリズムとプログラミング」（第3問）は6ページであったが，ここではシンプルなアルゴリズムを題材とした3ページのミニチュア版例題を掲載する。「アルゴリズムとプログラミング」の問題に挑戦するための方法を別冊解答で確認する。なお，問題文中の黒丸数字は別冊解答の解説とリンクしている。

問1　次の生徒（S）と先生（T）の会話文を読み，空欄　ア　に入れるのに最も適当なものを，後の解答群のうちから一つ選べ。

　S：私は，読書をした時間を毎日メモしているのですが，例えば「先週の7日間の中で，最も読書時間が長かった日と短かった日はいつだろう？」ということを確認することがあります。該当範囲を自分で確認することもできるのですが，見間違えることもあります。プログラムでこうした確認はできないのでしょうか❶。

　T：一般的に言えば，あるデータ群の最大値と最小値を求めるプログラムを作ってみたいということになりますね。「条件分岐」や「繰り返し」を活用すれば，作成することができます。次のようなプログラムを一緒に考えてみましょう。

【プログラムの説明と例】❷

> 　プログラムの先頭で配列に値を記憶し，その配列の中の最大値と最小値を表示するプログラム。
>
> 　例：配列が [10,20,30] のとき，プログラムを実行すると，「最大は30／最小は10」が表示される。

　T：これは，例えば，配列を [100,200,280,380,150,310,500] としたとき，　ア　と表示するようなプログラムです❸。また，このプログラムを実行するためには配列の要素数の値も必要になりますので，関数「要素数」を紹介しておきます。関数「要素数」は，配列の要素数を返す関数です。

【関数「要素数」の説明と例】

> 　要素数（配列）…引数として与えられた配列の要素数を返す。
>
> 　例：配列が [10,20,30] のとき，「**youso_suu** = 要素数（配列）」とした場合，**youso_suu** に要素数（配列）の戻り値である3が記憶される❹。

　　　ア　の解答群

　⓪　「最大は100／最小は500」　①　「最大は500／最小は100」

　②　「500／100」

問2 次の文章および図1のプログラムの空欄 <u>イ</u> ～ <u>ク</u> に入れるのに最も適当なものを，後の解答群のうちから一つずつ選べ。

S：【プログラムの説明と例】で確認したプログラムを作りたいのですが，もう少しヒントが欲しいなぁ❺。

T：最終的に表示したいのは，「最大値を記憶する変数」と「最小値を記憶する変数」の値ですよね。なので，例えば最大値については，「最大値を記憶する変数」と配列の各要素を一つずつ比較し，比較している要素の値の方が「最大値を記憶する変数」の値よりも <u>イ</u> ，「最大値を記憶する変数」の値をその比較している要素の値に更新すればよいのです。「最小値を記憶する変数」についても同様の考え方となります。

S：なるほど！　では，すべての要素と各変数を比較するために，どのように条件分岐や繰り返しを設定するのかがポイントになりますね。

T：その通りです。そのために関数「**要素数**」も活用しましょう。また，「最大値を記憶する変数」および「最小値を記憶する変数」の初期値をどう設定するのかというのも，もう一つの重要なポイントになります。例えば，「最大値を記憶する変数」の初期値は，各要素との比較を考えると <u>ウ</u> とするとよいでしょう。

S：ありがとうございます。あとは自分でできそうです。

　Sさんは，先生（T）との会話からヒントを得て，プログラムを図1のように作成してみた。(1) 行目で設定する配列には，Sさんの先週7日間の1日ごとの読書時間（分）を記憶する。また，配列の添字は0から始まるものとする❻。

　実行してみると <u>ア</u> が表示されたので，正しく処理できていることが分かった。いろいろな例で試してみたが，すべて正しく表示されることを確認できた。

```
(1)     Jikan = [100,200,280,380,150,310,500]
(2)     youso_suu = 要素数（Jikan）
(3)     max = ［ エ ］
(4)     min = ［ オ ］
(5)     i を 0 から ［ カ ］ まで 1 ずつ増やしながら繰り返す：
(6)     │  もし ［ キ ］ ならば：
(7)     │ └  max = Jikan[i]
(8)     │  もし ［ ク ］ ならば：
(9)     └ └  min = Jikan[i]
(10)    表示する（" 最大は ", max, "／最小は ", min）
```

図1　読書時間の最大値と最小値を表示するプログラム❼

イ の解答群

⓪ 大きければ　① 小さければ

ウ の解答群

⓪ あり得るどの値よりも大きい値　① あり得るどの値よりも小さい値

エ・**オ** の解答群

⓪ -1 ① 99 ② 501 ③ 1441

カ の解答群

⓪ 10 ① `youso_suu` ② `youso_suu - 1`

キ・**ク** の解答群

⓪ `max <= Jikan[i]` ① `max >= Jikan[i]`

② `min <= Jikan[i]` ③ `min >= Jikan[i]`

問3 次の文章の空欄 **ケ** に入れるのに最も適当なものを，後の解答群のうちから一つ選べ。

Sさんは図1の **キ**・**ク** について，比較演算子を「<=」や「>=」ではなく「<」や「>」に変えたらどうなるかが気になった❽。そこで，このように変更してプログラムを実行したら， **ケ** 。

ケ の解答群

⓪ プログラムが動作しなくなった

① 最大値や最小値が配列中に複数ある場合，添字の小さい方が表示されるようになった

② 最大値や最小値が配列中に複数ある場合，添字の大きい方が表示されるようになった

❸ 参考資料　共通テスト用プログラム表記の例示

※　大学入試センターの資料「令和7年度大学入学共通テスト　試作問題『情報』の概要」より。言語の仕様は変わる可能性もあるので，最新の情報を確認してください。

1　変数

　通常の変数例：**kosu**, **kingaku_kei**

　（変数名は英字で始まる英数字と「_」の並び）

　配列変数の例：**Tokuten[3]**, **Data[2,4]**（配列名は先頭文字が大文字）

　※特に説明がない場合，配列の要素を指定する添字は0から始まる

2　文字列

　文字列はダブルクォーテーション（"）で囲む

　moji = "I'll be back."

　message = " 祇園精舎の " + " 鐘の声 "　※ +で連結できる

3　代入文

　kosu = 3 , **kingaku** = 300　※複数文を1行で表記できる

　kingaku_goukei = **kingaku** * **kosu**

　namae = "Komaba"

　Data = [10,20,30,40,50,60]

　Tokuten のすべての値を0にする

　nyuryoku = 【外部からの入力】

4　算術演算

　加減乗除の四則演算は，『+』，『-』，『*』，『/』で表す

　整数の除算では，商（整数）を『÷』で，余りを『%』で表す

　べき乗は『**』で表す

5　比較演算

　『==』（等しい），『!=』（等しくない），『>』，『<』，『>=』，『<=』

6　論理演算

　『and』（論理積），『or』（論理和），『not』（否定）

7　関数

　値を返す関数例：**kazu** = 要素数 (**Data**)

　saikoro = 整数 (乱数 ()*6)+1

　値を返さない関数例：表示する (**Data**)

　表示する (**Kamoku[i]**," の得点は ",**Tensu[i]**," です ")

　※「表示する」関数はカンマ区切りで文字列や数値を連結できる

　※「表示する」関数以外は基本的に問題中に説明あり

8 制御文（条件分岐）

　もし **x < 3** ならば：
　│ **x = x + 1**
　└ **y = y + 1**

　もし **x == 3** ならば：
　│ **x = x − 1**
　そうでなければ：
　└ **y = y * 2**

　もし **x >= 3** ならば：
　│ **x = x − 1**
　そうでなくもし **x < 0** ならば：
　│ **x = x * 2**
　そうでなければ：
　└ **y = y * 2**
　※ │ と └ で制御範囲を表し，└ は制御文の終わりを示す

9 制御文（繰り返し）

　x を 0 から 9 まで 1 ずつ増やしながら繰り返す：
　└ **goukei = goukei + Data[x]**
　※「減らしながら」もある
　n < 10 の間繰り返す：
　│ **goukei = goukei + n**
　└ **n = n + 1**
　※ │ と └ で制御範囲を表し，└ は制御文の終わりを示す

10 コメント

　atai = 乱数（） 　　#0 以上 1 未満のランダムな小数を **atai** に代入する
　※ 1 行内において # 以降の記述は処理の対象とならない

知識・技能の整理

データの活用

　ここでは，試作問題第4問で出題されていた「データの活用」の問題を解くための考え方の例を，試作問題を踏まえ，簡潔に解説します。

■ データの活用の全体像

　「アルゴリズムとプログラミング」と同様に，データの活用も何らかの目的を達成したり，問題を解決したりするための手段である。このことに関連し，データを活用して問題を解決するための手法にPPDACサイクルがある。PPDACサイクルとは，次のようなデータ活用の手順である。

① Problem（問題）

　問題を把握し，データを活用して何をしたいのかを明らかにする。

② Plan（計画）

　①の問題を解決するための計画を立てる。

③ Data（データ収集）

　②の計画に基づいてデータを収集し，統計表を作る。

④ Analysis（分析）

　グラフ作成・統計量算出・考察などによって分析する。

⑤ Conclusion（結論）

　④の分析を経て得られた結果を取りまとめる。また，次の課題を見出し，さらなるデータの活用につなげる。

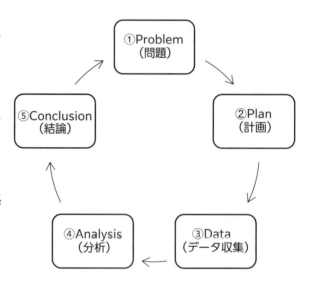

　共通テスト「情報Ⅰ」の問題がこの手順に沿っているとは限らない。また，①〜⑤の中には，問題の中で問われる部分と問われない部分，そもそも表に出てこない部分もあるだろう。しかし，このようなモデルを理解しておくと，全体像が見えやすくなる。

❷ データの活用の手法の要点

　ここでは個別の項目の詳細な説明は省略するが，データの活用に関しては次のようなトピックがある（学習指導要領解説や，文部科学省『高等学校情報科「情報Ⅰ」教員研修用教材』をもとに作成）。ただし，ここに書かれていないものも出題されうるので，基本を押さえつつ，設問文を読みながら思考する力を身に付けよう。

量的データの分析

- □　間隔尺度
- □　比例尺度
- □　ドットプロット
- □　代表値
- □　平均値
- □　中央値
- □　最頻値
- □　度数分布表
- □　ヒストグラム
- □　四分位数
- □　箱ひげ図
- □　分散
- □　標準偏差
- □　外れ値
- □　統計的仮説検定
- □　相関関係
- □　因果関係
- □　単回帰直線

質的データの分析

- □　名義尺度
- □　順序尺度
- □　データの可視化
- □　テキストマイニング

階級	度数
1〜5	11
6〜10	50
11〜15	39
16〜20	59
21〜25	70
26〜30	66
31〜35	5
合計	300

度数分布表の例

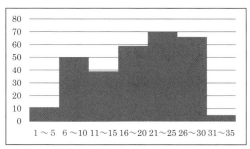

ヒストグラムの例

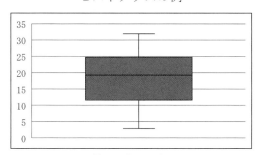

箱ひげ図の例

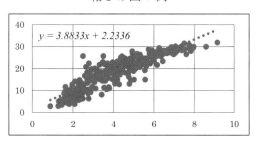

散布図と単回帰直線の例

39

第1回 模擬問題

解答➡ p.19

解答上の注意

1．試験時間は 60 分です。

2．解答・提出方法について，教員からの指示がある場合は，その指示に従ってください。

3．第 2 問の ア と表示のある問いに対して ③ と解答する場合は，第 2 問の解答記号アに ③ と解答します。

4．問題文中の イ ウ のように，□ に数字を入れるよう指示されることがあります。例えば， イ ウ の部分に 38 と答えたい場合は， イ を ③， ウ を ⑧ と解答します。

情　報　Ⅰ

（全　問　必　答）

第1問　次の問い（問1～4）に答えよ。（配点　20）

問1　情報の活用による問題発見・解決に関する次の問い（a・b）に答えよ。

a　情報の特性とメディアに関して述べた文として，最も適当なものを次の⓪～③のうちから一つ選べ。　ア

⓪　Webページを媒介とする情報伝達よりも，新聞を媒介とする情報伝達の方が，多くの人に速く伝わる。

①　送り手が伝えたい情報を整理した上で伝えれば，受け手に対して常に正確に情報を伝えることができる。

②　コンピュータが扱う情報は，本を介して扱う情報に比べて複製が容易であるため，多くの人が同じ情報を活用できる一方，著作権侵害などの問題も深刻化させている。

③　マスメディアの例として，新聞，雑誌，静止画，手紙，ラジオが挙げられる。

b 問題発見・解決の手法や流れとして，適当なものを，次の ⓪〜⑤ のうちから二つ選べ。ただし，解答の順序は問わない。 イ ・ ウ

⓪ KJ法とは，カードに情報を一つずつ書いたあとで，それぞれのカードを分類したり組み合わせたりすることにより，アイデアを生み出すことができる手法である。

① ブレーンストーミングは質の高いアイデアを多く生み出すための手法なので，アイデアが出されるたびにその妥当性を確認しながら進めるようにする。

② 今日においては，情報通信技術（ICT）を活用しないことにはいかなる問題も解決することができない。

③ 情報収集や分析によって問題を明確化する前に，解決方法の案を考えたり実行のための計画を立てたりすることが重要である。

④ 問題とは理想と現実のギャップのことであるため，問題解決にあたっては理想像と現実の状況を正しく捉えることが重要である。

⑤ 問題解決のための計画を実行したら，すぐに次の問題解決に着手することが望ましい。

問2　次の文章の空欄　エ　・　オ　に入れるのに最も適当なものを，後の解答群のうちから一つずつ選べ。

　音は，空気の振動が波（音波）として伝わるものである。合唱祭の音を録音してコンピュータに保存する場合など，現実世界における音をコンピュータで扱うためには，次のような手順でデジタル化をすることが必要となる。

---

① 録音：マイクロホンにより，空気の振動を電圧の変化に変換する。

② 標本化：①を一定間隔で区切り，各時刻の電圧を標本として取り出す。

③ 量子化：②で標本化して得られた電圧を整数値で近似する。

④ 符号化：③で得られた値を二進法で表す。

　図1は，①のようにマイクロホンによって音波を電圧の変化に変換したのち，②のように時刻0秒から1秒ごとに標本を取り出したものである。なお，白丸は標本を表す。

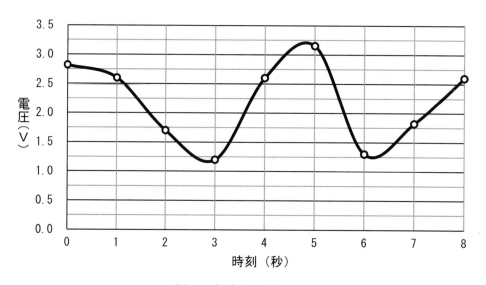

図1　標本化の例

　図1について，③の量子化と④の符号化を行う。なお，一つの標本の値を何ビットで表すかを示したものを量子化ビット数という。

　量子化ビット数を2ビットとする場合のことを考える。量子化ビット数が2ビットなら，一つの標本は「2^2」より4段階の数で表現できる。ここでは，zを0～3の整数値とし，標本の電圧Vが「$z - 0.5 \leq V < z + 0.5$」なら量子化した値をzにすることとする。例えば，時刻5秒の標本を量子化した後，符号化して二進法で表すと　エ　となる。このような作業を各標本について行うことにより，音波をデジタルデータとして扱うことができるようになる。

　しかし，図1についてこの方法によって量子化を行った場合，　オ　は量子化・符号化後のデータに反映されない。量子化ビット数を増やせばこうした電圧の高低もデータに反映させることができるようになるため，原音により忠実なデータとなるが，データ量は多くなるので注意が必要である。

エ の解答群

⓪　00　①　01　②　10　③　11

オ の解答群

⓪　時刻1秒の電圧より時刻2秒の電圧の方が低いこと

①　時刻2秒の電圧より時刻3秒の電圧の方が低いこと

②　時刻3秒の電圧より時刻4秒の電圧の方が高いこと

③　時刻4秒の電圧より時刻5秒の電圧の方が高いこと

④　時刻5秒の電圧より時刻6秒の電圧の方が低いこと

⑤　時刻6秒の電圧より時刻7秒の電圧の方が高いこと

⑥　時刻7秒の電圧より時刻8秒の電圧の方が高いこと

問3　次の文章を読み，空欄 　カ 　〜　 ク 　に入れるのに最も適当なものを，後の解答群のうちから一つずつ選べ。

　　論理演算子には，暗号化に応用できるものがある。表1は，1ビットの入力値A，Bを論理演算子 AND，OR，XOR によって論理演算した場合の出力値について，考えられるすべての組み合わせを示したものである。ただし，1を「真」，0を「偽」とする。

表1　各論理演算子の真理値表

入力		出力（論理演算結果）		
A	B	A AND B	A OR B	A XOR B
0	0	0	0	0
0	1	0	1	1
1	0	0	1	1
1	1	1	1	0

(1)　論理演算子 　カ　 には，「A　カ　B」の論理演算を行ってCを得た後，「C　カ　B」をすると演算結果が常にAになるという特性がある。このことを応用すれば，簡易的な暗号化ができる。

　　送り手であるXさんは，論理演算子 　カ　 を活用して，次のような手順によって二進法で表した「元の値」を暗号化し，受け手であるYさんに送ることにした。

---

①　事前に，XさんとYさんは「元の値」と同じビット数の「鍵」を共有する。

②　Xさんは，「元の値 　カ　 鍵」の論理演算を行い，「変換した値」を得る。

③　Xさんは，「変換した値」をYさんに送る。

④　Yさんは，「変換した値 　カ　 鍵」の論理演算を行い，「元の値」を得る。

　　例えば，XさんとYさんは事前に「鍵」として「1010」を共有しており，YさんはXさんから「変換した値」として「1011」を受け取った場合，同じ桁の値同士を 　カ　 で論理演算することで，「元の値」は 　キ　 であると判断することができる。

(2) 　カ　 による暗号化をする際に，ワンタイムパッドという方法を用いると「変換した値」が第三者に漏えいしたとしても「元の値」を解読されない暗号を作ることができる。

　ワンタイムパッドとは，「鍵」として「元の値」および「変換した値」と同じビット数のランダムなビット列を生成し，その「鍵」を一度しか使用しないで　カ　 による暗号化をする方法である。ここで，「解読する」とは第三者が「変換した値」から「元の値」を特定することを意味する。また，送り手は「鍵」としてランダムなビット列を使用することと，同じ「鍵」を一度しか使用しないこと以外は①～④と同じ手順をとる。

　ワンタイムパッドを使った暗号が解読できないのは，第三者が「変換した値」を入手できたとしても，　ク　 ためである。しかし，いくつかの欠点もあるため，実用は難しいとされる。

**　カ　 の解答群**

⓪ AND　① OR　② XOR

**　キ　 の解答群**

⓪ 0001　① 0011　② 0101　③ 1000　④ 1001

**　ク　 の解答群**

⓪ 「鍵」のビット列がランダムに作られているので，「変換した値」からは「元の値」に関する情報を一切得られない

① 「元の値」の可能性は無限に存在するので，あり得る「元の値」のリストを作ることが不可能である

② 「変換した値」をもとに，あり得る「元の値」のリストを作っても，そこに本当の「元の値」は含まれない

③ 「変換した値」をもとに，あり得る「元の値」のリストを作っても，どれが本当の「元の値」なのかを特定することができない

問4　次の文章を読み，後の問いに答えよ。

　　今日においては，連絡手段としてスマートフォン向けのコミュニケーション系アプリケーションやSNS，グループウェアなどが広く用いられているが，ビジネスなどにおいては電子メールも依然として重要な連絡手段となっている。

　　電子メールを送信するときは，図2のように宛先（To），Cc，Bccの欄にメールアドレスを設定する。適切に設定をしないと，本来伝えるべきではない人に不要な情報が伝わってしまうこともある。

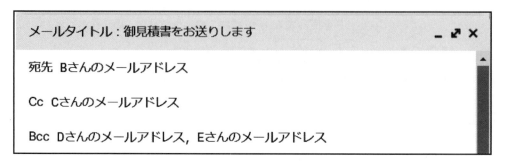

図2　メールアドレスの設定画面の例

　　このように宛先，Cc，Bccを設定したうえで送信したメールは，SMTP・POP3などのプロトコルに基づいて送信先に届けられる。

(1)　Aさんは，図2のようにメールアドレスを設定して送信した。このとき，Bさん・Cさん・Dさん・Eさんの中で，同じ内容の電子メールがBさん・Cさん・Dさん・Eさんの4名に送信されていることが分かる人をすべて挙げたものはどれか。最も適当なものを　ケ　の解答群から一つ選べ。

(2)　以下の**ア～カ**の処理を，Ａさんが電子メールを送信してからＢさんに届くまでの手順通りに並べたものとして最も適当なものを，　コ　の解答群から一つ選べ。なお，Ｂさんのメールアドレスは「b-no-address@example.co.jp」である。また，**ア～カ**の中には不要な処理も含まれている。

ア　Ａさんの「送信」指示により，メーラが SMTP に従ってＡさんのメールサーバにメールを送信する。

イ　Ａさんのメールサーバが，「b-no-address」をもとに，DNS サーバに対して，Ｂさんのメールサーバの IP アドレスを問い合わせる。

ウ　Ａさんのメールサーバが，「example.co.jp」をもとに，DNS サーバに対して，Ｂさんのメールサーバの IP アドレスを問い合わせる。

エ　Ａさんのメールサーバが，Ｂさんのメールサーバに，POP3 に従ってインターネット経由で電子メールを転送する。

オ　Ａさんのメールサーバが，Ｂさんのメールサーバに，SMTP に従ってインターネット経由で電子メールを転送する。

カ　Ｂさんの「受信」指示により，メーラが POP3 に従ってＢさんのメールサーバからメールを受信する。

―――　コ　の解答群　―――

⓪　ア → イ → エ → カ　　①　ア → イ → オ → カ

②　ア → ウ → エ → カ　　③　ア → ウ → オ → カ

④　ア → エ → イ → カ　　⑤　ア → エ → ウ → カ

⑥　ア → オ → イ → カ　　⑦　ア → オ → ウ → カ

第2問　次の問い（A・B）に答えよ。（配点　30）

A　次の太郎さんと先生の会話文を読み，問い（問1〜4）に答えよ。

太郎：今日の「情報Ⅰ」の授業で，ネットワークについて学習しました。改めて考えてみると，私たちはインターネットや LAN など様々なネットワークを活用して生活していることに気づきました。

先生：その通りですね。太郎さんに馴染みの深い LAN は家庭内 LAN や学校内 LAN だと思いますが，多くの企業でも LAN は大いに活用されています。

太郎：しかし，これだけ多くの人がネットワークを使用していると，ネットワーク上の機器を特定するための IP アドレスの数が足りるのか，心配になりました。

先生：IPv4 というプロトコルでは，32 ビットで IP アドレスを管理するので，IP アドレスの総数は 2 の 32 乗より約 43 億個となります。43 億というと多いように思われますが，多くの人がネットワークを利用しますので，枯渇が懸念されています。

太郎：IP アドレスは，重複が許されないのですよね。ということは，約 43 億台の機器しかネットワークに接続できないということですか？

先生：実は，「インターネット全体で重複が許されない IP アドレス」と「インターネット全体で重複が許される IP アドレス」があります。また，すべての IP アドレスを機器が使用できるわけではありません。図1を見てください。

グローバル IP アドレスとプライベート IP アドレス

① グローバル IP アドレス

インターネット上で機器を特定するアドレス。インターネット上で重複が許されない。

② プライベート IP アドレス

LAN 内で機器を特定するアドレス。同じ LAN 内で重複していなければ，インターネット上では重複が許される。

ネットワーク部とホスト部

IP アドレスは，「ネットワーク部」と「ホスト部」から構成。

> 属しているネットワークを特定　　どの機器かを特定

機器が使用できない IP アドレス

① ネットワークアドレス

二進法で表したとき，ホスト部がすべて 0 のアドレス。

② ブロードキャストアドレス

二進法で表したとき，ホスト部がすべて 1 のアドレス。

図1　IP アドレスの種類と構成に関する説明

太郎：なるほど，プライベートIPアドレスを使えば，より多くの機器をネットワークに接続することが可能になりますね。ところで，IPアドレスは32ビットですが，どこまでがネットワーク部で，どこまでがホスト部なのかをどのように見分けるのですか？

先生：かつては，クラスという仕組みが用いられていました。クラスは，ネットワーク部・ホスト部の長さから，IPアドレスを分類したものです。表1を見てください。

表1　クラスの種類の例

クラス名	ネットワーク部のビット数	ホスト部のビット数	二進法で表記したときの先頭
クラスA	8 ビット	24 ビット	0
クラスB	16 ビット	16 ビット	10
クラスC	24 ビット	8 ビット	110

太郎：IPアドレスを二進法で表したときの先頭で見分けるのですね。例えば十進法で表すと「192.168.0.0」のネットワークアドレスをもつネットワークには，図1の「機器が使用できないIPアドレス」も考慮すると，| ア | イ | ウ |個の機器を接続できるということになります。

先生：その通りです。しかし，A クラスによってネットワーク部・ホスト部を管理することには弱点があります。 そのため，ネットワーク部とホスト部のビット数を自由に設定できるCIDR（サイダー）という仕組みが登場しました。CIDRでは，スラッシュを使ってネットワーク部のビット数を表記します。

問1　空欄| ア | イ | ウ |は，三桁の数字を表す。空欄| ア | イ | ウ |に当てはまる数字をそれぞれ答えよ。

問2　下線部Aについて，クラス方式の「弱点」が現れる状況の例について述べた文として最も適当なものを，次の⓪〜③のうちから一つ選べ。　| エ |

⓪　300個の機器を同一のネットワークに接続したい場合はクラスBを使用することになるので，設定可能なホストの数が不必要に多くなること。

①　300個の機器を同一のネットワークに接続したい場合はクラスBを使用することになるので，設定可能なネットワークの数が不足すること。

②　300個の機器を同一のネットワークに接続したい場合はクラスCを使用することになるので，設定可能なホストの数が不必要に多くなること。

③　300個の機器を同一のネットワークに接続したい場合はクラスCを使用することになるので，設定可能なネットワークの数が不足すること。

問3　太郎さんは IP アドレスに興味を持ったので，その使用例として，ゲームを開発して販売する企業の社内 LAN の構成図を図2のように作成した。

第1回模擬

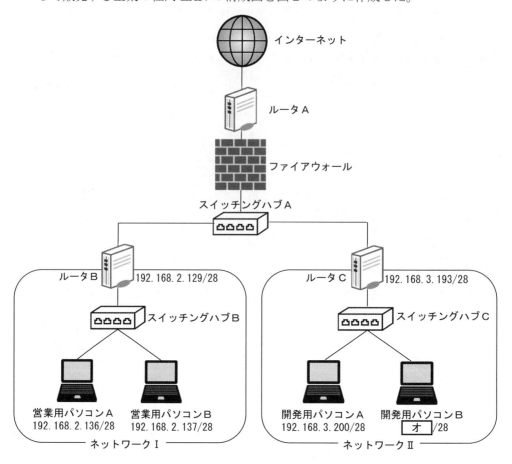

図2　太郎さんが作成した社内 LAN の構成図

(解答上必要のない部分の IP アドレスなどは省略している)

また，太郎さんはこの社内 LAN の設定について，図3のようにメモを作成した。

◆　ネットワークⅠには営業用パソコンを，ネットワークⅡには開発用パソコンを接続する。

◆　ネットワークⅠ・ネットワークⅡ内では，プライベート IP アドレスが使用される。プライベート IP アドレスが設定された機器をインターネットに接続する際には，NAT という技術によりプライベート IP アドレスをグローバル IP アドレスに変換する。

◆　IP アドレスの後ろの「/28」は CIDR 表記によるネットワーク部の長さを表す。なお，IP アドレスはネットワーク部とホスト部を合わせて 32 ビットである。

図3　太郎さんのメモ

図2の オ には，開発用パソコンBに設定可能なIPアドレスが入る。太郎さんは，開発用パソコンBに設定するIPアドレスの候補a～fを表2のようにまとめた。

表2　開発用パソコンBに設定するIPアドレスの候補

a	192. 168. 3. 192
b	192. 168. 3. 193
c	192. 168. 3. 203
d	192. 168. 3. 205
e	192. 168. 3. 207
f	192. 168. 3. 209

表2のa～fのうち，開発用パソコンBのIPアドレスとして設定可能なものはどれか。最も適当なものを，次の⓪～⑨のうちから一つ選べ。 オ

⓪　すべて設定可能

①　設定可能なものは一つもない

②　a, b, c, d, e

③　a, c, d, e

④　a, c, d, f

⑤　b, c, d

⑥　c, d

⑦　c, d, e

⑧　d, e

⑨　d, e, f

問4　太郎さんは，社内 LAN に対して不正アクセスが行われたり，社内 LAN から情報が漏えいしたりすることに関するニュースを見て，LAN とインターネットの境界に設置して通信の許可・拒否をコントロールするファイアウォールを適切に活用することが重要だと考えた。そこで，図2の社内 LAN におけるファイアウォールの設定についても検討してみることにした。

　　　ファイアウォールの一種に，パケットフィルタリング型ファイアウォールがある。パケットフィルタリング型ファイアウォールとは，ネットワークを流れるパケットのヘッダに設定されている情報をもとに，パケット通過の許可・拒否を指定する方式のファイアウォールである。パケットのヘッダにどのような情報が設定されていれば通信を許可あるいは拒否するかということは，ルール表によって定められる。

　　　パケットのヘッダには，送信元 IP アドレス，送信先 IP アドレス，送信元ポート番号，送信先ポート番号などが設定されている。ポート番号はコンピュータが使用するサービスを指定する番号であり，特によく使われるサービスには Well-Known ポートとして表3のように番号が設定されている。

表3　Well-Known ポートのポート番号と対応するサービス

ポート番号	サービス
25	メール送信（SMTP)
80	Web サイトへのアクセス（HTTP)
110	メール受信（POP3)
443	セキュアな Web サイトへのアクセス（HTTPS)

　　　以上を踏まえ，太郎さんは図2の社内 LAN について，表4のようにルール表を作成した。なお，この社内 LAN に接続されている機器が使用するインターネット上のサービスは，表3の Well-Known ポートに設定されているもののみとする。

表4 太郎さんが作成したルール表

番号	送信元 IPアドレス	送信先 IPアドレス	送信元 ポート番号	送信先 ポート番号	処理
1	198.51.100.10	192.168.2.137	*	*	拒否
2	203.0.113.20	192.168.*.*	*	*	拒否
3	192.168.2.136	*	*	110	許可
4	192.168.2.137	*	*	110	拒否
5	192.168.2.*	*	*	25	許可
6	192.168.2.*	*	*	80	拒否
7	192.168.3.*	*	*	25	拒否
8	192.168.3.*	*	*	80	許可
9	192.168.3.*	*	*	110	拒否
10	192.168.*.*	*	*	443	許可
11	*	*	*	*	拒否

※ *は，任意のパターンを表す。

※ 番号が小さい方から適用するかどうかが確認され，一つのルールが適用されたらそれ以降のルールを適用しない。

※ 使用したいサービスのポート番号を「送信先ポート番号」に指定する。

※ サーバからの応答は，別途すべて許可する。

　このルール表から考えられることとして適当なものを，次の⓪～⑤のうちから二つ選べ。ただし，解答の順序は問わない。　カ ・ キ

⓪ IPアドレスが「203.0.113.20」の機器から送られたパケットは，ネットワークⅠに接続されている機器には届かないが，ネットワークⅡに接続されている機器には届く。

① 営業用パソコンA，営業用パソコンB，開発用パソコンAの中で，メールの受信が可能なのは営業用パソコンAのみである。

② 営業用パソコンA，営業用パソコンB，開発用パソコンAはいずれも，HTTPによってWebサイトにアクセスすることができない。

③ 営業用パソコンAよりも開発用パソコンAの方が，利用が許可されているサービスの種類が多い。

④ 営業用パソコンBがHTTPSによってWebサイトにアクセスしようとした場合，番号6によって通信が拒否される。

⑤ 営業用パソコンBは，IPアドレスが「198.51.100.10」の機器に対してメールを送信することができる。

B　次の文章を読み，後の問い（**問1～3**）に答えよ。

　　Mさんは，記憶容量や通信の負担を減らすためにはデータを効率的に圧縮することが重要であると考えた。そこで，圧縮について調べたところ，ランレングス圧縮という方法があることを知った。

　　ランレングス圧縮とは，圧縮したいデータの中に繰り返し現れる符号を，同じ符号が繰り返される回数を用いて表すことで圧縮する方法である。

　　Mさんが調べたランレングス圧縮は，次のようなものであった。このランレングス圧縮を方法①と呼ぶことにする。

方法①

同じ文字の連続数が1字以上の部分を「文字＋その文字の連続数」と変換する。

　　Mさんは方法①によって実際に文字列の圧縮を行ってみた結果，圧縮したい文字列の内容によっては方法①で適切に圧縮することができないことに気づいた。例えば，「abcdeffffgggg」を方法①で変換した場合は「a1b1c1d1e1f4g4」となり，変換前が13字，変換後が14字となってしまう。なお，圧縮の効率を測定する基準を圧縮率と呼び，「変換後の文字数 ÷ 変換前の文字数」で計算することとする。この場合，「14 ÷ 13」より，圧縮率は約1.08となる。圧縮率は，値が小さいほど圧縮の効率が高いことを意味する。

　　次に，Mさんは方法②のランレングス圧縮を考案した。

方法②

同じ文字の連続数が4字以上の部分を「文字＋その文字の連続数」と変換する。そうでなければ変換せず，文字をそのまま連続して表示する。

　　この方法で「abcdeffffgggg」を変換した場合は「abcdef4g4」となり，変換前が13字，変換後が9字となる。この場合，「9 ÷ 13」より，圧縮率は約0.69となる。

問1 方法①，方法②のランレングス圧縮について述べた文として最も適当なものを，次の ⓪ ～ ③ のうちから一つ選べ。 | ク |

⓪ 方法①，方法②のどちらを用いたとしても，変換後は変換前より常に文字数が減る。

① 方法①で変換する場合，同じ文字の連続数が2字以下の部分については，変換後の長さは常に変換前の長さの1倍以上となる。

② 方法②で変換した場合の圧縮率の値は，方法①で変換した場合の圧縮率の値よりも常に小さい。

③ 方法②を使用する場合，同じ文字の連続数がちょうど4字の部分が多いほど，圧縮率の値は小さくなる。

問2 Mさんは，文字列の性質・ランレングス圧縮の方法・圧縮率の関係を確認するために，表計算ソフトウェアを用いたシミュレーションを行うことにした。まず，aとbをランダムな順番で並べた50字の文字列を1,000個発生させ，それらを方法①のランレングス圧縮によって圧縮したところ，圧縮率別の出現回数は図4のようになった。

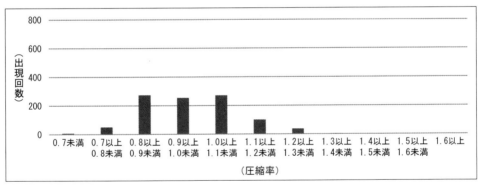

図4 a，bから成る50字の文字列1,000個を方法①で圧縮した場合の圧縮率別出現回数

次に，⑴aとbをランダムな順番で並べた50字の文字列を1,000個発生させ，それらを方法②のランレングス圧縮によって圧縮するシミュレーション，⑵a・b・cをランダムな順番で並べた50字の文字列を1,000個発生させ，それらを方法①のランレングス圧縮によって圧縮するシミュレーション，⑶a・b・cをランダムな順番で並べた50字の文字列を1,000個発生させ，それらを方法②のランレングス圧縮によって圧縮するシミュレーションを行い，それぞれグラフを作成した。

　以下は，(1)～(3)のシミュレーションの結果を表すグラフである。このうち，(3) a・b・c をランダムな順番で並べた 50 字の文字列を 1,000 個発生させ，それらを方法②のランレングス圧縮によって圧縮するシミュレーションの結果を表すグラフとして最も適当なものを，⓪～②のうちから一つ選べ。 ケ

⓪

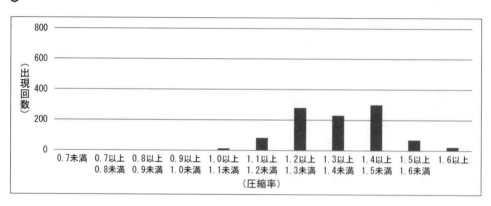

①

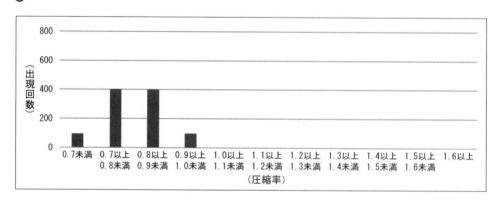

②

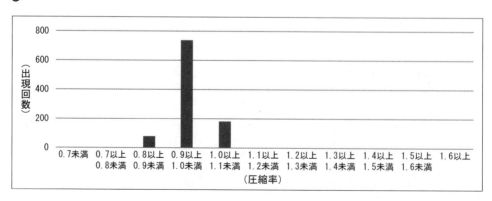

問3　Mさんは，aとbをランダムな順番で並べた50字の文字列を1,000個発生させ，ランレングス圧縮の設定を変更してシミュレーションを続けた。すると，「同じ文字の連続数が コ 字以上の部分を『文字＋その文字の連続数』と変換するランレングス圧縮」（方法③）と，「同じ文字の連続数が サ 字以上の部分を『文字＋その文字の連続数』と変換するランレングス圧縮」（方法④）の圧縮率は，同じ文字列を圧縮した場合，図5・図6のように常に同じになることに気づいた。

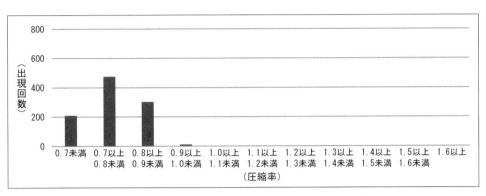

図5　方法③による圧縮を1,000回行ったときの圧縮率別出現回数

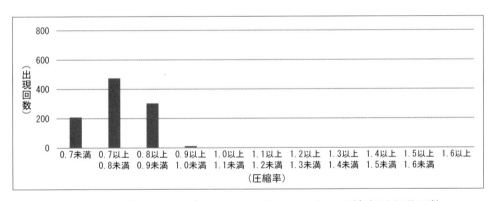

図6　方法④による圧縮を1,000回行ったときの圧縮率別出現回数

　　コ ・ サ に当てはまる数字をそれぞれマークせよ。ただし，解答の順序は問わない。また， コ ・ サ に当てはまる数字は1以上とし， コ ・ サ には別の数字を入れるものとする。

第3問 次の問い（問1～3）に答えよ。（配点　25）

問1　次の生徒（S）と先生（T）の会話文を読み，空欄 ｜ア｜ に当てはまる数字を
マークせよ。また，空欄 ｜ イ ｜・｜ ウ ｜ に入れるのに最も適当なものを，後の
解答群のうちから一つずつ選べ。

S：今日の「情報Ⅰ」の授業で，暗号化には素数が用いられることがあるということ
　を学習し，とても興味深かったです。

T：RSA暗号のことですね。公開鍵暗号のアルゴリズムとして広く使われています
　が，このアルゴリズムの根幹は素数の活用によって成り立っています。

S：素数を活用するためには，素数のリストを大量に用意しなければならないと思う
　のですが，そのためにはプログラミングが有効だと考えました。

T：確かに，プログラムによって素数のリストを用意することは可能です。素数のリ
　ストを作成するアルゴリズムには様々なものがありますが，その中でもシンプル
　なものを一緒に考えてみましょう。まずは，素数とは何かを確認する必要があり
　ますね。

S：辞書で「素数」と調べたら，「『1』と『その数自身』の他に約数を持たない正の
　整数」とありました。

T：この説明を言い換えると，「『1』と『その数自身』の ｜ア｜ 個の約数のみを持つ
　正の整数」となりますね。1は素数ではないということに注意が必要です。

S：言い換えたことで，具体的な数が出てきて分かりやすくなりました。

T：もう一つ，「約数」とは何かということについても確認しておきましょう。

S：辞書で「約数」と調べたら，「ある整数を割り切ることのできる整数」とありま
　した。

T：いいですね。以上を踏まえて，例えば5が素数であるかどうかを調べるためには
　どうすればよいでしょうか？

S：「5を割り切ることのできる整数」が，「1」から「その数自身（この場合は5）」
　までの間に ｜ア｜ 個だけあるかどうかを調べればいいんですよね？　「5÷1」，
　「5÷2」，「5÷3」，「5÷4」，「5÷5」の計算を行い，割り切れるもの
　が ｜ア｜ 個だけかどうかを調べればよいと思います。

T：基本的な考え方は，その通りです。では，その考え方を土台にして，次のような
　プログラムを作ってみましょう。1から「上限」として設定した値までの素数の
　一覧を表示するプログラムとなります。

【プログラムの説明と例】

> プログラムの先頭で，変数に「上限」の値を代入する。1から「上限」までの間の整数が素数であるかどうかを一つずつ調べ，素数であれば「素数リスト」に加える。1から「上限」までのすべての整数を調べたら，「素数リスト」を表示する。
>
> 例：「上限」が10の場合，1から10までの間の素数である "2, 3, 5, 7," が表示される。

T：これは，例えば，「上限」を24とすると， イ を表示するプログラムです。
【プログラムの説明と例】にある通り，1から「上限」までの間の整数がそれぞれ素数かどうかを調べ，素数のみを表示します。

S：1から「上限」まで順に調べるというのは，「1の約数は ア 個か？」，「2の約数は ア 個か？」「3の約数は ア 個か？」……ということを「上限」まで確認していくということですね。

T：その通りです。ところで，「整数aは整数bの約数である」かどうかを調べるためには，どうすればよいと思いますか？

S：商は整数で求め，割り切れない部分は余りとすることを前提として， ウ を確認できれば，「整数aは整数bの約数である」といえると思います。

T：その考え方でよいでしょう。

    イ の解答群

⓪ "1, 2, 3, 5, 7, 11, 13, 17, 19,"   ① "2, 3, 5, 7, 11, 13, 17, 19,"

② "1, 2, 3, 5, 7, 11, 13, 17, 19, 23,"   ③ "2, 3, 5, 7, 11, 13, 17, 19, 23,"

④ "1, 2, 3, 5, 7, 11, 13, 17, 19, 23, 24,"   ⑤ "2, 3, 5, 7, 11, 13, 17, 19, 23, 24,"

    ウ の解答群

⓪ 「a÷b」の商が0になること   ① 「b÷a」の商が0になること

② 「a÷b」の余りが0になること   ③ 「b÷a」の余りが0になること

問2　次の文章および図1のプログラムの空欄　エ　～　コ　に入れるのに最も適当なものを，後の解答群のうちから一つずつ選べ。

T：これまでに確認した内容を踏まえて，【プログラムの説明と例】で確認したプログラムを作成してみましょう。

S：実際にプログラムを作るために，もう少しヒントがほしいです。

T：「素数かどうかを調べたい数」を「割られる数」，「割られる数の約数であるかどうかを調べたい数」を「割る数」と言い換えてみると，分かりやすくなると思います。また，これらの二つの値を制御するために，繰り返しの中に繰り返しを入れること，すなわち二重ループを活用することが重要になります。

S：なるほど！　つまり，次のように考えればよいですね。

・1が素数であるかどうかを調べる
→　1を「割られる数」，1を「割る数」として，　エ　の中に　オ　の約数がいくつあるかを調べる
→　約数の個数が　ア　個なら，　オ　を素数リストに加える
・2が素数であるかどうかを調べる
→　2を「割られる数」，1,2を「割る数」として，　エ　の中に　オ　の約数がいくつあるかを調べる
→　約数の個数が　ア　個なら，　オ　を素数リストに加える
・3が素数であるかどうかを調べる
→　3を「割られる数」，1,2,3を「割る数」として，　エ　の中に　オ　の約数がいくつあるかを調べる
→　約数の個数が　ア　個なら，　オ　を素数リストに加える
……以下，「割られる数」が「上限」を超えるまで繰り返す

　Sさんは，先生（T）との会話からヒントを得て，1から変数jogenに与えられた整数までの素数を表示するプログラムを考えてみた（図1）。ここでは例として変数jogenの値を100としている。

　実行してみると，1から100までの素数のリストが表示されたので，正しく計算できていることが分かった。図1のプログラムで，変数jogenの値を変更して試してみたが，いずれも素数のリストが正しく表示されることを確認できた。

```
(1)   jogen = 100

(2)   list = ""

(3)   wararere を 1 から  カ  まで 1 ずつ増やしながら繰り返す:

(4)   │   count = 0

(5)   │   waru を 1 から  キ  まで 1 ずつ増やしながら繰り返す:

(6)   │   │   もし  ク  ならば:

(7)   │   └   │   count = count + 1

(8)   │   もし  ケ  ならば:

(9)   └   │   list =  コ

(10)  表示する (list)
```

図 1　1 から指定した上限までの素数のリストを求めて表示するプログラム

エ ・ オ の解答群

⓪ 「割られる数」　① 「割る数」

② 1 から「割られる数」までの間に含まれる奇数

③ 「割られる数」から「上限」までの間に含まれる整数

カ の解答群

⓪ waru　① count　② jogen　③ list

キ の解答群

⓪ wararere　① count　② 10　③ list

ク の解答群

⓪ wararere ／ waru == 0　① waru ／ wararere == 0

② wararere ％ waru == 0　③ waru ％ wararere == 0

ケ の解答群

⓪ count == 1　　① count == 2

② count > 1　　③ count > 2

コ の解答群

⓪ waru + ","　　① list + waru + ","

② wararere + ","　③ list + wararere + ","

問3　次の文章および図2のプログラムの空欄　サ ， ス ～ タ に入れるのに最も適当なものを，後の解答群のうちから一つずつ選べ。また，空欄 シ に当てはまる数字をマークせよ。ただし，空欄 ス ・ セ は解答の順序は問わない。

S：素数リストを生成するプログラムが完成しました。しかし，図1では **jogen** を100にしたので結果がすぐに表示されましたが，**jogen** を100000などのような大きな値にしたら，結果の表示に時間がかかったり，フリーズしたりしてしまいました。

T：処理の量が多すぎるのかもしれません。必要のない処理を減らせないか，考えてみましょう。

S：どうすれば，必要のない処理を減らせるのでしょうか？

T：いろいろな方法がありますが，例えば「このような条件を満たしていれば明らかに素数ではないからそれ以上調べなくてもよい」という状況がないか，考えてみるのはどうでしょうか。

　Sさんは，先生（T）との会話にヒントを得て，図1のプログラムにおいて必要のない処理を減らす方法を考えてみた。その結果，次の二つのことを思いついた。

考えたこと1… サ は素数ではないので，素数であるかどうかを調べなくてもよいのでは？

　 サ は，少なくとも「1, 2, その数自身」の三つの約数を持つため，約数が ア 個ではないから調べる必要がない。

考えたこと2…約数の個数をカウントする変数の値が シ 以上になったら素数ではないので，その数についてはそれ以上調べなくてもよいのでは？

　例えば99が素数かどうかを調べる場合，1から9までが99の約数であるかどうかを調べた時点で約数の個数をカウントする変数の値が シ になる。この時点で99は素数ではないことが確定しているため，残りの10から99までは99の約数であるかどうかを調べなくてもよい。

　Sさんは，二つの「考えたこと」を図1のプログラムに盛り込み，図2のプログラムを作成した。図2のプログラムでは，図1のプログラムに条件分岐を追加している。なお，図2のプログラムで「繰り返しを抜ける」はその繰り返しを抜けることを，「#」に続く文はコメント（処理の対象とならない注釈）を意味する。また，繰り返しが二重になっている部分について「繰り返しを抜ける」という処理が設定されている場合は，内側の繰り返しのみを抜ける。

　jogen は，ここでは100000にした。

```
(1)   jogen = 100000

(2)   list = ""

(3)   wararu を 1 から  カ  まで 1 ずつ増やしながら繰り返す:

(4)   │   count = 0

(5)   │   waru を 1 から  キ  まで 1 ずつ増やしながら繰り返す:

(6)   │   │   もし  ス  かつ  セ  ならば:

(7)   │   │   └ 繰り返しを抜ける    # 内側の繰り返しを抜ける

(8)   │   │   もし  ク  ならば:

(9)   │   │   └ count = count + 1

(10)  │   │   もし  ソ  >=  タ  ならば:

(11)  │   └ 繰り返しを抜ける    # 内側の繰り返しを抜ける

(12)  │   もし  ケ  ならば:

(13)  └ │   list =  コ

(14)  表示する (list)
```

図2　図1を改良したプログラム

　図2のプログラムを実行したところ，素数リストが正しく表示された。また，図1でjogenを100000にして実行した場合より，図2の方が処理速度が速かった。

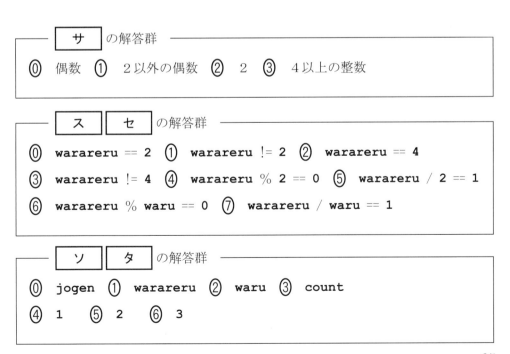

```
── サ の解答群 ────────────────
⓪ 偶数  ① 2以外の偶数  ② 2  ③ 4以上の整数
```

```
── ス セ の解答群 ────────────────
⓪ wararu == 2   ① wararu != 2   ② wararu == 4
③ wararu != 4   ④ wararu % 2 == 0   ⑤ wararu / 2 == 1
⑥ wararu % waru == 0   ⑦ wararu / waru == 1
```

```
── ソ タ の解答群 ────────────────
⓪ jogen   ① wararu   ② waru   ③ count
④ 1   ⑤ 2   ⑥ 3
```

第４問 次の文章を読み，後の問い（**問１〜５**）に答えよ。（配点　25）

　次の表１は，屋外に設置された，不特定多数の人が利用できる自動販売機一台あたりの日ごとの商品別販売数と，その日の気象データを組み合わせたものである。なお，「コールド」は冷たい商品を，「ホット」は温かい商品を意味する。

表１　日ごとの自動販売機一台あたり販売数と気象データ

販売日	自動販売機販売データ				気象データ	
	緑茶飲料等コールド	緑茶飲料等ホット	コーヒー飲料等コールド	コーヒー飲料等ホット	平均気温（度）	平均湿度（％）
2015/7/1	4.05	0.01	11.79	0.13	20.5	98
2015/7/2	4.49	0.01	11.14	0.11	22.5	91
2015/7/3	4.05	0.01	10.09	0.16	21.9	99
2016/1/5	2.83	2.20	3.53	7.89	10.9	51
2016/1/6	2.28	1.96	2.83	8.36	8.9	69
2016/1/7	2.22	2.06	3.02	8.92	8.7	49
2016/9/28	5.34	0.00	10.15	0.17	26.5	86
2016/9/29	4.84	0.00	10.36	0.28	24.6	87
2016/9/30	4.57	0.00	10.96	0.48	21.4	66

（出典：一般社団法人　全国清涼飲料連合会の資料より作成）

　花子さんたちは，表１のデータをもとに，自動販売機の商品別販売数と気象の関係を分析してみることにした。

問 1 花子さんたちは，表 1 のデータから次のような仮説を考えた。表 1 のデータだけから分析することが可能な仮説を，次の ⓪〜③ のうちから一つ選べ。 ア

⓪ 運動会などの屋外行事が全国的に多く行われる日には，コールド商品の販売数が増えるのではないか。

① 各商品の販売数は，平均気温よりも平均湿度の影響を大きく受けるのではないか。

② 自動販売機を屋外ではなく屋内に設置したほうが販売数は増えるのではないか。

③ 平均気温が下がると，糖分が含まれている商品の販売数が増えるのではないか。

問2 花子さんたちは，各項目のヒストグラムと項目同士の相関を分かりやすく把握するために，統計ソフトウェアを使用し，表1から図1のような図を作成した。これを散布図・相関行列という。図1の左下の部分は相関係数，右上の部分は散布図，左上から右下への対角線の部分はそれぞれの項目のヒストグラムを表している。

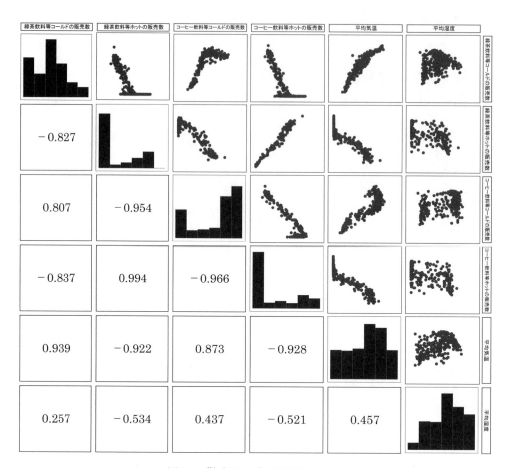

図1 散布図・相関行列

　　図 1 から読み取れることとして最も適当なものを，次の **⓪**～**③** のうちから一つ選べ。　| イ |

⓪　「コーヒー飲料等コールド」の方が，「緑茶飲料等コールド」よりも販売数は多い。

①　「コーヒー飲料等コールド」の販売数は，中央値の方が最頻値よりも小さい。

②　平均湿度が上がった場合，「コーヒー飲料等コールド」の販売数は減少し，「コーヒー飲料等ホット」の販売数は増加する傾向にある。

③　「緑茶飲料等ホット」の販売数は，平均気温の変動よりも，平均湿度の変動に大きく影響される傾向にある。

問3　花子さんたちは，「緑茶飲料等コールド」および「コーヒー飲料等コールド」と平均気温の関係に注目し，平均気温からそれぞれの販売数を予測するための回帰直線を図2・図3のように作成した。

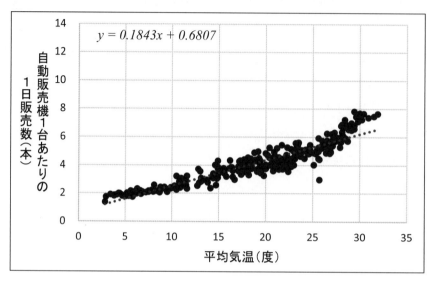

図2　「緑茶飲料等コールド」の販売数と平均気温の回帰直線

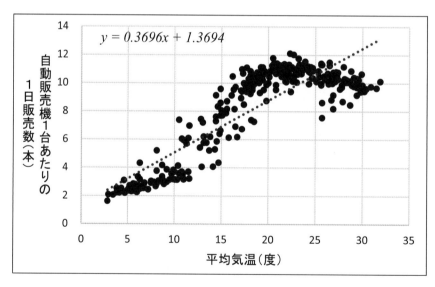

図3　「コーヒー飲料等コールド」の販売数と平均気温の回帰直線

図2・図3について述べたこととしてA〜Eのうち正しいものはどれか。正しいものの組み合わせとして最も適当なものを，後の⓪〜⑤のうちから一つ選べ。ただし，小数第3位を四捨五入すること。 ウ

A 図2から予測可能な範囲で，平均気温が1度下がると，「緑茶飲料等コールド」の販売数は約0.18本増加する。

B 図3から予測可能な範囲で，平均気温が1度上がると，「コーヒー飲料等コールド」の販売数は約0.37本増加する。

C 図2・図3において，回帰直線の傾きの絶対値が大きいほど，平均気温が1度変わったときの販売数の変化量が小さくなる。

D 図3を使用すると，平均気温が15度の場合と30度の場合に「コーヒー飲料等コールド」の販売数がどれだけ変わるのかを予測することができる。

E 図2を使用すると，平均気温がマイナス5度の場合に「緑茶飲料等コールド」の販売数がどの程度になるのかを予測することができる。

⓪ AとC ① AとD ② AとE
③ BとC ④ BとD ⑤ BとE

問4 花子さんたちは,「緑茶飲料等コールド」,「緑茶飲料等ホット」,「コーヒー飲料
等コールド」,「コーヒー飲料等ホット」の月別販売数を,図4のような折れ線グラ
フで表した。

第1回模擬

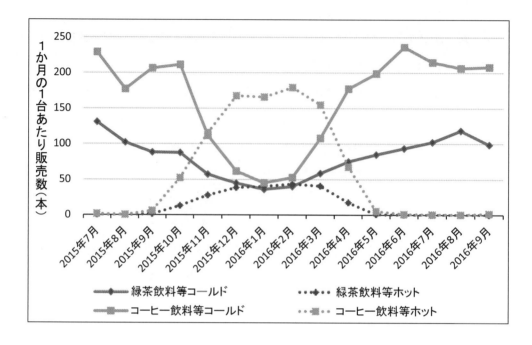

図4　各商品の月ごとの販売数

　　図4のみから読み取れることとして最も適当なものを,次の **⓪**～**③** のうちから
一つ選べ。 エ

⓪　「コーヒー飲料等ホット」は,販売数が毎月増加している。

①　「緑茶飲料等」については,常にコールド商品の方がホット商品よりも多く
販売されている。

②　2015年は11月を境界とし,「コーヒー飲料等コールド」よりも「コーヒー
飲料等ホット」の販売数が多くなった。

③　平均気温が低くなると,ホット商品の販売数は増加する傾向にある。

情報 I の試験問題は次に続く。

問5 花子さんたちは，表計算ソフトウェアを使用し，ある自動販売機におけるある飲料の販売数の推移について，表2のデータから図5のグラフを作成することにした。

表2　表計算ソフトウェアで作成した表

	A	B	C	D	E
1	月	昨年の販売数	今年の販売数	今年の販売数累計	移動合計
2	1月	33	40	40	1293
3	2月	33	48	88	1309
4	3月	44	56	144	1321
5	4月	89	98	242	1331
6	5月	155	150	392	1325
7	6月	175	183	575	1333
8	7月	161	177	752	1349
9	8月	146	158	910	1361
10	9月	153	176	1086	1383
11	10月	144	171	1257	1411
12	11月	94	91	1348	1408
13	12月	59	70	1418	1418

　表2のD列の「今年の販売数累計」は，1月からその行の月までの「今年の販売数」の累計を計算する式が入力されている。また，E列の「移動合計」は，その行の月の「今年の販売数」を含む過去12か月の販売数の合計を計算する式が入力されている。例えば，E2セルには昨年2月から今年1月の販売数の合計，E3セルには昨年3月から今年2月までの販売数の合計，E4セルには昨年4月から今年3月までの販売数の合計というように，合計範囲の始点と終点が1か月ずつ移動して求められている。

　表2をもとに，販売数の推移を表すグラフを作成したところ，図5のようになった。

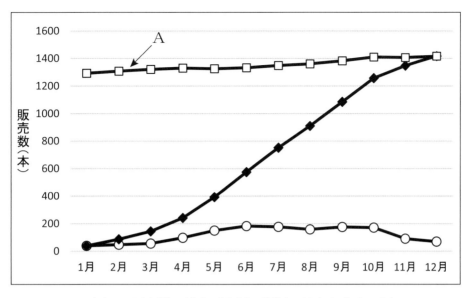

図5　販売数の推移（凡例は問題の都合上省略した）

　図5のAの線から読み取れる内容として最も適当なものを，次の⓪～③のうちから一つ選べ。 オ

⓪　季節的な変動を除去した，この飲料の長期間の販売数推移。

①　季節的な変動を反映した，この飲料の長期間の販売数推移。

②　この飲料の，今年の短期的な販売数推移。

③　この飲料の，今年と昨年の同月を比較したときの販売数の変動。

第2回　模擬問題

解答➡ p.43

解答上の注意

1．試験時間は 60 分です。

2．解答・提出方法について，教員からの指示がある場合は，その指示に従ってください。

3．第 2 問の　ア　と表示のある問いに対して ③ と解答する場合は，第 2 問の解答記号アに ③ と解答します。

4．問題文中の　イ　ウ　のように，　　　に数字を入れるよう指示されることがあります。例えば，　イ　ウ　の部分に 38 と答えたい場合は，　イ　を ③，　ウ　を ⑧ と解答します。

情　報　Ⅰ

（全　問　必　答）

第1問　次の問い（問1～4）に答えよ。（配点　20）

問1　情報技術の発展と社会の変化に関する次の問い（a・b）に答えよ。

a　情報技術に関して述べた文として**適当ではないもの**を，次の **⓪**～**③** のうちから一つ選べ。　| **ア** |

⓪　AIとは，人間の知的能力をコンピュータによって実現する技術のことである。

①　ARとは，現実の視覚情報に，コンピュータを使って情報を重ね合わせることで，人間の知覚体験を豊かにする技術のことである。

②　ICTとは，あらゆるものをインターネットに接続して相互に情報をやり取りすることによって，様々なサービスを提供することである。

③　RFIDとは，電波を送受信することにより，非接触でICチップ内のデータを読み取ったり変更したりする技術のことである。

b　情報技術の発展に伴う社会の状況について述べた文として適当なものを，次の
　⓪～⑤のうちから二つ選べ。ただし，解答の順序は問わない。　イ ・ ウ

⓪　SNS に情報を発信する際は，公開範囲を適切に設定することで，悪意のある
　第三者からその情報を閲覧される危険性を完全になくすことができる。

①　利用者が受信拒否をしない場合に限り，利用者の Web サイト検索履歴や商品
　購入履歴をもとに事業者が広告メールを配信することができる。

②　知的財産権のうち，産業財産権は特許庁に，著作権は文化庁にそれぞれ届け出
　て認められることにより権利が発生する。

③　著作権のうち財産的な権利を保護する部分については他人に譲渡することがで
　きるが，人格的な権利を保護する部分については他人に譲渡することができな
　い。

④　生年月日や性別など，それ単体で個人を特定することができない情報は個人情
　報には該当しない。

⑤　情報技術を前提とした社会においては，情報技術を活用できる能力の違いに
　よって給与などの格差が生じてしまう。

第2回模擬

問2　次の文章の空欄　[エ]　〜　[カ]　に入れるのに最も適当なものを，後の解答群のうちから一つずつ選べ。

　　コンピュータの演算装置について調べていたＳさんは，コンピュータは補数を用いて，加算によって減算に相当する処理を行っていることを知った。なお，ある数の補数とは，「ある数に加算すると桁が一つ上がる最小の数」を意味するものとする。

　　このことに興味を持ったＳさんは，まず，補数を用いて十進法の「94 − 56」を行う方法を表1のように考えた。なお，表1でのある数の補数とは特に，「ある数に加算すると十進法の 100 となる数」を指す。

表1　「94 − 56」の答えを，補数を用いた加算によって導く方法

手順1	「94 − 56」を，「『94 ＋（56 の補数）』の下2桁を取り出したもの」として捉える。
手順2	56 の補数，すなわち 56 に加えると 100 になる数は 44 である。
手順3	「94 ＋（56 の補数）」，すなわち「94 ＋ 44」を行うと 138 となる。
手順4	138 の下2桁を取り出す。

　　表1の方法で，十進法の「94 − 56」を正しく計算できることが確認できた。次に，Ｓさんは，二進法の「11001 − 01110」も表2のように計算できると考えた。なお，表2でのある数の補数とは特に，「ある数に加算すると二進法の 100000 となる数」を指す。

表2　「11001 − 01110」の答えを，補数を用いた加算によって導く方法

手順1	「11001 − 01110」を，「『11001 ＋（01110 の補数）』の下5桁を取り出したもの」として捉える。
手順2	01110 の補数，すなわち 01110 に加えると 100000 になる数は [エ] である。
手順3	「11001 ＋（01110 の補数）」，すなわち「11001 ＋ [エ]」を行うと [オ] となる。
手順4	[オ] の下5桁を取り出す。

表2の方法で，二進法の「11001 － 01110」も正しく計算できることが確認できた。

なお，二進法で表されたある数の補数を求める際には，   カ   という方法を使用することもできる。これによって，二進法の補数は減算を行わずに求めることができる。

---   エ   の解答群 ---

⓪ 10010   ① 10110   ② 10111   ③ 11010

---   オ   の解答群 ---

⓪ 110101   ① 111011   ② 101011   ③ 101111

④ 10101   ⑤ 11011   ⑥ 01011   ⑦ 01111

---   カ   の解答群 ---

⓪ ある数に1を加えたあと，すべてのビットを反転させる

① ある数のすべてのビットを反転させる

② ある数のすべてのビットを反転させたあと，1を加える

③ ある数の下位桁から数えて奇数番目にあたるビットを反転させる

④ ある数の下位桁から数えて偶数番目にあたるビットを反転させる

問3　次の文章を読み，後の問いに答えよ。

　私たちにとって身近な情報セキュリティの実現方法に，_Aパスワード認証がある。パスワード認証とは，IDとパスワードを入力して認証を行う方法である。簡単かつ強力な方法であるが，パスワードが設定されていても不正アクセスをするための様々な攻撃が考案されているので，注意が必要となる。

　パスワードに関連する攻撃には，表3のようなものがある。

表3　パスワードに関連する攻撃の例

攻撃の名称	攻撃の内容
ブルートフォース攻撃	総当たり攻撃ともいう。特定の攻撃対象のIDについて，あり得るパスワードをすべて試してアクセスを行う。
リバースブルートフォース攻撃	パスワードを一つ想定し，様々なIDに対してそのパスワードでアクセスを行う。
辞書攻撃	辞書に登載されているような，人間にとって意味のある文字列をパスワードの候補とし，特定の攻撃対象のIDについてパスワードの候補を用いてアクセスを行う。
パスワードリスト攻撃	既に別のWebサイトで流出しているものなど，あらかじめ何らかの手段で入手したIDとパスワードの組み合わせリストを用いて，他のWebサイトにもアクセスを行う。

　これらの攻撃は技術的なものであるが，一方で技術的な手段を用いず，社会的・心理的な手段を用いてパスワードを不正に入手する_Bソーシャルエンジニアリングもあり得る。パスワードを用いて認証を行うサービスを利用する際は，幅広く注意を払う必要がある。

(1)　情報セキュリティは，一般的には情報の機密性・完全性・可用性を確保することであるといえる。下線部**A**の「パスワード認証」は，これらのうち直接的にはどれを確保するための手法か。　キ　の解答群から一つ選べ。

――　キ　の解答群 ―――――――――――――――――――――――――

⓪　機密性　①　完全性　②　可用性

(2)　表3について述べた文として最も適当なものを　ク　の解答群から一つ選べ。

――　ク　の解答群 ―――――――――――――――――――――――――

⓪　自分の名前をパスワードに使用しないことは，ブルートフォース攻撃および辞書攻撃への対策になる。

①　パスワードの長さを非常に長くしたり，使用する文字の種類を増やしたりすることにより，パスワードの理論的な総数は膨大なものになるので，ブルートフォース攻撃によって不正にログインされる可能性を完全になくすことができる。

②　複数のWebサイトで同じIDやパスワードを使い回さないようにすることは，パスワードリスト攻撃および辞書攻撃への対策になる。

③　同じIDについて何回かログインに失敗した場合，ログイン試行をそれ以上行えないようにアカウントをロックすることは，ブルートフォース攻撃の対策にはなるがリバースブルートフォース攻撃の対策にはならない。

(3)　下線部**B**について，ソーシャルエンジニアリングに**該当しないもの**を　ケ　の解答群から一つ選べ。

――　ケ　の解答群 ―――――――――――――――――――――――――

⓪　キーボードの入力内容を攻撃者に自動的に送信するマルウェアに感染させて，パスワードを入手する。

①　スマートフォンでパスワードを入力している人の手元を本人に気づかれないように見て，パスワードを入手する。

②　電車内での会話を盗み聞きして，パスワードを入手する。

③　パスワードが書かれた紙ごみを，ごみ捨て場から回収してパスワードを入手する。

問4　次の文章の空欄 コ ～ シ に入れるのに最も適当なものを，後の解答群のうちから一つずつ選べ。なお， $1\,\mathrm{MB}=10^6\mathrm{B}$， $1\,\mathrm{M}$ ビット $=10^6$ ビットとする。

　　高校生のNさんは，探究活動の成果を発表するプレゼンテーションで，3分間の動画を再生して投影したいと考えている。この動画はインターネット上の動画配信サイトに事前にアップロードしておき，発表の際にノートパソコンをインターネットに接続して，ダウンロードして再生する。また，動画は再生しながら同時にダウンロードをすることができ，再生開始前に動画の一部をダウンロードしておくこともできる。

(1)　Nさんは，スマートフォンで動画を撮影した。Nさんのスマートフォンでは，図1のように動画の品質が「1080P/30fps」と設定されていた。

図1　Nさんのスマートフォンの動画品質設定

　　「1080P」は，動画を構成するフレーム1枚あたりの画素数が200万ピクセルであることを，「30fps」は動画1秒が30枚のフレームによって構成されていることをそれぞれ意味するものとする。1ピクセルあたりのデータ量を24ビットとすると，この動画1秒あたりのデータ量は コ MBとなる。なお，音声などのデータ量は考慮しない。

(2)　この動画を，データ量が100分の1になるように圧縮した場合，動画3分間あたりのデータ量は サ MBとなる。

(3)　プレゼンテーションをする環境では，通信速度は8Mbpsである。Nさんが動画を途切れることなく再生するためには，再生開始前に最低でも シ 秒分の事前ダウンロードが必要となる。なお，8Mbpsは，1秒間に8Mビットのデータをダウンロードできることを意味する。また，通信効率や動画再生のための処理時間などについては考慮しない。

```
┌─┤ コ ├ の解答群 ──────────────────────────────┐
│  ⓪  18   ①  48   ②  60   ③  140   ④  180   ⑤  480   ⑥  600   ⑦  1440  │
└──────────────────────────────────────────┘
```

```
┌─┤ サ ├ の解答群 ──────────────────────────────┐
│  ⓪  32.4  ①  54   ②  86.4  ③  108   ④  252   ⑤  324   ⑥  540   ⑦  864  │
└──────────────────────────────────────────┘
```

```
┌─┤ シ ├ の解答群 ──────────────────────────────┐
│  ⓪  18   ①  40.5  ②  108   ③  144   ④  160   ⑤  196   ⑥  216   ⑦  324  │
└──────────────────────────────────────────┘
```

第 2 回模擬

第2問 次の問い（A・B）に答えよ。（配点　30）

A　次の太郎さんと先生の会話文を読み，問い（**問1〜4**）に答えよ。

太郎：私の家では雑貨を販売しているのですが，この前家族に頼まれて商品を販売する Web サイト（EC サイト）を作成してみました。

先生：そうだったのですね。_A実店舗だけで商品を販売する場合に比べ，ECサイトでの販売には様々な利点があるので，商品販売数の増加に大きな効果があると思います。売上が伸びるとよいですね。

太郎：ありがとうございます。しかし，Web サイトを作ったのはよいのですが，分析ツールによる分析結果を見ると，アクセス数があまり伸びなくて悩んでいます。

先生：一口にアクセス数といっても，次のように様々な指標があります。表1と太郎さんの Web サイトの分析結果を見て，気づくことはありませんか？

表1　アクセス数に含まれる様々な指標

指標	説明
UU 数	Web サイトにアクセスしたユーザの数を表す。例えば，同じユーザが Web サイト内の Web ページを5つ訪れたとしても，UU 数は1しか増えない。
PV 数	Web サイト内の Web ページのアクセス総数を表す。例えば，同じユーザが Web サイト内の Web ページを5つ訪れたら，PV 数は5増える。

太郎：UU 数や PV 数は，このような意味だったのですね。それぞれの指標の意味をあまり考えないで分析結果を見てしまっていました。表1を踏まえて改めて分析結果を見てみると，私の作った Web サイトは PV 数と UU 数の差が小さいように思います。

先生：なるほど。UU 数や PV 数を大きくすることも大事ですが，双方の差に注目することも重要なので，「PV 数と UU 数の差が小さい」というのはよい気づきだと思います。PV 数と UU 数の差が小さいということに注目すると，太郎さんの作った Web サイトの改善点が見えてきそうですね。PV 数と UU 数の差が小さいということは，Web サイトに関するどのような問題が起こってしまっているためでしょうか。

太郎：　イ　や　ウ　という問題が起こってしまっているためだと思います。

先生：そうですね。そのことを把握していれば，Web サイトの改善点も見えてきそうですね。

問 1　下線部 A の「利点」として**適当ではないもの**を，次の ⓪〜③ のうちから一つ選べ。 　ア

　⓪　顧客の様子を直接見ながら説明し商品を販売できるので，顧客満足度が高まること。

　①　実店舗に比べ，地理的に広い範囲の顧客に商品を販売できること。

　②　商品陳列の必要がないので，様々な種類の商品を販売できること。

　③　販売員を確保する必要がないので，人件費を削減できること。

問 2　空欄 　イ　・　ウ　に当てはまる文として適当なものを，次の ⓪〜④ のうちから一つずつ選べ。ただし，解答の順序は問わない。

　⓪　Web サイト内の各 Web ページに興味を持てず，読まないで閲覧をやめてしまう訪問者が多いこと

　①　Web サイト内のリンク構造が分かりづらく，目的の Web ページにたどり着けずに多くの Web ページにアクセスして迷ってしまう訪問者が多いこと

　②　Web サイトのトップページから各 Web ページに進む方法が分からない訪問者が多いこと

　③　検索エンジンで，自分の Web サイトの表示順位が低く，Web サイトを見つけられないこと

　④　自分の EC サイトと類似する商品を販売する EC サイトが他にあり，そちらの商品のほうが SNS での評判がよいこと

問3 太郎さんは，自分が作成した Web サイトをより広く知ってもらうために，インターネット広告を利用することにした。インターネット広告の中でも，他の人の Web サイト内に太郎さんの Web サイトの広告バナーが表示されるようなものを利用することを検討している。

インターネット広告を利用するためには費用がかかることや，目標を持って広告を行いたいことを踏まえ，太郎さんは，広告の成果を可視化できる指標を用いることにした。太郎さんが成果を可視化できる指標について調べたところ，表2のようなものがあることが分かった。

表2　インターネット広告の成果を可視化する指標の例

指標	説明
CTR	広告のクリック率。 「広告がクリックされた回数　÷　広告表示数」で算出する。
CPA	目的達成1件あたりの広告コスト。 「広告コスト総額　÷　目的達成数」で算出する。
CVR	目的達成率。 「目的達成数　÷　広告がクリックされた回数」で算出する。

太郎さんは，それぞれの指標をもとに目標や広告コストなどを設定するために，表2について分析してみることにした。なお，太郎さんは広告の「目的」を「会員登録をしてもらうこと」と定めた。また，広告が表示されたからといってクリックされるとは限らず，商品を購入をする人の数は会員登録をする人の数よりも少ないものとする。

問題文および表 2 から考えられることとして適当なものを，次の ⓪ ～ ⑤ のうちから二つ選べ。ただし，解答の順序は問わない。　エ ・ オ

⓪　CPA の値が小さくなると，CVR の値は常に大きくなる。

①　CTR は，会員登録画面の入力項目の多さや入力の大変さによって変動する。

②　CVR は，太郎さんが広告を掲載してもらうために，掲載先 Web サイトに支払う料金によって変動する。

③　CPA × CVR の値を指標として使うことにより，「広告が 1 回クリックされるために要したコスト」を測定することができる。

④　広告の目的を「商品を購入してもらうこと」にした場合，それ以外の条件が変わらなければ，CPA の値は小さくなる。

⑤　顧客にとって魅力的なセールを紹介するなど，クリックしたくなる広告にするように工夫した場合，それ以外の条件が変わらなければ，CTR の値は大きくなる。

問4　太郎さんは，PV 数を伸ばすためには Web サイトのトップページが，表示を要求してから 3 秒以内に表示されることも重要であるということを先生から教えてもらった。なぜなら，表示に 3 秒以上かかると，それ以上 Web サイトを読むのをやめてしまう人が急増するからである。

　　そこで，太郎さんはトップページを見直すことにした。トップページには，商品の魅力を感じてもらえるようにするため，高画質の商品画像を 10 枚掲載していた。この画像 1 枚について，圧縮をしていない状態で詳細を調べたら，図 1 のように幅（横）が 3,000 ピクセル，高さ（縦）が 2,000 ピクセル，ビットの深さが 24 ビットとなっていた。なお，ビットの深さは 1 ピクセルを何ビットで表現するかを意味する。

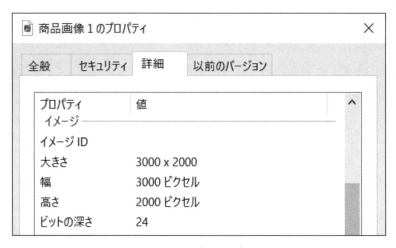

図 1　画像の詳細

　　Web サイトの利用者にはスマートフォンを利用する人も多いので，太郎さんは，無線 LAN に接続していないスマートフォンでも快適に表示できるようにしたいと考えている。そこで，「40Mbps の通信速度を実現できるスマートフォンで，表示要求から 3 秒以内にトップページを表示できるようにする」という目標を設定した。なお，40Mbps は，1 秒間に 40M ビットのデータを受信できることを意味する。

　　そのために，図 1 と同じ設定になっている画像 10 枚について，圧縮を行うことにした。すべての画像について同じ圧縮率を適用する場合，少なくとも何％の圧縮率にしなければならないか。最も適当なものを，後の ⓪〜⑤ のうちから一つ選べ。
カ

なお，例えば圧縮率 10％は，100MB の画像を 10MB に圧縮することを意味する。また，ここでは圧縮後の画像のデータ量と受信側スマートフォンの通信速度以外の要素は考慮しない。 1 MB ＝ 10^6B， 1 M ビット＝ 10^6 ビットで計算すること。

- ⓪ 5％
- ① 6％
- ② 7％
- ③ 8％
- ④ 9％
- ⑤ 10％

B　次の文章を読み，後の問い（**問1〜3**）に答えよ。

　　Mさんのクラスでは，文化祭で，焼きそばを300円で販売することにした。販売のための準備をする中で，お釣りとして使用する硬貨を多すぎず少なすぎない適切な枚数用意することが大事であるという意見が出された。なぜなら，客が商品を購入しようとしたときにお釣りとして返せる硬貨がなければ販売ができない一方，店舗にある硬貨の枚数が多くなりすぎるのも管理・防犯の上で適切ではないためである。

　　そこで，開店前に用意しておくお釣り用の硬貨の枚数によってどのような事態が生じるのか，シミュレーションすることにした。なお，客が300円の商品を払う方法とそれぞれの場合におけるお釣り用硬貨の枚数は図2のように想定し，100円未満の硬貨および1000円以上の紙幣はお釣りとして使われないものと考える。また，客が使用した硬貨は，以降の客に対するお釣りとして使用できるものとする。

　　以下では，店舗にあるお釣り用の100円玉の枚数を「100円玉ストック」，500円玉の枚数を「500円玉ストック」と呼ぶことにする。

　　パターンⅠ：客が100円玉3枚で支払う

　　　お釣りを返さず，100円玉3枚を受け取る。100円玉ストック＋3。

　　パターンⅡ：客が500円玉1枚で支払う

　　　100円玉2枚を返し，500円玉1枚を受け取る。100円玉ストック－2，500円玉ストック＋1。

　　パターンⅢ：客が1000円札1枚で支払う

　　①　100円玉ストックが2枚以上かつ500円玉ストックが1枚以上ある場合は，100円玉2枚と500円玉1枚を返し，1000円札を受け取る。100円玉ストック－2，500円玉ストック－1。

　　②　500円玉ストックが1枚もなく，100円玉ストックが7枚以上ある場合は，100円玉7枚を返し，1000円札を受け取る。100円玉ストック－7。

図2　客が300円を支払う方法のパターンとお釣りの返し方のまとめ

　　なお，客がパターンⅠ・Ⅱ・Ⅲのどれで支払うかはランダムに決定され，それぞれのパターンが発生する確率は等しいものとする。

問1　Mさんは，来客人数を20人，開店前に用意しておく100円玉ストックを10枚，500円玉ストックを5枚とし，シミュレーションを行うことにした。表3は，シミュレーションを途中まで行ったものである。表3において，「客の支払いパターン」にはⅠ・Ⅱ・Ⅲをランダムに記入し，対応する「客が支払うお金」は図2をもとに記入した。

表3　シミュレーション結果（作成途中）

人数	客の支払いパターン	客が支払うお金	お釣り不足	100円玉ストック	500円玉ストック
開店前	－	－	－	10	5
1人目	Ⅱ	500円×1		8	6
2人目	Ⅲ	1000円×1		6	5
3人目	Ⅱ	500円×1			
4人目	Ⅱ	500円×1			
5人目	Ⅲ	1000円×1			
6人目	Ⅰ	100円×3			
7人目	Ⅰ	100円×3			
8人目	Ⅲ	1000円×1			
9人目	Ⅱ	500円×1			
10人目	Ⅲ	1000円×1			
11人目	Ⅱ	500円×1			
12人目	Ⅱ	500円×1			
13人目	Ⅰ	100円×3			
14人目	Ⅱ	500円×1			
15人目	Ⅲ	1000円×1			
16人目	Ⅲ	1000円×1			
17人目	Ⅰ	100円×3			
18人目	Ⅰ	100円×3			
19人目	Ⅱ	500円×1			
20人目	Ⅲ	1000円×1			

　その客に対して返せるお釣りがない場合は，客は商品を購入せずに帰ってしまうため，「100円玉ストック」，「500円玉ストック」はその一つ前の行から変更せず，「お釣り不足」の列に「不足」と記入するものとする。表3を20人目まで完成させたとき，「お釣り不足」の列には「不足」がいくつあるか。最も適当な数字をマークせよ。 キ

93

問2　表3のシミュレーションは客が20人の場合を想定したものであったが，昨年の文化祭の記録を確認すると，飲食物を販売するクラスには平均で100人の来客があることが分かった。そこでMさんは，100人の来客があった場合を想定し，開店前に用意する硬貨の枚数と，お釣りが足りないために客が商品を購入できずに帰ってしまう「不足」の発生回数の関係を確認するシミュレーションを行うことにした。なお，このシミュレーションでは100円玉の用意枚数に焦点を絞り，500円玉は開店前に十分用意するものとする。

　Mさんは，開店前に用意する100円玉ストックの枚数を10枚から105枚まで5枚ずつ増やしていき，それぞれの枚数ごとに100人が来店する中で生じた「不足」の回数を数えるシミュレーションを各10,000回行った。そして，開店前に準備する100円玉ストックの枚数と，100人が来客する中で生じた「不足」の平均発生回数をグラフにまとめた。このグラフとして最も適当なものを，次の⓪〜③のうちから一つ選べ。　ク

⓪

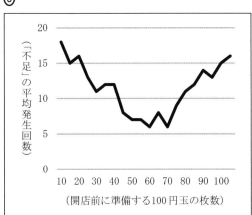

①

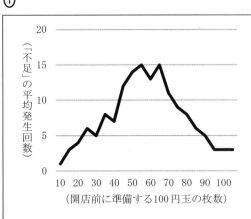

②

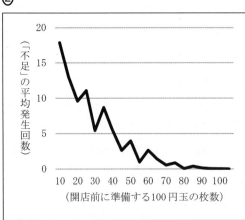

③

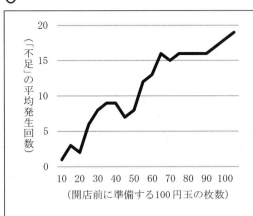

問 3 Mさんは，開店前にどれだけの 100 円玉および 500 円玉を用意すればよいのか
を，シミュレーションをもとに検討することにした。そこで，シミュレーション結
果を評価するための評価式を設定し，その式から導き出される評価値を比較すると
いう方法を考えた。なお，「お釣りの不足が発生しないこと」および「店舗に置か
れるお金を減らすこと」を実現できる場合ほど評価を高くしたい。

表 4 は，評価式の三つの候補である。開店前に用意する 100 円玉と 500 円玉の枚
数を変えて，100 人が来店した場合のシミュレーションを複数回行い，不足発生回
数の合計（A），終了時の 100 円玉ストックの合計（B），終了時の 500 円玉ストッ
クの合計（C）を評価式に代入して評価値を求め，比較する。

表 4　評価式の候補

評価式①	$\dfrac{(A + B + C) \times 100}{\text{シミュレーション試行回数}}$
評価式②	$\dfrac{1}{A + B \times 100 + C \times 500}$
評価式③	$A \times 100000 + B \times 10 + C \times 50$

表 4 の評価式の候補について述べた文として最も適当なものを，次の ⓪～③ の
うちから一つ選べ。　ケ

⓪　いずれの評価式も，評価値が小さい方が評価は高いと判断するべきである。

①　シミュレーションごとの試行回数が異なる場合，評価式③のみ，複数の結果の
比較を適切に行うことができない。

②　評価式①に比べ，評価式③は「店舗に置かれるお金を減らすこと」よりも「お
釣りの不足が発生しないこと」に評価の重点を置いている。

③　評価式②のみ，「店舗に置かれる硬貨の枚数」だけでなく「店舗に置かれる硬
貨の金額」も考慮している。

第3問 次の問い（**問1〜3**）に答えよ。（配点　25）

問1　次の生徒（Ｓ）と先生（Ｔ）の会話文を読み，空欄　ア　に入れるのに最も
　　　適当なものを，後の解答群のうちから一つ選べ。

Ｓ：この前，県ごとの気象データを調べていたときに，「並べ替えはしたくないが，
　　気温や降水量ごとの順位を知りたい」ということがありました。並べ替えについ
　　てはバブルソートなどのアルゴリズムに触れたことがありますが，並べ替えをせ
　　ずに順位を付けることもプログラミングによって可能なのでしょうか。

Ｔ：確かに，複数の項目がある場合や，元々の県の並び順に意味がある場合などには
　　並べ替えができないということもありますね。配列に記憶されている値につい
　　て，値の小さい順（昇順）や大きい順（降順）に順位を付けるようなプログラム
　　を作ることは可能です。その方法を一緒に考えてみましょう。

Ｓ：よろしくお願いします。

Ｔ：まず，順位付けの考え方を確認してみましょうか。例えば，ある月のA〜E県の
　　日平均気温が表1のようなものだったとします。

表1　ある月のA〜E県の日平均気温

県名	A県	B県	C県	D県	E県
日平均気温（度）	18.3	21.7	16.9	14.1	16.2

Ｔ：順位を日平均気温の降順に付けた場合，どのようになりますか。なお，最高順位
　　は1位とします。

Ｓ：表2のようになります。

表2　日平均気温の降順に基づく順位付け

県名	A県	B県	C県	D県	E県
日平均気温（度）	18.3	21.7	16.9	14.1	16.2
順位	2	1	3	5	4

Ｔ：そうですね。では，より一般化すると，ある県の順位はどのように表すことがで
　　きるでしょうか。

S：ある県の順位は，　ア　　と表現することが可能です。

T：その通りです。では，この考え方を使って，次のような，日平均気温の降順に県の順位を求めるプログラムを作ってみましょう。

【プログラムの説明と例】

> プログラムの先頭で，県ごとの「県名」と「日平均気温」を配列に設定する。それぞれの県の順位を日平均気温の降順に付けて，「県名」「日平均気温」「順位」をすべての県について表示する。なお，最高順位は1位とする。また，日平均気温が同じ県が複数あった場合は，いずれも同順位とする。例えば，A県・B県・C県・D県の日平均気温が20，E県の日平均気温が10となっている場合，A県・B県・C県・D県が1位，E県が5位となる。

S：このようなプログラムを作ることができれば，並べ替えをすることなく，県ごとの順位を求めて表示することができますね。

T：なお，例えば1位から2位にすることは，順位の値は大きくなっていますが，一般的には「順位を下げる」ということに注意が必要です。

```
─── ア の解答群 ───

⓪ 1＋その県よりも日平均気温の値が大きい県の数

① 1＋その県よりも日平均気温の値が小さい県の数

② すべての県の日平均気温の値の合計 ÷ その県の日平均気温の値

③ その県よりも日平均気温の値が大きい県の数

④ その県よりも日平均気温の値が小さい県の数
```

問2　図1のプログラムの空欄　**イ**　～　**カ**　に入れるのに最も適当なものを，後の解答群のうちから一つずつ選べ。ただし，同じものを繰り返し選んでもよい。

S：【プログラムの説明と例】で確認したプログラムを作りたいのですが，もう少しヒントが欲しいです。ある県について，「県名」「日平均気温」「順位」を対応付けて管理するためにはどうすればよいのでしょうか。

T：それぞれの変数を一つずつ用意するという方法もありますが，管理や処理を簡略化するために，「県名を記憶する配列（**Ken**)」，「日平均気温を記憶する配列（**Kion**)」，「順位を記憶する配列（**Jun**)」を用意し，それぞれの添字を対応させる方法を用いてみましょうか。

S：なるほど。表3のように三つの配列を用意すればよいのですね。なお，表のセル内には，それぞれの要素の初期値を書きました。

表3　三つの配列

添字	0	1	2	3	4
Ken	"A県"	"B県"	"C県"	"D県"	"E県"
Kion	18.3	21.7	16.9	14.1	16.2
Jun	1	1	1	1	1

T：添字0の要素から順に値を記憶するのなら，表3の通りでよいと思います。

S：ありがとうございます。後は，ある県の順位を　**ア**　と表現することを踏まえて，それぞれ比較を行うようにすればよいですね。

　　Sさんは，先生（T）との会話からヒントを得て，順位付けを行うプログラムを考えてみた（図1）。なお，表3にもある通り，配列の添字は0から始まるものとする。また，県の数は必ず5つであるものとする。実行してみると，各県の県名，日平均気温，順位が正しく表示された。他の県名，日平均気温の組み合わせでも試してみたが，すべて正しく表示されることを確認できた。

```
(1)    Ken = ["A県","B県","C県","D県","E県"]

(2)    Kion = [18.3,21.7,16.9,14.1,16.2]

(3)    Jun = [1,1,1,1,1]

(4)    i を  イ  1 ずつ増やしながら繰り返す:

(5)    │  j を  ウ  1 ずつ増やしながら繰り返す:

(6)    │  │   もし  エ  ならば:

(7)    └  └  └   オ

(8)    表示する ("県名     日平均気温     順位")

(9)    k を  カ  1 ずつ増やしながら繰り返す:

(10)   └   表示する (Ken[k],"     ",Kion[k],"     ",Jun[k])
```

図 1 県ごとの県名・日平均気温・順位を表示するプログラム

── イ ・ ウ ・ カ の解答群 ──

⓪ **0** から **4** まで ① **0** から **5** まで ② **1** から **4** まで ③ **1** から **5** まで

── エ の解答群 ──

⓪ Jun[i] < Jun[j] ① Jun[i] > Jun[j]

② Kion[i] < Kion[j] ③ Kion[i] > Kion[j]

── オ の解答群 ──

⓪ Jun[i] = Jun[i] − 1 ① Jun[i] = Jun[i] + 1

② Kion[i] = Kion[i] − 1 ③ Kion[i] = Kion[i] + 1

問3　次の文章および図3のプログラムの空欄　キ　～　シ　に入れるのに最も適当なものを，後の解答群のうちから一つずつ選べ。ただし，同じものを繰り返し選んでもよい。

S：図1のプログラムによって順位を付けることはできたのですが，このプログラムの処理を確認してみたら無駄が多いように思いました。

T：確かに，同じ添字の要素同士を比較していたり，一度比較した組み合わせを再び比較していたりと，無駄な処理を行っていますね。では，無駄な処理を減らすことを目的として，図1のプログラムを改良してみましょう。

S：改良のための考え方のヒントをいただけないでしょうか。

T：それでは，図2のような考え方に基づいてプログラムを作成してみてはいかがでしょうか。なお，ここでは図1において **i** を添字とする要素を「比較元」，**j** を添字とする要素を「比較先」と呼んでいます。

---

①　比較を行った際に，「比較先」よりも「比較元」の方が日平均気温の値が大きい場合，　キ　。そうでなく，比較を行った際に「比較元」よりも「比較先」の方が日平均気温の値が大きい場合，　ク　。

②　同じ添字の要素同士の比較を行わないようにする。

③　同じ組み合わせの比較を二回行わないようにする。

図2　図1のプログラムを改良するための考え方のヒント

S：ありがとうございます。図2の内容を参考にして，プログラムの改良を行ってみます。

　　Sさんは，図2の内容も踏まえて，図3のプログラムを作成した。図3のプログラムでも，図1と同様に順位を求めることができることを確認した。

```
(1)   Ken = ["A県","B県","C県","D県","E県"]

(2)   Kion = [18.3,21.7,16.9,14.1,16.2]

(3)   Jun = [1,1,1,1,1]

(4)   i を  ケ  1ずつ増やしながら繰り返す:

(5)   │  j を  コ  1ずつ増やしながら繰り返す:

(6)   │  │   もし  エ  ならば:

(7)   │  │   │   オ

(8)   │  │   そうでなくもし  サ  ならば:

(9)   └  └   └   シ

(10)  表示する("県名     日平均気温     順位")

(11)  k を  カ  1ずつ増やしながら繰り返す:

(12)  └  表示する(Ken[k],"     ",Kion[k],"     ",Jun[k])
```

図3　改良したプログラム

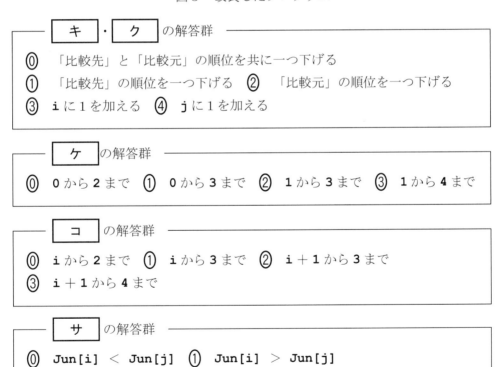

── キ ・ ク の解答群 ──

⓪ 「比較先」と「比較元」の順位を共に一つ下げる

① 「比較先」の順位を一つ下げる　② 「比較元」の順位を一つ下げる

③ i に1を加える　④ j に1を加える

── ケ の解答群 ──

⓪ 0 から 2 まで　① 0 から 3 まで　② 1 から 3 まで　③ 1 から 4 まで

── コ の解答群 ──

⓪ i から 2 まで　① i から 3 まで　② i＋1 から 3 まで

③ i＋1 から 4 まで

── サ の解答群 ──

⓪ Jun[i] < Jun[j]　① Jun[i] > Jun[j]

② Kion[i] < Kion[j]　③ Kion[i] > Kion[j]

── シ の解答群 ──

⓪ Jun[j] = Jun[j] － 1　① Jun[j] = Jun[j] ＋ 1

② Kion[j] = Kion[j] － 1　③ Kion[j] = Kion[j] ＋ 1

第4問　次の文章を読み，後の問い（問1〜5）に答えよ。（配点　25）

菊（秋菊）は，夏から秋にかけて日照時間が短くなると花を咲かせる性質がある。この性質を利用し，電灯照明を用いて菊に人工的に光を当てることにより開花を遅らせる栽培法を電照栽培という。電照栽培によって，秋以外でも菊の切り花を出荷することが可能になる。

図1　温室での菊の電照栽培

本来の開花時期よりも寒い時期に菊を育てることになるため，電照栽培では図1のように，温室で暖房を用いることが多い。菊の電照栽培を行うKさんは，これまでは17時から翌日の1時までの温度（夜間温度）を18度に保つように暖房を設定していたが，暖房コストを下げるために，夜間温度を10度に保つように設定できないかと考えた。そこで，夜間温度を18度にした場合と10度にした場合では，菊の生育や品質にどのように差が出るのかを調査することにした。

表1は，ある品種の菊について，夜間温度を18度にして育てたものと10度にして育てたものからそれぞれ30本ずつ標本を取り出し，85cmの切り花に加工して重さを調べた結果である。

表1　夜間温度18度と10度で育てた菊の標本を30本ずつ抽出した際の
「切り花85cmの重さ」の各値（単位：g）

18度			10度		
60.5	76.7	72.0	63.7	63.0	56.1
65.2	69.2	68.5	60.4	64.3	55.8
69.4	68.4	86.2	57.4	58.7	61.7
71.8	61.5	65.5	57.7	57.7	54.7
78.8	76.4	58.8	59.5	57.1	62.1
58.6	71.5	67.0	63.6	60.1	49.5
62.1	74.8	62.9	63.9	62.3	66.6
59.1	73.0	56.0	56.5	63.8	61.3
69.1	57.6	66.5	56.8	67.7	66.9
58.8	72.8	78.1	69.0	58.5	63.1

（出典：農文協『キク大事典』より作成。「切り花85cmの重さ」は正規分布に従うと仮定し，判明している平均値・標準偏差より，正規乱数を用いて各値を疑似的に作成した）

表 1 から箱ひげ図を作成したところ，図 2 のようになった。

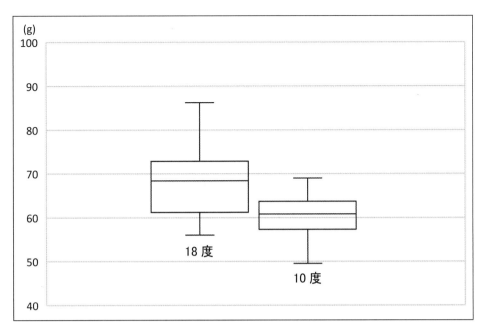

図 2 「切り花 85cm の重さ」の温度別の分布

問 1 図 2 から読み取れることとして最も適当なものを，次の ⓪〜③ のうちから一つ選べ。 ア

⓪ 夜間温度が 18 度・10 度のどちらでも，重さが 60g を超える標本が全体の 75%を超える。

① 夜間温度が 18 度の場合と 10 度の場合の中央値の差は約 20g である。

② 夜間温度が 18 度の場合の第三四分位数は，10 度の場合の最大値よりも大きい。

③ 箱の中に含まれる標本の数は，夜間温度が 18 度の場合の方が多い。

問2　Kさんは，8種類の品種A〜Hについて，夜間温度を18度にした場合と10度にした場合に分けて複数の標本を収集し，到花日数（発芽から開花までの日数），収穫時草丈，切り花85cmの重さを調べた。それぞれの標本の平均値を表したものが表2である。

表2−A：夜間温度を18度に設定した場合の品種別・項目別平均値

品種名	到花日数（日）	収穫時草丈（cm）	切り花85cmの重さ（g）
品種A	55	132	81.6
品種B	49	122	67.1
品種C	53	120	59.0
品種D	52	103	53.6
品種E	52	120	88.2
品種F	49	136	69.8
品種G	50	103	61.6
品種H	57	114	40.0

表2−B：夜間温度を10度に設定した場合の品種別・項目別平均値

品種名	到花日数（日）	収穫時草丈（cm）	切り花85cmの重さ（g）
品種A	59	131	73.0
品種B	52	122	61.7
品種C	55	124	50.6
品種D	56	118	93.2
品種E	54	117	98.0
品種F	54	143	60.2
品種G	52	99	81.5
品種H	60	125	71.3

（出典：農文協『キク大事典』より作成）

夜間温度を 18 度から 10 度に変更した場合，菊の品質にどれだけの影響が出るのかを検討したい。そのために行う処理として最も適当なものを，次の ⓪～③ のうちから一つ選べ。 | イ |

⓪ 表 2 − B の各値を表 2 − A の各値で割る。

① 表 2 − A と表 2 − B の各値を加える。

② 表 2 − A と表 2 − B の各値を掛け，その後 $\frac{10}{18}$ を各計算結果に掛ける。

③ 表 2 − A と表 2 − B の各値を掛け，その結果の正の平方根を求める。

問3 Kさんは，表2-Aについて，表3のように「切り花85cmの重さ」に関する分散と標準偏差も求めた。

表3 表2-Aの8品種の「切り花85cmの重さ」に関する平均値・分散・標準偏差

品種名	平均値	分散	標準偏差
品種A	81.6	179.6	13.4
品種B	67.1	169.0	13.0
品種C	59.0	240.3	15.5
品種D	53.6	127.7	11.3
品種E	88.2	153.8	12.4
品種F	69.8	70.6	8.4
品種G	61.6	193.2	13.9
品種H	40.0	4.4	2.1

表3について述べたものとして最も適当なものを，次の⓪～③のうちから一つ選べ。 ウ

⓪ 「分散」の列の値よりも，「標準偏差」の列の値の方が，データの散らばりをより正確に表している。

① 「平均値」の列の値からもデータの散らばりをある程度把握することができるが，「標準偏差」の列の値からの方がより正確に把握することができる。

② データの散らばりが最も大きいのが品種Cであり，最も小さいのが品種Hである。

③ 表3の値を求めるために用いた標本の数は，品種Cが最も多く，品種Hが最も少ない。

情報Ⅰの試験問題は次に続く。

問4 表3について，品種A，品種C，品種Hから標本をそれぞれ150本ずつ取り出して「切り花85cmの重さ」を測定し，ヒストグラムに表したところ，図3～5のようになった。また，150本の標本から平均値と標準偏差を求めたものも，図タイトルに記載した。

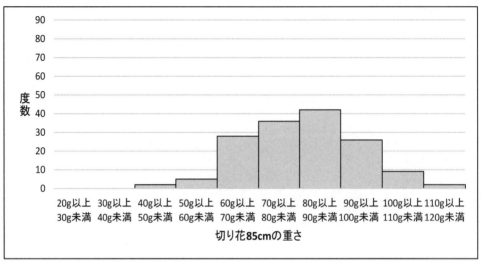

図3　品種Aのヒストグラム（平均値：81.0　標準偏差：13.1）

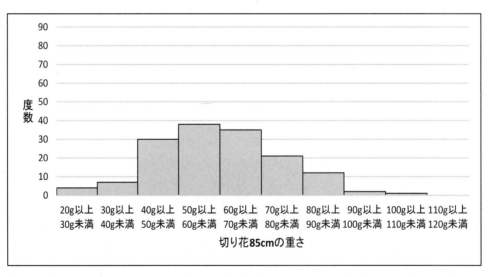

図4　品種Cのヒストグラム（平均値：59.7　標準偏差：15.3）

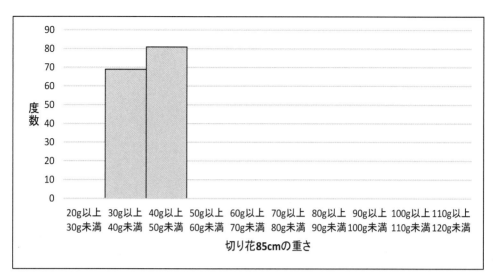

図5　品種Hのヒストグラム（平均値：40.2　標準偏差：2.3）

　　図3～5について述べたものとして最も適当なものを，次の⓪～③のうちから一つ選べ。　エ

⓪　図3～5すべてにおいて，「平均値 ＋ 標準偏差」を含む階級を上限とし，「平均値 － 標準偏差」を含む階級を下限とした範囲に，全度数のうち90%以上が含まれている。

①　図3～5すべてにおいて，平均値を含む階級の度数が最も大きい。

②　図3～5すべてにおいて，最も度数が小さい階級には「平均値 ÷ 2」の値が含まれている。

③　品種A，C，Hからそれぞれランダムに標本を1本ずつ取り出して「切り花85cmの重さ」を測定した場合，品種Hの標本が必ず最も軽くなる。

問5 　ある品種の菊について，夜間温度を18度にして育てたものと10度にして育てたものを無作為に1本ずつ選び，「切り花85cmの重さ」を比較することを30回行ったところ，18度にして育てたものの方が10g以上重くなった回が20回あった。この結果が偶然に起こりえた可能性はどのくらいあるのかを，コインを使った実験によって検証することにした。

　夜間温度を18度にして育てたものの方が10度にして育てたものよりも10g以上重くなる場合とそうでない場合が起こる確率を半々として，18度にして育てたものの方が10g以上重くなることが30回中20回以上生じるということが偶然生じる可能性はどの程度あるのかを考える。実験として，コインが表になった場合を「18度にして育てたものの方が10度にして育てたものよりも10g以上重くなった場合」とし，公正なコインを30枚投げるという試行を1,000回行う。この実験において，20枚以上が表になった回数の相対度数が0.05以上であれば，「一般に，夜間温度を18度にすると10度の場合に比べて10g以上重くなるとはいえない」という「仮説」を棄却できないものとした。

　表4は，実験の結果である。「表の枚数」にはコインを30枚投げたうち表が出た枚数が，「度数」には1,000回の試行のうちその「表の枚数」になったものが何回あったのかが記録されている。

第2回模擬

表4　実験の結果

表の枚数	0	1	2	3	4	5	6	7	8	9
度数	0	0	0	0	0	0	2	0	6	10

表の枚数	10	11	12	13	14	15	16	17	18	19
度数	40	67	83	109	118	118	113	107	94	63

表の枚数	20	21	22	23	24	25	26	27	28	29	30
度数	45	18	5	0	2	0	0	0	0	0	0

表 4 を踏まえて，実験結果の考察について述べたものとして最も適当なものを，次の ⓪〜③ のうちから一つ選べ。 オ

⓪ 「仮説」は棄却することができず，夜間温度を 18 度にした場合は 10 度にした場合に比べて「切り花 85cm の重さ」が 10g 以上重くなる傾向があると判断することができない。

① 「仮説」は棄却することができず，夜間温度を 18 度にした場合は 10 度にした場合に比べて「切り花 85cm の重さ」が 10g 以上重くなることはありえないと判断できる。

② 「仮説」を棄却し，夜間温度を 18 度にした場合は 10 度にした場合に比べて「切り花 85cm の重さ」は 10g 以上重くなる傾向があるといえる。

③ 「仮説」を棄却し，夜間温度を 18 度にした場合は 10 度にした場合に比べて「切り花 85cm の重さ」は必ず 10g 以上重くなるといえる。

第 2 回模擬

第3回　模擬問題

解答➡ p.71

解答上の注意

1. 試験時間は 60 分です。

2. 解答・提出方法について，教員からの指示がある場合は，その指示に従ってください。

3. 第2問の ｜　ア　｜ と表示のある問いに対して ③ と解答する場合は，第2問の解答記号アに ③ と解答します。

4. 問題文中の ｜　イ　｜　ウ　｜ のように，｜　｜ に数字を入れるよう指示されることがあります。例えば，｜　イ　｜　ウ　｜ の部分に 38 と答えたい場合は，｜　イ　｜ を ③，｜　ウ　｜ を ⑧ と解答します。

情　報　Ⅰ

（全　問　必　答）

第1問 次の問い（問1～4）に答えよ。（配点　20）

問1　情報デザインに関する次の問い（a・b）に答えよ。

 a　情報デザインに関して述べた文として最も適当なものを，次の ⓪～③ のうちから一つ選べ。　ア

 ⓪　色が持つイメージは社会の中で共有されているので，「入力欄が赤く表示されていたら入力エラーがある」という表現をするとすべての人が使いやすい Web ページになる。

 ①　文字情報を使用しなくても，デザインの工夫によって利用者にある行動を促すことができる。

 ②　ユーザインタフェースの例として，シャンプーのボトルの側面に突起をつけてリンスのボトルと区別できるようにすることがあげられる。

 ③　ユーザビリティはアクセシビリティを包括する概念なので，ユーザビリティが実現されれば，同時にアクセシビリティも必ず実現する。

b　複数の情報同士の相互的な関係性を情報の構造といい，情報の構造には「並列」「順序」「分岐」「階層」などがある。

　　次の⓪〜③はあるECサイト内のWebページについて説明したものである。これらのうち，情報同士が「並列」の構造になっているものを一つ選べ。│　イ　│

⓪　「１．購入商品を選択する」「２．購入確認画面で住所や支払い方法を入力する」「３．購入確定ボタンをクリックする」という購入の手順を示しているWebページ。

①　「日用品」「食品」「ゲーム」という商品カテゴリを掲載しているWebページ。

②　「本」の中に「和書」「洋書」「コミック」のサブカテゴリがあることを示しているWebページ。

③　「予算は５万円以上か？」という問いについて購入希望者に「はい」か「いいえ」を選択させ，その結果に応じて適した商品を表示するWebページ。

問2 次の文章の空欄 ウ ・ エ に入れるのに最も適当なものを，後の解答群のうちから一つずつ選べ。

コンピュータで小数を含む数を扱う方法には，小数点の位置を固定する固定小数点数を用いるものと，小数点の位置を固定しない浮動小数点数を用いるものがある。

浮動小数点数を用いると，同じビット数の固定小数点数に比べて幅広い桁数の値を表現することが可能である。浮動小数点数の表現形式には様々なものがあるが，ここでは図1のような形式で，小数を含む数を16ビットで表現する方法を考える。

16	15〜12	11〜1	←ビット番号
符号部 （1ビット）	指数部 （4ビット）	仮数部 （11ビット）	（最下位ビットのビット 番号を1とする）

図1　16ビットの浮動小数点数の各ビットに設定する内容

図1の形式で浮動小数点数を表現するための手順は表1の通りである。

表1　図1の形式で浮動小数点数を表現するための手順

手順1	表したい十進法の数を二進法に変換し，正規化する。ここでの正規化とは，「$1.\cdots \times 2^n$」の形式になるようにすることである。「$\cdots$」には任意のビットパターンが，nには整数がそれぞれ入る。
手順2	符号部は，表したい値が正なら0に，負なら1にする。
手順3	指数部は，正規化後のnについて，「$n+7$」の結果を二進法で表したものにする。なお，ある桁に値がなければ，その桁は0とする。
手順4	仮数部は，正規化後の「$\cdots$」のビットパターンにする。なお，ある桁に値がなければ，その桁は0とする。

図1の形式に合わせて，浮動小数点数として十進法「8.625」を表したい。

表1の手順1について，十進法「8.625」は二進法「1000.101」である。「1000.101」は「1000.101×2^0」とも表現でき，これを正規化すると ウ となる。その後，表1の手順2・3・4の処理を行って図1の形式に当てはめると，エ となる。このように，十進法「8.625」を浮動小数点数で表すことができた。

┌─ **ウ** ─ の解答群 ─

⓪ 0.1000101×2^4　① 1.000101×2^3　② 10.00101×2^2

③ 100.0101×2^1

┌─ **エ** ─ の解答群 ─

⓪ 0001000010100000　① 0001010100000000　② 0101000010100000

③ 0101010100000000　④ 0111100010100000　⑤ 0111110100000000

⑥ 1001000010100000　⑦ 1101000101000000

第3回模擬

問3　次の文章の空欄　オ　～　キ　に入れるのに最も適当なものを，後の解答群のうちから一つずつ選べ。

　　コンピュータのデータを，紛失・故障などの場合に備えて複製しておくことをバックアップという。情報を安全に活用するためには，計画的にバックアップを行うことが不可欠である。Sさんは，バックアップの方法を検討している。

(1)　Sさんは，次のようにデータを保持・作成する予定である。

- ・　4月1日：3月までに作成したデータが20GBある。
- ・　4月2日：2GBのデータを新規作成。総データ量は22GB。
- ・　4月3日：2GBのデータを新規作成。総データ量は24GB。
- ・　4月4日：2GBのデータを新規作成。総データ量は26GB。

　　この状況を図で表すと，図2のようになる。

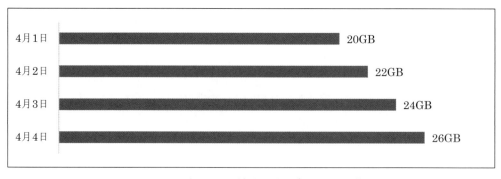

図2　Sさんが保持する総データ量の推移

　　Sさんは，次のA・Bの二つの方法を比較することにした。

A．　毎日フルバックアップを取る

　　全データのバックアップを毎日取る方法である。この方法を採用した場合，4月1日よりバックアップの取得を開始したとすると，4月4日にバックアップを取得した後のバックアップファイルの合計は　オ　GBになる。なお，この方法においては，復元したい日のフルバックアップファイルを適用することで任意の日の状態に復元できる。

Ｂ． 毎月初日にフルバックアップを取り，以降は差分バックアップを毎日取る

　　毎月初日にフルバックアップを取り，それ以降の日はフルバックアップ後に変更があった部分のみのバックアップを取る方法である。この方法を採用した場合，４月１日よりバックアップの取得を開始したとすると，４月４日にバックアップを取得した後のバックアップファイルの合計は ［　カ　］GB になる。なお，この方法においては，フルバックアップファイルを適用した上で復元したい日の差分バックアップファイルを適用することで，任意の日の状態に復元できる。

(2)　Ｓさんは，Ｂの方法により，常に少なくとも３か月前の同一日までのデータについて，指定日（希望する任意の日）の状態に復元できるようにしたいと考えた。例えば，７月15日においては，少なくとも４月15日から７月15日までの指定日の状態に復元できるようにしたい。

　　そこで，Ｓさんは，次のような方法を考えた。

・４月１日より，バックアップの取得を開始する。

・毎月初日にフルバックアップを取り，その翌日から月が替わるまでは毎日，差分バックアップを取る。

・１か月分のフルバックアップを取るためには，ディスクを１枚使用する。

・１か月分の差分バックアップを取るためには，ディスクを１枚使用する。

・１か月分のフルバックアップと差分バックアップのバックアップファイルのデータ量は異なる可能性があるが，いずれもディスクを１枚使用する。また，差分バックアップを毎日追加するために，ディスクは追加書き込みができるものにする。

・例えば，７月31日の３か月前は４月31日となるが，４月31日は存在しない。このような場合は，３か月前の月の最終日までのデータを復元できればよい。

この場合，必要なディスクの枚数は最少で ［　キ　］枚となる。

［　オ　］・［　カ　］の解答群

⓪ 26　① 32　② 72　③ 92

［　キ　］の解答群

⓪ 4　① 5　② 6　③ 7　④ 8　⑤ 9　⑥ 10　⑦ 11　⑧ 12

問4 次の文章を読み，後の問いに答えよ。

　十進法のアラビア数字を表示する装置に，7セグメントLEDがある。7セグメントLEDは数字を七つの部分（セグメント）によって構成し，それぞれの部分のLEDを点灯・消灯することができる。小数点も含めて8ビットで一つの数字を表すことができ，汎用性が高いため，時計や電卓，エレベータのディスプレイ表示などで幅広く使われている。

　図3は，7セグメントLEDを二つ使い，十進法二桁で水温を表示する装置の構造を表したものである。水温は「温度検出器」で測定し，「A/D変換器」で測定値をデジタル化して，デジタル化した値を二進法16ビットで出力ポートに送信する。最下位ビットを出力ポートの1ビット目とし，そのビットの値が1の場合に対応するセグメントが点灯する。また，二桁の数字は縦に並べて表示している。

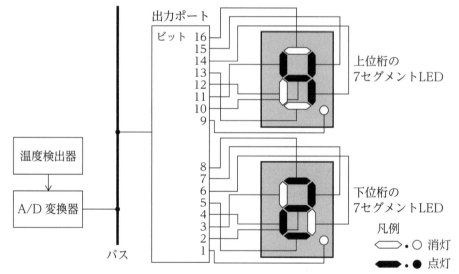

　注　"42"を表示した例である。ここで，出力ポートのビット1とビット9には常に0が設定され，小数点を表示するセグメントは消灯しているものとする。

図3　7セグメントLED（基本情報技術者試験の図をもとに作成）

(1) 「1111111011100100」が出力されたとき,「下位桁の７セグメント LED」に表示されるのは次のうちどれか。 ク の解答群から一つ選べ。

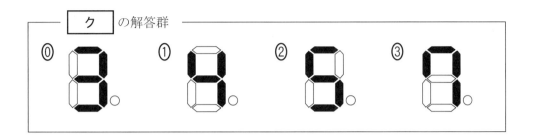

(2) 出力内容をより短く表すために,二進法 16 ビットの出力を,4 ビットずつ十六進法に変換し,十六進法四桁で表すことにした。

いま,二つの７セグメント LED には図４のように「53」と表示されていた。出力された内容を十六進法によって表したものを, ケ の解答群から一つ選べ。

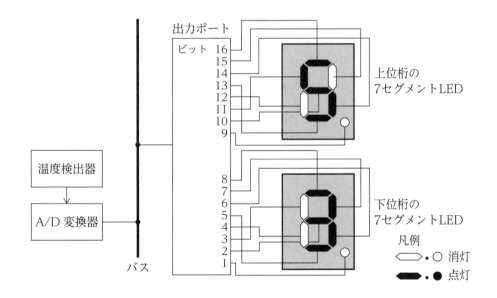

図4 「53」を表示する７セグメント LED

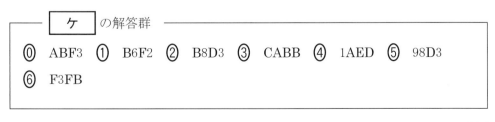

第2問 次の問い（A・B）に答えよ。（配点　30）

A　次の太郎さんと先生の会話文を読み，問い（**問1〜4**）に答えよ。

太郎：私も，私の家族も，本を読むのがとても好きです。そのため，家には多くの本
　　　があります。どのような本があるのか，どの本をいつ読んだのかなどの情報を
　　　家族みんなで同じノートに記録していたのですが，情報の量が多くなり過去の
　　　情報を調べづらくなってしまいました。そこで，パソコンのソフトウェアを
　　　使って管理しようと思っています。

先生：いいですね。どのようなソフトウェアを利用するのですか？

太郎：表計算ソフトウェアで，一つの表にすべての情報をまとめようと考えていま
　　　す。そうすれば，情報を一元化できるので管理しやすくなりますよね。

先生：確かに，表計算ソフトウェアで管理することもできます。しかし，データベー
　　　スソフトウェアを利用することで，もっと効率的に管理できる可能性もありま
　　　すよ。特にリレーショナルデータベースという形式のデータベースにおいて
　　　は，各データを二次元の表によって管理し，複数の表の項目を相互に関連付け
　　　ることにより，効率的な管理を実現することができます。

太郎：リレーショナルデータベースでは，複数の表にデータを記憶するということで
　　　すよね？　一つの表にすべてのデータを記憶するのと比べて，記憶領域も増え
　　　てしまうし，管理も大変になってしまわないでしょうか？

先生：そうとも言い切れません。例えば，書籍ごとに購入した本屋の店名と住所を記
　　　録するとしましょう。表1と表2を見比べてください。

表1　すべてのデータを一つの表で管理する場合

書籍名	購入本屋名	購入本屋の住所
人間失格	○○書店	●●市●●町 1-2-3
こころ	△△書店	▲▲市▲▲町 4-5-6
銀河鉄道の夜	○○書店	●●市●●町 1-2-3
檸檬	△△書店	▲▲市▲▲町 4-5-6

表2　二つの表を関連付けて管理する場合

購入表

書籍名	本屋記号
人間失格	A
こころ	B
銀河鉄道の夜	A
檸檬	B

本屋表

本屋記号	購入本屋名	購入本屋の住所
A	○○書店	●●市●●町 1-2-3
B	△△書店	▲▲市▲▲町 4-5-6

先生：背景が灰色になっている先頭行は項目名なので除いて考えます。表2では，購入表と本屋表は，「本屋記号」の列によって関連付けられています。また，ここでは本屋は「○○書店」と「△△書店」しかないものとします。表1・2のように購入した本が4冊の場合，情報の管理のために必要なセルの総数は，表1では12，表2では14となっています。しかし，購入した本の数が　ア　冊以上になると，表2の方が少ないセル数で情報を記録できるようになります。

太郎：なるほど，これなら記憶領域も無駄にならないし，データを入力した後で　イ　場合，表2の方が表1の形式に比べて変更箇所が少なくて済むので，管理も楽になると思いました。家にある本について，データベースで管理することに挑戦してみます。

問1　空欄　ア　に当てはまる数字をマークせよ。

問2　空欄　イ　に当てはまる文として最も適当なものを，次の⓪～③のうちから一つ選べ。

⓪　ある本の書籍名を間違えて入力してしまっていたことに気づいた

①　書籍の著者の情報も入力したいと考えた

②　本屋で本を購入した日の情報も入力したいと考えた

③　ある本屋の住所を間違えて入力してしまっていたことに気づいた

問3　太郎さんは，先生との会話を踏まえ，ノートに書いていた内容を表3のように
データベースソフトウェアに入力した。この表では，書籍IDは一つの本に一つ
ずつ，著者IDは一人の著者に一つずつ設定し，異なる本・著者に同じ書籍
ID・著者IDが使用されないようにしている。また，太郎さんは読んだ本の評価
も「面白さ度」と「役立ち度」に分けて記録している。「点数計」は「面白さ度」
と「役立ち度」の合計である。

表3　太郎さんが作成した表

書籍ID	書籍名	著者ID	著者名	ジャンル	購入本屋	面白さ度	役立ち度	点数計
S01	人間失格	C01	太宰治	日本文学	○○書店	5	3	8
S02	変身	C02	フランツ・カフカ	外国文学	△△書店	4	3	7
S03	斜陽	C01	太宰治	日本文学	△△書店	4	2	6
S04	初恋	C03	島崎藤村	日本文学	○○書店	4	3	7
S05	初恋	C04	武者小路実篤	日本文学	△△書店	5	3	8

太郎さんは，表3を複数の表に分けてそれぞれを関連付けることにより効率的
に管理ができる可能性があるということは分かっていたが，どのように表を分割
すればよいのかが分からなかった。そこで，先生に相談したところ，図1のよう
なことを教えてもらった。

　表の関連性を失わないようにしつつ，項目を整理して表を分割することを正
規化という。正規化によって，効率的に管理が可能なリレーショナルデータ
ベースを作ることができる。

　正規化の方法には様々なものがあるが，基本的なこととして，次の内容は守
るようにするとよい。
①　表ごとに，「その列の項目を見れば行が一つに定まる列」（主キー）を設定
　する。主キーは複数の列を合わせて複合キーとして構成してもよい。
②　計算をすれば求められる列は，いずれの表においても不要である。
③　主キーとは別に，さらに「列Aを見れば列Bの値が一つに定まる」という
　関係がある場合，元の表に列Aだけを残し，元の表とは別に列Aと列Bか
　ら構成される表を作る。

図1　先生による正規化の説明

図1の説明を踏まえ，太郎さんはまず，表3について「この列を見ればこの列の項目も一つに定まる」という関係を表4のように矢印で整理した。表4においては，矢印の元の列を見れば，矢印の先の列の項目が一つに定まることを意味する。また，「点数計」は「面白さ度」と「役立ち度」を組み合わせることで一つに定まる。なお，表3・表4には今後，本を購入するたびに行を追加していく。

表4　表3の関係を整理した表

書籍ID	書籍名	著者ID	著者名	ジャンル	購入本屋	面白さ度	役立ち度	点数計
S01	人間失格	C01	太宰治	日本文学	○○書店	5	3	8
S02	変身	C02	フランツ・カフカ	外国文学	△△書店	4	3	7
S03	斜陽	C01	太宰治	日本文学	△△書店	4	2	6
S04	初恋	C03	島崎藤村	日本文学	○○書店	4	3	7
S05	初恋	C04	武者小路実篤	日本文学	△△書店	5	3	8

表4および表4の正規化について述べたものとして適当なものを，次の⓪〜⑤のうちから二つ選べ。ただし，解答の順序は問わない。　ウ ・ エ

⓪　著者名は，書籍IDによって一つに定まる。

①　著者名は，書籍名とジャンルを組み合わせることによって一つに定まる。

②　表4では，同姓同名の異なる二人の著者がいた場合，それらを区別して管理することはできない。

③　正規化のためには，「面白さ度と役立ち度を複合キーとし，面白さ度・役立ち度・点数計を列として持つ表」を新たに作り，元の表から点数計を削除する。

④　正規化のためには，「著者IDを主キーとし，著者IDと著者名を列として持つ表」を新たに作り，元の表から著者名を削除する。

⑤　書籍IDが「S04」と「S05」の行では，同一名称の本に対して異なる書籍IDが設定されてしまっているので，「S05」を「S04」に直す必要がある。

問4 太郎さんおよび太郎さんの家族は，誰かが家の本棚から本を持って行ってしまっているために，家の本棚にあるはずの本が見当たらないことがあるという悩みを抱えていた。そのため，ある本がいまどこにあるのかを把握するために，表5のように，「書籍利用管理表」をデータベースソフトウェアで作成した。

表5　書籍利用管理表

書籍ID	持ち出し者	持ち出し日	返却予定日
S01	父	20240821	20240915
S02	太郎	20240901	20240918
S03	null	null	null

「書籍利用管理表」の説明は，次の通りである。

◆　「書籍ID」は，家にある本の一覧を記録する「書籍一覧表」の主キーである「書籍ID」と関連付ける。「書籍一覧表」には，「書籍ID」，「書籍名」，「著者名」の列が設定されている。また，「書籍利用管理表」においても，「書籍ID」は主キーとなる。

◆　一度も持ち出されていない本については，「持ち出し者」「持ち出し日」「返却予定日」にnullを設定する。nullとは，値が存在しないことを意味する。

◆　本棚から本を持ち出す場合，持ち出した者は「書籍利用管理表」の該当「書籍ID」の行について，「持ち出し者」「持ち出し日」「返却予定日」を入力しなければならないようにする。

◆　「持ち出し者」には，「父」「母」「太郎」「次郎」「三郎」のいずれかを設定する。

◆　「持ち出し日」には，本棚から持ち出した日を，年4桁，月2桁，日2桁を結合した8桁の値として設定する。

◆　「返却予定日」には，本棚に返却する予定日を，年4桁，月2桁，日2桁を結合した8桁の値として設定する。

◆　持ち出していた本を本棚に戻したら，戻した人は当該「書籍ID」の行について，「持ち出し者」「持ち出し日」「返却予定日」にnullを設定する。

　このルールに則って「書籍利用管理表」を運用する場合，次の a～e のうち，「書籍利用管理表」および「書籍一覧表」の情報を用いて把握することができるものの組み合わせとして最も適当なものを，後の ⓪～⑨ のうちから一つ選べ。 | オ |

---

a.　「父」が持ち出している本の著者名の一覧

b.　現在，本棚から持ち出されている本の一覧

c.　「次郎」の持ち出し履歴

d.　返却予定日を過ぎているのに本棚に戻していない本がある人の一覧

e.　持ち出されている回数が最も多い本の書籍名

⓪　すべて把握可能　①　把握可能なものは一つもない

②　a, b, c　③　a, b, c, e　④　a, b, d　⑤　b, c, d　⑥　b, c, d, e

⑦　b, c, e　⑧　c, d　⑨　c, d, e

B　次の文章を読み，後の問い（**問1～3**）に答えよ。

　Mさんは，インターネットを介した通信がTCPとIPの二つのプロトコルを中心とした「TCP/IP」というプロトコル群によって成り立っているということは知っていたが，IPに比べて，TCPについてはよく知らなかった。自分が普段行っている通信がどのように実現されているのかということに興味を持ったMさんは，TCPについて調べてみることにした。

　データをパケットに分割し，IPアドレスに基づいて通信のための経路を選択することができたとしても，通信相手がデータを受け取れる状態にあるか，パケットが障害などによって一部届かなかった場合にどう対応すればよいか，どの程度の量のデータを一度に送ってもよいのか，などを考慮しないと安定した通信を行うことができない。TCPは，IPを補ってこのような問題を解決し，通信の信頼性を高めるプロトコルである。

　TCPが扱うデータの一つのかたまりをTCPセグメントといい，TCPセグメントは図2のようにTCPヘッダとTCPペイロードから構成される。TCPペイロードは，送信したいデータを均等に細分化したものである。また，TCPヘッダには図2のように，シーケンス番号，確認応答番号，制御ビットなど，通信制御に使用する情報を設定する。

一つの TCP セグメント

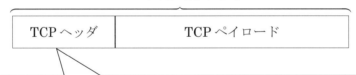

| TCP ヘッダ | TCP ペイロード |

TCP ヘッダに設定する情報の例

◆シーケンス番号
　このTCPペイロードが送信データの何バイト目にあたるのかを，送信側から受信側に示す。

◆確認応答番号
　送信データの何バイト目までの部分をTCPペイロードとして受け取ったのかを，受信側から送信側に示す。

◆制御ビット
　6ビットから構成される。それぞれのビットがオン（1）かオフ（0）かによって，通信相手に様々な情報を伝える。制御ビットには次のようなものがある。
・ACKビット：1なら「肯定応答」を意味する。
・SYNビット：1なら「接続要求」を意味する。
・FINビット：1なら「切断要求」を意味する。
・RSTビット：1なら「強制切断」を意味する。

第3回模擬

　TCP セグメントの送受信に先立ち，通信するコンピュータ同士は 3 WAY ハンドシェイクという方法によってコネクション（仮想的な通信路）を確立する。3 WAY ハンドシェイクは，「送信側から受信側への接続要求」→「受信側の肯定応答と，受信側から送信側への接続要求」→「送信側の肯定応答」という手順で双方のコネクションを確立する方法である。

　M さんは，3 WAY ハンドシェイクによってコンピュータ A（送信側）と B（受信側）がコネクションを確立する様子を，図3のようにまとめた。

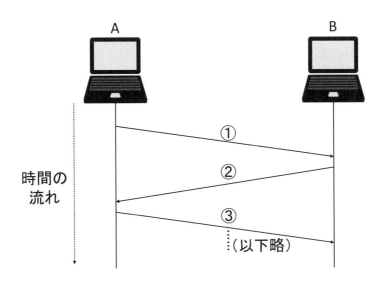

図3　3 WAY ハンドシェイク

問1　図3について述べた文として最も適当なものを，⓪～⑤ のうちから一つ選べ。ただし，特に伝えるべき情報がない場合，該当する制御ビットは0にするものとする。　カ

⓪　①では，制御ビットのうち，ACK ビットのみが1となっている。

①　①では，制御ビットのうち，SYN ビットと ACK ビットのみが1となっている。

②　②では，制御ビットのうち，ACK ビットのみが1となっている。

③　②では，制御ビットのうち，SYN ビットと ACK ビットのみが1となっている。

④　③では，制御ビットのうち，FIN ビットのみが1となっている。

⑤　③では，制御ビットのうち，RST ビットのみが1となっている。

　一つのデータを複数に分けて送受信する際，障害などによって一部が適切に届かないことがある。Mさんは，TCPがこのような事態に対応し，すべての部分が確実に届くように制御する役割も担っていることを知った。

　Mさんは，コンピュータA（送信側）とB（受信側）のデータの送受信についてTCPが制御する仕組みを，図4のようにまとめた。なお，ここではAからBに一方的にデータを送信するものとする。また，一つのTCPセグメントにつき，TCPペイロードとして350バイトずつデータを送信するものとする。

---

①　ここでは仮に，シーケンス番号の初期値を1とする。コネクションの確立後，AはTCPヘッダのシーケンス番号を1として，データの先頭から数えてシーケンス番号の位置から350バイト分を取り出したTCPペイロードにTCPヘッダを付加し，そのTCPセグメントをBに送る。

②　BはAからのTCPセグメントを受信したら，「受信したTCPペイロードのデータ量＋受信したシーケンス番号」をTCPヘッダの確認応答番号に設定したTCPセグメントを，Aに送る。これを確認応答という。

③　AはBからのTCPセグメントを受信したら，その確認応答番号をそのままシーケンス番号に設定し，データの先頭から数えてシーケンス番号の位置から350バイト分を取り出したTCPペイロードにTCPヘッダを付加し，そのTCPセグメントをBに送る。

（以下②と③を繰り返し，通信が終了したらコネクションを切断する）

※　Bが確認応答番号を設定する際には，TCPペイロードのデータ量のみを考慮し，TCPヘッダのデータ量は考慮しない。

※　Aは，TCPセグメントを送信した後，一定時間が経過してもBからの確認応答がない場合，再び同じTCPセグメントを送信する。この一定時間をタイムアウト値という。タイムアウト値は動的に設定でき，通信速度などを測定して臨機応変に変えられる。

図4　シーケンス番号と確認応答番号の設定方法

　このデータ送受信の様子を，Mさんは図5のように表した。

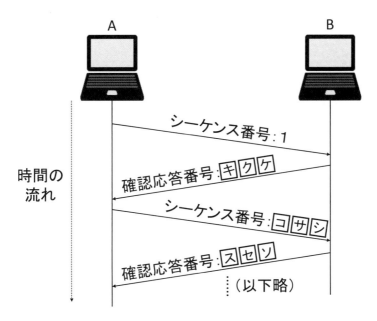

図5　TCPを活用したデータ送受信の管理

問2　図5中の 　キ 　ク 　ケ ，　コ 　サ 　シ ，　ス 　セ 　ソ は，それぞれTCPヘッダのシーケンス番号および確認応答番号に設定する三桁の値を表している。空欄　キ ～　ソ に当てはまる数字をマークせよ。

問3　文章と図4・図5を踏まえ，TCPについて述べた文として最も適当なものを，次の⓪～③のうちから一つ選べ。　タ

⓪　送信側の機器は，TCPセグメントを送ってから確認応答が返ってくるまでの時間が徐々に短くなっている場合，タイムアウト値を短く設定することでTCPセグメントが届かなかったときの送り直し処理を効率化できる。

①　送信側の機器は，TCPセグメントを送ってから確認応答が返ってくるまでの時間が徐々に長くなっている場合，タイムアウト値を短く設定することにより不要なデータを送信することを防げる。

②　シーケンス番号の初期値が401，一つのTCPペイロードのデータ量が400バイトの場合，受信側が適切に受信できていれば，TCPセグメントを三つ受信した後の確認応答番号は2001となる。

③　送信側は，TCPセグメントを一つ送信したら，送信した分のデータを削除することによって記憶領域を確保できるため，送信したTCPセグメントを即座に削除することが望ましい。

第3問 次の問い（問1～3）に答えよ。（配点　25）

問1　次の生徒（S）と先生（T）の会話文を読み，空欄 **ア**・**ウ** に当てはまる数字をマークせよ。また，空欄 **イ** に入れるのに最も適当なものを，後の解答群のうちから一つ選べ。

S：文書作成ソフトウェアなどに搭載されている文字列検索機能は非常に便利ですね。

T：図1のような機能のことですね。図1において，例えば［検索する文字列］に「こんにちは」と入力して［次を検索］ボタンをクリックすると，文書全体の中から「こんにちは」と書かれているところを見つけて移動します。特に文書が長い場合は自分で読んで探すのは大変なので，確かにとても便利な機能ですね。また，文書作成ソフトウェアに限らず，Web検索など様々な場面で文字列検索機能は活躍しています。

図1　文字列検索機能の例

S：この文字列検索機能も，プログラムによって実現しているのですよね？　どのような仕組みになっているのか，気になりました。

T：それでは，仕組みを理解するために，次のような文字列検索のプログラムを作成してみましょう。「検索対象」が「文章」内のどの位置にあるのかを検索するプログラムです。

【プログラムの説明と例】

　プログラムの先頭で，各配列の各要素に「検索対象」と「文章」の文字を1文字ずつ記憶する。この配列をもとに，「文章」の先頭から数えて何字目の位置から「検索対象」があるのかを検索して表示する。なお，「文章」の中に「検索対象」がない場合は，「見つかりませんでした」を表示し，「文章」の中に「検索

対象」が複数ある場合は「文章」の先頭に最も近い位置を表示する。また，「検索対象」および「文章」の最初の文字を1文字目とする。文字数については，「0 < 検索対象 ≦ 文章」の関係が成り立つものとする。

例：「検索対象」を「こんにちは」，「文章」を「みなさんこんにちは」とするとき，プログラムを実行すると5が表示される。

S：このプログラムを，位置を戻り値とする関数の形に作り変えれば，色々と応用ができそうですね。しかし，「線形探索」などのような探索アルゴリズムとは異なる仕組みが必要になりそうです。考え方のヒントをいただけますでしょうか。

T：それでは，図2を使って仕組みを考えてみましょう。図2では，「検索対象」を「うえお」，「文章」を「あいうえおかきく」として文字列検索を行うことを想定しています。図2の状況において【プログラムの説明と例】のプログラムを実行した場合，| ア |が表示されます。

（検索対象の文字位置）　1　2　3
検索対象　| う | え | お |
（文章の文字位置）　1　2　3　4　5　6　7　8
文章　| あ | い | う | え | お | か | き | く |

図2　「検索対象」を「うえお」，「文章」を「あいうえおかきく」とした場合の図

T：文字列検索の基本的な考え方は，すべての可能性を試してみるということになります。例えば，図2では「検索対象」の1・2・3字目と「文章」の1・2・3字目が一致するかどうかを確認するというのが「一つの可能性を試す」ということになります。

S：なるほど。では，「検索対象」の1・2・3字目と「文章」の1・2・3字目が一致しない場合は，次に「検索対象」の| イ |字目と「文章」の2・3・4字目が一致するかを確認することになりますね。

T：その通りです。図2の場合は| ウ |個の可能性があるので，これらを順にすべて調べれば，「文章」の中のどの位置に「検索対象」があるのか，あるいは「文章」の中に「検索対象」がないのかどうかを把握することができます。

── | イ |の解答群 ──

⓪　1・2・3　①　2・3・4　②　3・4・5　③　4・5・6

問2 次の文章および図5のプログラムの空欄 <u>エ</u> ～ <u>ク</u> に入れるのに最も適当なものを，後の解答群のうちから一つずつ選べ。ただし，空欄 <u>オ</u>・<u>カ</u> は解答の順序は問わない。

S：図2では，それぞれの文字が何字目にあたるのかを数字で示していましたが，実際にプログラムを作る場合は，図3のように添字0の要素から順に文字を記憶していくことになると思います。なお，図3では「検索対象」を各要素に1文字ずつ記憶する配列の配列名を **Kensaku**，「文章」を各要素に1文字ずつ記憶する配列の配列名を **Text** としました。

(添字)	0	1	2
Kensaku	"う"	"え"	"お"

(添字)	0	1	2	3	4	5	6	7
Text	"あ"	"い"	"う"	"え"	"お"	"か"	"き"	"く"

図3　添字0以降の各要素に値を記憶する場合の図

T：添字については，絶対に0から使用しなければならないという決まりはないのですが，ここでは0から使用するようにプログラムを作成しましょう。なお，添字0の要素から使用する場合， <u>エ</u> ことに注意が必要です。

S：分かりました。さて，プログラムの仕組みとして，図4のような手順で処理するものを考えているのですが，いかがでしょうか？

⓪ **Kensaku[0]**～**Kensaku[2]** が，**Text[0]**～**Text[2]** の位置にあるかを調べる
- **Kensaku[0]** と **Text[0]** を比較　→　一致しない
- **Kensaku[1]** と **Text[1]** を比較　→　一致しない
- **Kensaku[2]** と **Text[2]** を比較　→　一致しない
- 「一致しない」が一つ以上ある　→　この位置にはなかった

① **Kensaku[0]**～**Kensaku[2]** が，**Text[1]**～**Text[3]** の位置にあるかを調べる
- **Kensaku[0]** と **Text[1]** を比較　→　一致しない
- **Kensaku[1]** と **Text[2]** を比較　→　一致しない
- **Kensaku[2]** と **Text[3]** を比較　→　一致しない
- 「一致しない」が一つ以上ある　→　この位置にはなかった

② **Kensaku[0]**～**Kensaku[2]** が，**Text[2]**～**Text[4]** の位置にあるかを調べる
- **Kensaku[0]** と **Text[2]** を比較　→　一致する
- **Kensaku[1]** と **Text[3]** を比較　→　一致する
- **Kensaku[2]** と **Text[4]** を比較　→　一致する

- 　「一致しない」が一つもない　→　この位置にあることが分かった
- 　位置として ア を表示し，プログラムを終了させる

図４　Ｓさんが考えた，図３の文字列検索の処理の流れ

T：大まかな手順としてはこれでよいと思います。配列 **Kensaku** の添字は，図３・図４の場合は常に０・１・２なので，繰り返しによって設定できますね。なお，配列の要素数が変わっても繰り返しの条件を設定する上で便利だと思いますので，関数「**要素数**」を紹介しておきます。

【関数「**要素数**」の説明と例】

> **要素数**（配列）…引数として与えられた配列の要素数を返す。
>
> 例：**Kensaku["う","え","お"]** のとき，「**kensaku_len = 要素数（Kensaku）**」とした場合，**kensaku_len** に **要素数（Kensaku）** の戻り値である３が記憶される。

S：このような関数があるのですね。プログラムで使用したいと思います。また，配列 **Text** の添字が，処理を進めると比較対象となる配列 **Kensaku** の各要素の添字と一致しなくなるので，どうすればよいのか悩んでいます。

T：二重ループを利用するのはどうでしょうか。外側のループで配列 **Text** の比較開始位置を，内側のループで配列 **Kensaku** の添字を制御し，配列 **Text** の添字はこれらを使って設定すればよいでしょう。図４をよく見ると，配列 **Text** の添字にも一定の法則性が見えてきます。

S：ありがとうございます。外側のループで制御する変数は，位置を表示する際にも利用できそうです。

T：また，**Kensaku** と **Text** の要素を比較した際に「一致しない」となった時点で内側のループを抜けると効率がよくなります。

S：確かに，「一致しない」が一つでもあれば，その位置に「検索対象」があるはずがないですね。

　Ｓさんは，先生（T）との会話からヒントを得て，「文章」内の「検索対象」の位置を検索するプログラムを次ページの図５のように考えてみた。図５のように，「検索対象」を「こんにちは」，「文章」を「みなさんこんにちは」にしてプログラムを実行したところ，５が表示された。

```
(1)    Kensaku = ["こ","ん","に","ち","は"]

(2)    Text = ["み","な","さ","ん","こ","ん","に","ち","は"]

(3)    kensaku_len = 要素数 (Kensaku)

(4)    text_len = 要素数 (Text)

(5)    i を 0 から text_len − 1 まで 1 ずつ増やしながら繰り返す：

(6)    │  j を 0 から kensaku_len − 1 まで 1 ずつ増やしながら繰り返す：

(7)    │  │  もし  オ  ==  カ  ならば：

(8)    │  │  │  もし j == kensaku_len − 1 ならば：

(9)    │  │  │  │  表示する (  キ  )

(10)   │  │  │  └  プログラムを終了する

(11)   │  │  そうでなければ：

(12)   └  └  │  繰り返しを抜ける  ＃内側の繰り返しを抜ける

(13)   表示する (  ク  )
```

図5　「文章」内の「検索対象」の位置を検索するプログラム

――― エ の解答群 ―――――――――――――――――――――

⓪ 添字から 1 を引いたものを「位置」とする

① 添字に 1 を加えたものを「位置」とする

② 添字を変数によって指定できない　③　配列の要素数が一つ増える

④ 配列の要素数が一つ減る

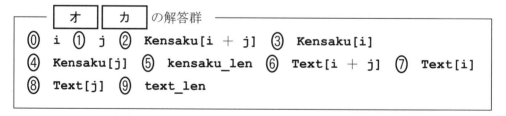

――― オ カ の解答群 ―――――――――――――――――――

⓪ i ① j ② Kensaku[i + j] ③ Kensaku[i]

④ Kensaku[j] ⑤ kensaku_len ⑥ Text[i + j] ⑦ Text[i]

⑧ Text[j] ⑨ text_len

――― キ ク の解答群 ―――――――――――――――――――

⓪ "見つかりませんでした" ① i ② i − 1 ③ i + 1 ④ j

⑤ j − 1 ⑥ j + 1 ⑦ Kensaku[i] ⑧ Text[i]

問3　次の文章の空欄　ケ　に入れるのに最も適当なものを，後の解答群のうちから一つ選べ。

　Sさんは，図5のプログラムについて，「検索対象」と「文章」を変えても適切に動作するか確かめてみることにした。まず，「検索対象」を「こんにちは」，「文章」を「みなさんこんばんは」としてプログラムを実行したら，「見つかりませんでした」が表示された。次に，「検索対象」を「こんにちは」，「文章」を「みなさんやまなかこ」としてプログラムを実行したら，「見つかりませんでした」は表示されず，存在しない要素を参照していることを示すエラーが表示されてしまった。

　Sさんは，このエラーを受けて図5のプログラムを見直した。すると，「文章」の中に「検索対象」が存在しうる位置の範囲を考慮すると，　ケ　とした方が不必要な処理を行わずに済み，存在しない要素を参照することによるエラーも防げるということに気づいた。このようにプログラムを変更し，再び「検索対象」を「こんにちは」，「文章」を「みなさんやまなかこ」として実行したら，今度は「見つかりませんでした」が表示された。

ケ　の解答群

⓪　**(4)** を「**text_len** = 要素数（**Text**）－ 要素数（**Kensaku**）」

①　**(4)** を「**text_len** = 要素数（**Text**）＋ 要素数（**Kensaku**）」

②　**(5)** を「**i** を 0 から **text_len** － **kensaku_len** まで 1 ずつ増やしながら繰り返す：」

③　**(5)** を「**i** を 0 から **text_len** ＋ **kensaku_len** まで 1 ずつ増やしながら繰り返す：」

④　**(8)** を「もし **j** == **kensaku_len** ＋ 1 ならば：」

⑤　**(8)** を「もし **j** == **kensaku_len** ならば：」

⑥　**(10)** を「繰り返しを抜ける」

⑦　**(12)** を「プログラムを終了する」

第４問 次の文章を読み，後の問い（**問１〜５**）に答えよ。（配点　25）

　　X高校の図書委員会は，図書室をより多くの人に有効に活用してもらうためにはどうすればよいかを検討するために，昨年からアンケート調査を行っている。

　　図１は，X高校の今年の１・２年生に回答を依頼した調査票である。なお，昨年のアンケート調査で使用した調査票も，図１と同じものである。

（１）　あなたの学年を教えてください。【一つ選択】

１．　１年生　　２．　２年生

（２）　先月（５月）は，図書室を一週間に平均で何回利用しましたか。なお，授業で図書室を利用した場合は含まず，本を借りるため以外の目的で図書室を利用した場合は含みます。【一つ選択】

１．　０回　２．　１回　３．　２回　４．　３回　５．　４回　６．　５回以上

（３）　次のうち，好きな本のジャンルはどれですか。【当てはまるものをすべて選択】

１．　純文学　２．　ライトノベル　３．　ＳＦ　４．　歴史小説　５．　ミステリ ６．　ノンフィクション　７．　社会に関する本　８．　理科に関する本 ９．　その他（具体的に：　　　　　　　　　　　　　　　　　　　　　　）

（４）　先週一週間の読書時間は何時間でしたか。ただし，授業や塾での教科書や教材の利用時間は含めず，電子書籍での読書時間は含みます。【一つ選択】

１．　０〜１時間　２．　１〜５時間　３．　５〜10時間　４．　10〜15時間 　５．　15〜20時間　６．　20〜25時間　７．　25時間以上

（５）　（４）で１と回答した方へ。読書をしない理由は次のうちどれですか。【一つ
　　　選択】

　　１．他の活動で時間がなかったため　２．本を読むのが好きでないため
　　３．読みたい本を見つけることができなかったため
　　４．情報収集はインターネットで行えば十分であると考えているため
　　５．その他（具体的に：　　　　　　　　　　　　　　　　　　　　　　　　）

（６）　先週一週間の読書冊数は何冊でしたか。ただし，授業や塾で利用した教科書や
　　　教材は冊数に含めず，電子書籍は含みます。【数字を回答】

（７）　総合的に，図書室の満足度は次のうちどれに当たりますか。【一つ選択】

１．非常に不満　　２．不満　　３．普通　　４．満足　　５．非常に満足

（８）　次の各項目について，満足度は以下のどれに当たりますか。【それぞれ一つず
　　　つ選択】

　ア．授業の予習・復習や授業関連の調べもののための書籍の充実度
　イ．趣味・娯楽・教養のために読む書籍の充実度
　ウ．CD・DVD などの視聴覚資料の充実度
　エ．閲覧席の数
　オ．閲覧環境（騒音・空調・机の汚れなど）
　カ．開館時間
　キ．館内の掲示物

１．非常に不満　　２．不満　　３．普通　　４．満足　　５．非常に満足

（９）　図書室に対して望むことがあれば，自由に記入してください。【文章で回答】

図１　調査票

第３回模擬

問1　図1の調査票について，回答者がどのように回答すればよいかを**特定できない**場合を次の⓪〜⑤のうちから二つ選べ。ただし，解答の順序は問わない。

$$\boxed{\text{ア}} \cdot \boxed{\text{イ}}$$

⓪　（2）について，平日すべてに加え，土曜日も毎週学校に来て，図書室で自習や読書をしている場合。

①　（3）について，ＳＦと，英語に関する本が両方とも好きな場合。

②　（4）について，月曜日から金曜日は通学時間を利用して毎日ちょうど1時間読書し，土曜日・日曜日はまったく読書をしていない場合。

③　（4）について，土曜日は図書館でちょうど4時間，日曜日は自宅でちょうど4時間読書をし，月曜日から金曜日はまったく読書をしていない場合。

④　（5）について，授業の予習・復習に時間がかかってしまい，読書をする時間がない場合。

⑤　（5）について，本を読むのが好きではなく，なおかつ情報収集はインターネットで行えば十分であると考えている場合。

第3回模擬

問2　図1の調査票の回答結果について分析する際の方法として最も適当なものを，次の ⓪〜③ のうちから一つ選べ。　| ウ |

⓪　（2）の結果について，一週間の図書室利用回数の一人あたり平均値が昨年の調査の値の半分になっていたので，生徒が読書をしなくなったと分析すること。

①　（3）の結果について，回答された番号の合計を学年ごとに求めることで，1年生と2年生で興味の範囲の広さがどのように異なるかを分析すること。

②　（6）の結果について，「今年の全生徒の平均値 ÷ 昨年の全生徒の平均値」の計算をすることで，今年の生徒の方が昨年の生徒よりも多く読書をしているかどうかを分析すること。

③　（9）の結果について，記述した文字数が多い生徒ほど図書室に対して望むことが多く，現在の図書室の状況に満足していないと分析すること。

問3 図書委員会は，図1の（6）の回答結果をもとに，表1の度数分布表を作成した。なお，Cの値は小数第二位を四捨五入して表している。

表1　先週一週間の読書冊数の度数分布表

階級（冊）	階級値	度数	相対度数	A 階級値×相対度数	C （階級値−B）²	D C×相対度数
0〜2	1	195	0.65	0.65	1.7	1.13
3〜5	4	84	0.28	1.12	2.8	0.79
6〜8	7	18	0.06	0.42	21.9	1.31
9〜11	10	0	0	0	59.0	0.00
12〜14	13	3	0.01	0.13	114.1	1.14

B Aの合計
2.32

E Dの合計
4.38

　　表1について述べたものとして適当なものを，次の ⓪〜⑦ のうちから二つ選べ。ただし，解答の順序は問わない。　 エ ・ オ

⓪　Bは度数分布表から算出できる中央値を表しているが，度数分布表を作成する前の各データから算出した中央値とは必ずしも一致しない。

①　Bは度数分布表から算出できる中央値を表しており，度数分布表を作成する前の各データから算出した中央値と一致する。

②　Bは度数分布表から算出できる平均値を表しているが，度数分布表を作成する前の各データから算出した平均値とは必ずしも一致しない。

③　Bは度数分布表から算出できる平均値を表しており，度数分布表を作成する前の各データから算出した平均値と一致する。

④　Eの値は，データの件数が多くなればなるほど，常に大きくなる。

⑤　Eは度数分布表から算出できる分散を表しているが，度数分布表を作成する前の各データから算出した分散とは必ずしも一致しない。

⑥　Eは度数分布表から算出できる分散を表しており，度数分布表を作成する前の各データから算出した分散と一致する。

⑦　データの件数が多くなると，相対度数の合計も大きくなる。

第3回模擬

情報 I の試験問題は次に続く。

問4 図書委員会は図1の（1）～（3）の回答結果をもとに，クロス集計を行った。その結果を表したものが図2であり，学年ごと・一週間の図書室利用回数ごとに，好きなジャンルの回答数を積み上げ棒グラフで表している。

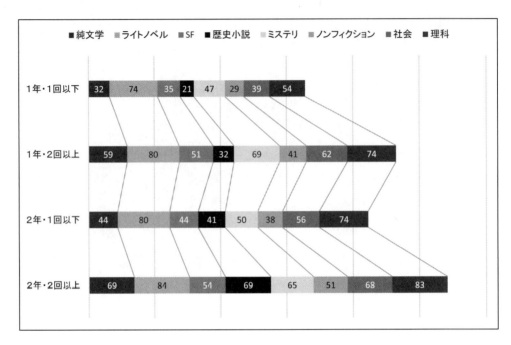

図2　好きなジャンルの回答数に関するクロス集計（単位：人）

図2から読み取れることとして最も適当なものを，次の⓪～③のうちから一つ選べ。　カ

⓪　「1年・2回以上」と「2年・2回以上」を比較した場合，「2年・2回以上」の方がすべてのジャンルについて好きと回答した人数が多い。

①　1年生よりも2年生の方が，人数が多い。

②　同学年で比較した場合，一週間の図書室利用回数が2回以上の生徒は，1回以下の生徒と比べてすべてのジャンルで好きと回答した人数が多い。

③　図書室にライトノベルの蔵書数が少ないために，「1年・1回以下」および「2年・1回以下」に該当する生徒が図書室を利用していない。

情報 I の試験問題は次に続く。

問5　図書委員会は，図1の（7）と（8）の回答結果をもとに，図3を作成した。これを CS ポートフォリオ分析結果という。CS は Consumer Satisfaction の略であり，この場合は図書室の利用者の，図書室に対する満足度を表す。CS ポートフォリオ分析は，利用者の総合満足度を高めるためにどのような施策を行うべきかを分析するために行う。

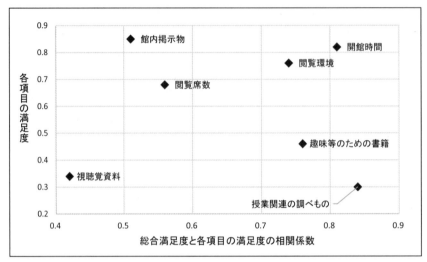

図3　CS ポートフォリオ分析結果

　縦軸の「各項目の満足度」は，図1の（8）の各項目に関する「非常に満足」と「満足」の全体に占める割合を表している。また，横軸の「総合満足度と各項目の相関係数」は，図1の（7）と（8）の各項目の相関係数を表している。なお，「総合満足度」も「各項目の満足度」と同様に，「非常に満足」と「満足」の全体に占める割合である。

　図3を踏まえ，総合満足度を高めるために最も有効な施策と考えられるものを，次の⓪～③のうちから一つ選べ。　キ

⓪　DVD などの視聴覚資料を充実させること。
①　開館時間を一時間長くすること。
②　授業関連の調べものに役立つ書籍を充実させること。
③　館内掲示物を，生徒にとって分かりやすく，興味深いものにすること。

これで，情報Ⅰの問題は終わりです。

試 作 問 題

解答➡ p.95

解答上の注意

1. 試験時間は 60 分です。

2. 解答・提出方法について，教員からの指示がある場合は，その指示に従ってください。

3. 第2問の ア と表示のある問いに対して ③ と解答する場合は，第2問の解答記号アに ③ と解答します。

4. 問題文中の イ ウ のように，□ に数字を入れるよう指示されることがあります。例えば， イ ウ の部分に 38 と答えたい場合は， イ を ③， ウ を ⑧ と解答します。

5. 試作問題は，大学入試センターの許諾を得て掲載しています。

情　報　Ⅰ

（全　問　必　答）

第1問　次の問い（問1〜4）に答えよ。（配点　20）

問1　インターネットを使ったサービス利用に関する次の問い（a・b）に答えよ。

a　SNSやメール，Webサイトを利用する際の注意や判断として，適当なものを，次の⓪〜⑤のうちから二つ選べ。ただし，解答の順序は問わない。
$\boxed{ア}$・$\boxed{イ}$

⓪　相手からのメッセージにはどんなときでも早く返信しなければいけない。

①　信頼関係のある相手とSNSやメールでやり取りする際も，悪意を持った者がなりすましている可能性を頭に入れておくべきである。

②　Webページに匿名で投稿した場合は，本人が特定されることはない。

③　SNSの非公開グループでは，どんなグループであっても，個人情報を書き込んでも問題はない。

④　一般によく知られているアニメのキャラクターの画像をSNSのプロフィール画像に許可なく掲載することは，著作権の侵害にあたる。

⑤　芸能人は多くの人に知られていることから肖像権の対象外となるため，芸能人の写真をSNSに掲載してもよい。

b　インターネット上の情報の信ぴょう性を確かめる方法として，最も適当なものを次の ⓪ ～ ③ のうちから一つ選べ。　ウ

⓪　検索エンジンの検索結果で，上位に表示されているかどうかで判断する。

①　Q&A サイトの回答は，多くの人に支持されているベストアンサーに選ばれているかどうかで判断する。

②　SNS に投稿された情報は，共有や「いいね」の数が多いかどうかで判断する。

③　特定の Web サイトだけでなく，書籍や複数の Web サイトなどを確認し，比較・検証してから判断する。

問2　次の文章の空欄　エ　・　オ　に入れるのに最も適当なものを，後の解答群のうちから一つずつ選べ。

　　データの通信において，受信したデータに誤りがないか確認する方法の一つにパリティチェックがある。この方法では，データにパリティビットを追加してデータの誤りを検出する。ここでは，送信データの1の個数を数えて，1の個数が偶数ならパリティビット0を，1の個数が奇数ならパリティビット1を送信データに追加して通信することを考える。例えば，図1に示すように送信データが「01000110」の場合，パリティビットが1となるため，パリティビットを追加したデータ「010001101」を送信側より送信する。

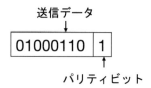

図1　送信データ「01000110」とパリティビット

　　受信側では，データの1の個数が偶数か奇数かにより，データの通信時に誤りがあったかどうかを判定できる。この考え方でいくと，　エ　。
　　例えば，16進法で表記した「7A」を2進法で8ビット表記したデータに，図1と同様にパリティビットを追加したデータは，「　オ　」となる。

エ の解答群

⓪　パリティビットに誤りがあった場合は，データに誤りがあるかどうかを判定できない

①　パリティビットを含め，一つのビットの誤りは判定できるが，どのビットに誤りがあるかは分からない

②　パリティビットを含め，一つのビットの誤りは判定でき，どのビットに誤りがあるかも分かる

③　パリティビットを含め，二つのビットの誤りは判定できるが，どのビットに誤りがあるかは分からない

④　パリティビットを含め，二つのビットの誤りは判定でき，どのビットに誤りがあるかも分かる

オ の解答群

⓪　011110100　　　①　011110101　　　②　011110110

③　011110111　　　④　101001110　　　⑤　101001111

問3　次の文章を読み，空欄　カ　～　ク　に入れるのに最も適当なものを，後の解答群のうちから一つずつ選べ。

　基本的な論理回路には，論理積回路（AND 回路），論理和回路（OR 回路），否定回路（NOT 回路）の三つがあげられる。これらの図記号と真理値表は次の表1で示される。真理値表とは，入力と出力の関係を示した表である。

表1　図記号と真理値表

回路名	論理積回路	論理和回路	否定回路
図記号	A B —▷— X	A B —▷— X	A —▷○— X
真理値表	入力 A B / 出力 X 0 0 / 0 0 1 / 0 1 0 / 0 1 1 / 1	入力 A B / 出力 X 0 0 / 0 0 1 / 1 1 0 / 1 1 1 / 1	入力 A / 出力 X 0 / 1 1 / 0

(1)　S航空会社が所有する旅客機の後方には，トイレが二つ（A・B）ある。トイレ A とトイレ B の両方が同時に使用中になると乗客の座席前にあるパネルのランプが点灯し，乗客にトイレが満室であることを知らせる。入力 A は，トイレ A が使用中の場合には1，空いている場合には0とする。B についても同様である。出力 X はランプが点灯する場合に1，点灯しない場合に0となる。これを実現する論理回路は次の図2である。

図2　(1) の論理回路

(2)　S航空会社では新しい旅客機を購入することにした。この旅客機では，トイレを三つ（A・B・C）に増やし，三つのうちどれか二つ以上が使用中になったら混雑を知らせるランプを点灯させる。入力や出力は(1)と同様とする。この場合の真理値表は　キ　で，これを実現する論理回路は図3である。

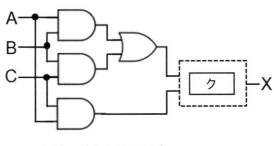

図3　(2)の論理回路

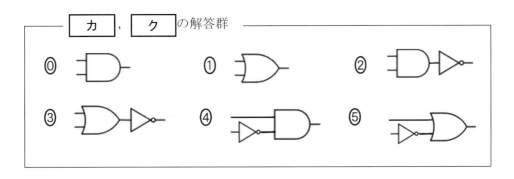

問4　次の文を読み，空欄 　ケ 　～ 　サ 　に入れるのに最も適当なものを，後の解答群のうちから一つずつ選べ。ただし，空欄 　コ 　・ 　サ 　は解答の順序は問わない。

　　情報を整理して表現する方法として，アメリカのリチャード・S・ワーマンが提唱する「究極の5つの帽子掛け」というものがある。これによれば，情報は無限に存在するが，次の5つの基準で情報の整理・分類が可能という。
　　・場所・・・物理的な位置を基準にする
　　　　　　例：都道府県の人口，大学のキャンパスマップ
　　・アルファベット・・・言語的な順番を基準にする（日本語なら五十音）
　　　　　　例：辞書，電話帳
　　・時間・・・時刻の前後関係を基準にする
　　　　　　例：歴史年表，スケジュール
　　・カテゴリー・・・物事の差異により区別された領域を基準にする
　　　　　　例：生物の分類，図書館の本棚
　　・階層（連続量）・・・大小や高低など数量的な変化を基準にする
　　　　　　例：重要度順の ToDo リスト，ファイルサイズの大きい順

　　この基準によれば，図4の「鉄道の路線図」は 　ケ 　を基準にして整理されており，図5のある旅行会社の Web サイトで提供されている「温泉がある宿の満足度評価ランキング」は 　コ 　と 　サ 　を基準に整理・分類されていると考えられる。

```
───── 　ケ 　～ 　サ 　の解答群 ─────
  ⓪  場所       ①  アルファベット    ②  時間
  ③  カテゴリー    ④  階層（連続量）
```

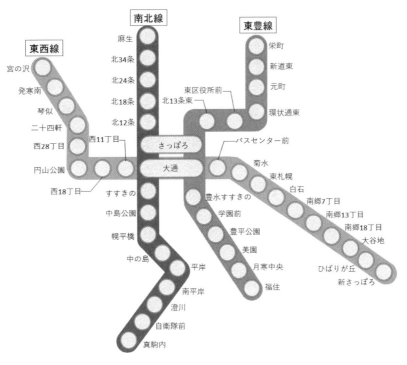

図4　鉄道の路線図

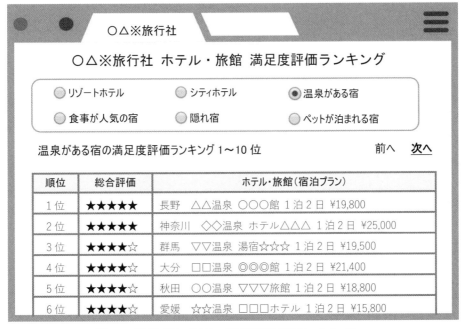

図5　温泉がある宿の満足度評価ランキング

第2問 次の問い（**A・B**）に答えよ。（配点 30）

A 次の太郎さんと先生の会話文を読み，問い（**問1～4**）に答えよ。

太郎：二次元コードって様々なところで使われていて，便利ですね。

先生：二次元コードといってもいろいろ種類があるけれど，日ごろよく目にするものは日本の企業が考えたんだよ。

太郎：すごい発明ですね。企業だから特許を取ったのでしょうか。

先生：もちろん。　**ア**　世の中で広く使われるようになったんだよ。

図1　二次元コードの例

太郎：どのくらいの情報を入れられるのでしょうか。

先生：大きさにもよるけど，図1ぐらいの大きさであれば，数字なら187文字，英小文字なら78文字，記号や漢字なら48文字を入れられるよ。二次元コードの形状にはどんな特徴があるかな？

太郎：黒白の小さな正方形で構成されていて，3か所の隅に二重の少し大きな正方形がありますね。

先生：黒白の小さな正方形はセルと言って，1と0に符号化されるんだよ。図1の二次元コードは縦×横が33×33のセルで構成されているけど，文字種や文字数などによってセルの縦と横の数が変わり，それにつれて二次元コードの大きさも変わるね。_A3か所の隅にある二重の少し大きな正方形は，読み取り機にこの二次元コードがあることを教えている位置検出の目印なんだ。

太郎：この二次元コードって一部を隠しても正しく読み取れるんですよね。

先生：_B誤り訂正機能だね。工場などでの製品管理でも使えるように，汚れや破損などで一部が読み取れなくても復元できるんだよ。読み取れない面積の割合によって復元できるレベルは4段階あるんだ。

太郎：すごい技術ですね。

先生：そうだね。自分でも二次元コードを作成できるから，いろいろ試してみたらどうかな。

問1　空欄 ア に当てはまる文として最も適当なものを，次の ⓪〜③ のうちから一つ選べ。

⓪　そこで，使用料を高くすることでこの二次元コードの価値が上がったから

①　しかし，その後特許権を放棄して誰でも特許が取れるようにしたから

②　そして，特許権を行使して管理を厳密にしたから

③　でも，特許権を保有していても権利を行使しないとしていたから

問2　下線部Aの目印は，図2のように，例えば(a)〜(c)のどの角度で読み取っても，黒白黒白黒の比が 1:1:3:1:1 となることで，二次元コードの目印として認識できるようになっている。これは，図3のように円形の目印でも同じと考えられるが，正方形の方が都合がよい。その理由として最も適当なものを，後の ⓪〜③ のうちから一つ選べ。 イ

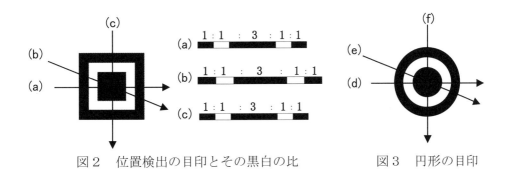

図2　位置検出の目印とその黒白の比　　　図3　円形の目印

⓪　円形では，(d)〜(f)の角度によって黒白の比が異なってしまい，正しく読み取れなくなる可能性があるから。

①　円形だと上下左右がないので，二次元コードの向きが分からなくなるから。

②　プリンタやディスプレイの解像度によっては，正方形の目印に比べて正しく読み取れる小さな円形の目印を作ることが難しくなるから。

③　円形では目印が斜めに傾いていても，それを認識することができないため正しく読み取ることができないから。

問3　太郎さんは，先生から二次元コードを作成することができる図4のような Web アプリケーションを教えてもらった。この二次元コード画像作成ツールは，二次元コード化する文字列とセルのサイズ（大きさ），誤り訂正のレベル（復元能力），画像ファイル形式を指定すると二次元コードの画像が作成できるものであった。

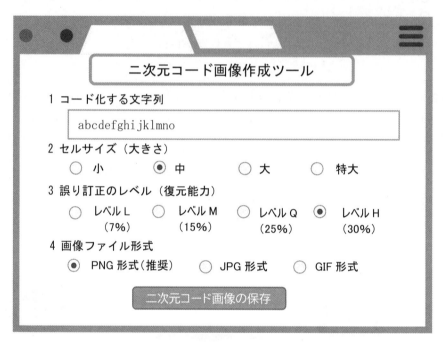

図4　二次元コード画像作成ツールの画面

　下線部Bについて，興味を持った太郎さんは，この作成ツールを使い，二次元コード化する文字列の長さと誤り訂正のレベルによってどのようにセルの縦と横の数が変化するか調べることにした。そこで，試しに英小文字（a〜z）で構成する文字列の文字数をいろいろ変えて二次元コードを作成したところ，表1のようになった。表中の n×n はそれぞれセルの縦と横の数を表している。

　なお，この作成ツールではセルの縦と横の数は自動的に最適な数に調整される。また，復元能力の値(%)が大きいほど誤りを訂正する能力が高いことを表し，例えば，復元能力30%は，二次元コードの面積の最大30%が読み取れなくてもデータを復元できることを意味する。

表1　英小文字のみで構成された文字列の文字数と
復元能力を変えて作成した二次元コード

	15 文字	20 文字	30 文字	40 文字
復元能力7％	21×21	25×25	25×25	29×29
復元能力30％	29×29	29×29	33×33	37×37

この表1の結果から考えられることとして適当なものを，次の⓪〜⑤のうちから二つ選べ。ただし，解答の順序は問わない。　ウ　・　エ

⓪　同じ復元能力であれば，文字数に比例してセルの数が多くなり，同じセルの大きさであれば二次元コードも大きくなる。

①　復元能力ごとに，文字数の一定の範囲でセルの縦と横の数が決まり，文字数が多くなるほど段階的にセルの縦と横の数は多くなる。

②　文字数とセルの数には関係が見られない。

③　ある文字列を復元能力30％で作成した二次元コードは，同じ文字列を復元能力7％で作成したものに比べ約4倍のセルの数がある。

④　復元能力30％にするためには，復元能力7％と比べより多くの情報が必要となる。

⑤　同じ文字数であれば復元能力を変えてもセルの数は変わらない。

問4　次に，太郎さんは，図4のWebアプリケーションを使って試しに表2のⅠ～Ⅲの三つの文字列について二次元コードを作成してみた。復元能力は7％と30％の両方を作成し，セルサイズもいろいろ変えてみたところ，表3に示す二次元コードが作成された。その結果，復元能力7％と30％のそれぞれにおいて作成された二次元コードのセルの数は，Ⅰ～Ⅲの文字列で異なっていた。また，Ⅰ～Ⅲの文字列はアルファベットや記号，漢字などが含まれているので，表1の英小文字のみで構成された文字列の文字数とセルの縦と横の数の関係には必ずしもなっていないことが分かった。表3の空欄　オ　～　ク　に当てはまる適当な二次元コードを，後の解答群のうちから一つずつ選べ。

表2　二次元コードを作成した文字列

Ⅰ	https://www.example.ne.jp/
Ⅱ	ＤＮＣ高等学校 https://www.example.ne.jp/
Ⅲ	ＤＮＣ高等学校　東京都目黒区駒場*-**-** https://www.example.ne.jp/

表3　Ⅰ～Ⅲの文字列から作成された二次元コード

Ⅰの二次元コード 復元能力7％	Ⅱの二次元コード 復元能力7％ 29×29	Ⅲの二次元コード 復元能力7％
オ		カ
Ⅰの二次元コード 復元能力30％ 33×33	Ⅱの二次元コード 復元能力30％	Ⅲの二次元コード 復元能力30％
	キ	ク

オ ～ ク の解答群

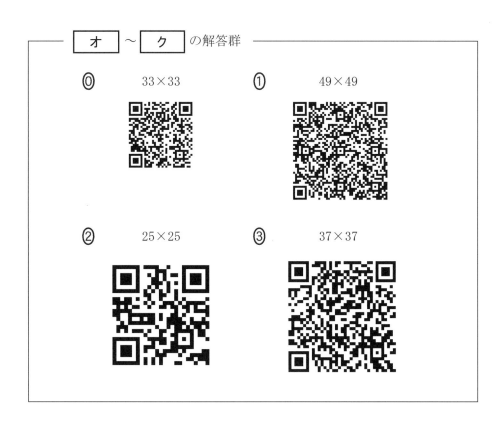

⓪　33×33

①　49×49

②　25×25

③　37×37

B 次の文章を読み，後の問い（**問1〜3**）に答えよ。

　Mさんのクラスでは，文化祭の期間中2日間の日程でクレープを販売することにした。1日目は，慣れないこともあり，客を待たせることが多かった。そこで，1日目が終わったところで，調理の手順を見直すなど改善した場合に，どのように待ち状況が変化するかシミュレーションすることにした。なお，このお店では同時に一人の客しか対応できないとし，客が注文できるクレープは一枚のみと考える。また，注文は前の客に商品を渡してから次の注文を聞くとして考える。

問1　次の文章および表中の空欄 ケ ～ シ に当てはまる数字をマークせよ。

　まず，Mさんは，1日目の記録を分析したところ，注文から商品を渡すまでの**一人の客への対応時間に約4分を要している**ことが分かった。

　次に，クラスの記録係が1日目の来客時刻を記録していたので，最初の50人の客の到着間隔を調べたところ，表1の人数のようになった。この人数から相対度数を求め，その累積相対度数を確率とみなして考えてみた。また，到着間隔は一定の範囲をもとに集計しているため，各範囲に対して階級値で考えることにした。

表1　到着間隔と人数

到着間隔（秒）	人数	階級値	相対度数	累積相対度数
0 以上〜 30 未満	6	0 分	0.12	0.12
30 以上〜 90 未満	7	1 分	0.14	0.26
90 以上〜150 未満	8	2 分	0.16	0.42
150 以上〜210 未満	11	3 分	0.22	0.64
210 以上〜270 未満	9	4 分	0.18	0.82
270 以上〜330 未満	4	5 分	0.08	0.90
330 以上〜390 未満	2	6 分	0.04	0.94
390 以上〜450 未満	0	7 分	0.00	0.94
450 以上〜510 未満	1	8 分	0.02	0.96
510 以上〜570 未満	2	9 分	0.04	1.00
570 以上	0	−	−	−

　そして，表計算ソフトウェアで生成させた乱数（0以上1未満の数値が同じ確率で出現する一様乱数）を用いて試しに最初の 10 人の到着間隔を，この表1をもとに導き出したところ，次の表2のようになった。ここでの到着間隔は表1の階級値をもとにしている。なお，1人目は到着間隔0分とした。

表2　乱数から導き出した到着間隔

	生成させた乱数	到着間隔
1人目	－	0分
2人目	0.31	2分
3人目	0.66	4分
4人目	0.41	2分
5人目	0.11	0分
6人目	0.63	3分
7人目	0.43	3分
8人目	0.28	2分
9人目	0.55	3分
10人目	0.95	ケ 分

　表2の結果から 10 人の客の待ち状況が分かるように，次の図1のように表してみることにした（図1は6人目まで記入）。ここで，待ち時間とは，並び始めてから直前の人の対応時間が終わるまでの時間であり，対応時間中の客は待っている人数に入れないとする。このとき，最も待ち人数が多いときは コ 人であり（これを最大待ち人数という），客の中で最も待ち時間が長いのは サ シ 分であった。

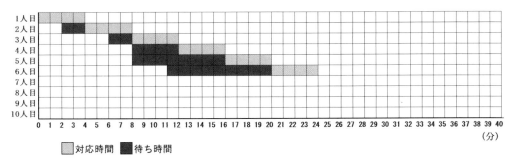

図1　シミュレーション結果（作成途中）

問2　図1の結果は，客が10人のときであったので，Mさんは，もっと多くの客が来た場合の待ち状況がどのようになるか知りたいと考えた。そこでMさんは，客が10人，20人，30人，40人来客した場合のシミュレーションをそれぞれ100回ずつ行ってみた。次の図2は，それぞれ100回のシミュレーションでの最大待ち人数の頻度を表したものである。

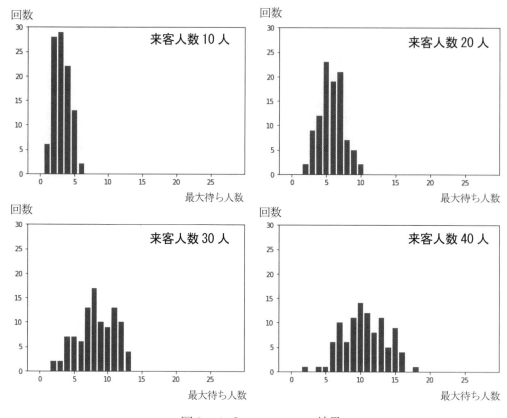

図2　シミュレーション結果

この例の場合において，シミュレーション結果から**読み取れないこと**を次の⓪〜③のうちから一つ選べ。　ス

⓪　来客人数が多くなるほど，最大待ち人数が多くなる傾向がある。

①　最大待ち人数の分布は，来客人数の半数以下に収まっている。

②　最大待ち人数は，来客人数の1/4前後の人数の頻度が高くなっている。

③　来客人数が多くなるほど，最大待ち人数の散らばりが大きくなっている。

問 3　1日目の午前中の来客人数は 39 人で，記録によれば一番長く列ができたときで 10 人の待ちがあったことから，Mさんは，図 2 の「来客人数 40 人」の結果が 1 日目の午前中の状況をおおよそ再現していると考えた。そこで，調理の手順を見直すことで一人の客への対応時間を 4 分から 3 分に短縮できたら，図 2 の「来客人数 40 人」の結果がどのように変化するか同じ乱数列を用いて試してみた。その結果を表すグラフとして最も適当なものを，次の ⓪〜③ のうちから一つ選べ。　　セ

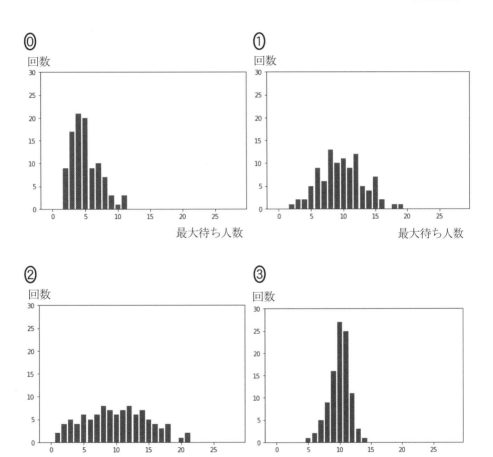

第3問 次の問い（問1〜3）に答えよ。（配点　25）

問1　次の生徒（S）と先生（T）の会話文を読み，空欄　ア　に当てはまる数字を
マークせよ。また，空欄　イ　〜　エ　に入れるのに最も適当なものを，
後の解答群のうちから一つずつ選べ。ただし，空欄　ウ　・　エ　は解答
の順序は問わない。

S：この前，お客さんが 460 円の商品を買うのに，510 円を払って，釣り銭を
　　50 円受け取っていたのを見て，授業で勉強したプログラミングで，そんな
　　「上手な払い方」を計算するプログラムを作ってみたいと思いました。

T：いいですね。まず，「上手な払い方」とは何かを考える必要がありますね。

S：普通は手持ちの硬貨の枚数を少なくするような払い方でしょうか。

T：そうですね。ただ，ここでは，客が支払う枚数と釣り銭を受け取る枚数の
　　合計を最小にする払い方を考えてみませんか？ 客も店も十分な枚数の硬
　　貨を持っていると仮定しましょう。また，計算を簡単にするために，100 円
　　以下の買い物とし，使う硬貨は 1 円玉，5 円玉，10 円玉，50 円玉，100 円
　　玉のみで 500 円玉は使わない場合を考えてみましょう。例えば，46 円をち
　　ょうど支払う場合，支払う枚数はどうなりますか？

S：46 円を支払うには，10 円玉 4 枚，5 円玉 1 枚，1 円玉 1 枚という 6 枚で払
　　い方が最小の枚数になります。

T：そうですね。一方，同じ 46 円を支払うのに，51 円を支払って釣り銭 5 円
　　を受け取る払い方では，支払いに 2 枚，釣り銭に 1 枚で，合計 3 枚の硬貨
　　のやり取りになります。こうすると交換する硬貨の枚数の合計が最小にな
　　りますね。

S：これが上手な払い方ですね。

T：そうです。このように，客と店が交換する硬貨の合計が最小となる枚数，
　　すなわち「最小交換硬貨枚数」の計算を考えましょう。

S：どうやって考えればいいかなぁ。

T：ここでは，次の関数のプログラムを作り，それを使う方法を考えてみまし

ょう。目標の金額を釣り銭無くちょうど支払うために必要な最小の硬貨枚数を求める関数です。

【関数の説明と例】

> 枚数(金額)… 引数として「金額」が与えられ，ちょうどその金額となる硬貨の組合せの中で，枚数が最小となる硬貨枚数が戻り値となる関数。
> 例：8円は「5円玉が1枚と1円玉が3枚」の組合せで最小の硬貨枚数になるので，**枚数**(8)の値は4となる。

T：これは，例えば，**枚数**(46) ＝ $\boxed{\text{ア}}$ と計算してくれるような関数です。これを使って最小交換硬貨枚数の計算を考えてみましょう。例えば，46円支払うのに，51円払って5円の釣り銭を受け取る払い方をした場合，客と店の間で交換される硬貨枚数の合計は，この関数を使うと，どのように計算できますか？

S：$\boxed{\text{イ}}$ で求められますね。

T：一般に，商品の価格 x 円に対して釣り銭 y 円を $0, 1, 2, \ldots$ と変化させて，それぞれの場合に必要な硬貨の枚数の合計を

$$\textbf{枚数}(\boxed{\quad\text{ウ}\quad}) ＋ \textbf{枚数}(\boxed{\quad\text{エ}\quad})$$

と計算し，一番小さな値を最小交換硬貨枚数とすればよいのです。

S：なるほど。それで，釣り銭 y はいくらまで調べればよいでしょうか？

T：面白い数学パズルですね。まあ，詳しくは今度考えるとして，今回は100円以下の商品なので y は99まで調べれば十分でしょう。

$\boxed{\text{イ}}$ の解答群

⓪ **枚数**(51) ＋ **枚数**(5)　　① **枚数**(46) ＋ **枚数**(5)

② **枚数**(51) － **枚数**(5)　　③ **枚数**(46) － **枚数**(5)

$\boxed{\text{ウ}}$・$\boxed{\text{エ}}$ の解答群

⓪ x　　　① y　　　② $x + y$　　　③ $x - y$

問2　次の文章の空欄　オ　～　コ　に入れるのに最も適当なものを，後の解答群のうちから一つずつ選べ。

S：まずは，関数「**枚数**(金額)」のプログラムを作るために，与えられた金額ちょうどになる最小の硬貨枚数を計算するプログラムを考えてみます。もう少しヒントが欲しいなぁ。

T：金額に対して，高額の硬貨から使うように考えて枚数と残金を計算していくとよいでしょう。また，金額に対して，ある額の硬貨が何枚まで使えて，残金がいくらになるかを計算するには，整数値の商を求める演算『÷』とその余りを求める演算『%』が使えるでしょう。例えば，46円に対して10円玉が何枚まで使えるかは　オ　で，その際にいくら残るかは　カ　で求めることができますね。

S：なるほど！あとは自分でできそうです。

　Sさんは，先生（T）との会話からヒントを得て，変数 **kingaku** に与えられた目標の金額（100円以下）に対し，その金額ちょうどになる最小の硬貨枚数を計算するプログラムを考えてみた（図1）。ここでは例として目標の金額を46円としている。

　配列 **Kouka** に硬貨の額を低い順に設定している。なお，配列の添字は **0** から始まるものとする。最低額の硬貨が1円玉なので **Kouka[0]** の値は **1** となる。

　先生（T）のヒントに従い，高額の硬貨から何枚まで使えるかを計算する方針で，**(4)**～**(6)**行目のような繰返し文にした。この繰返しで，変数 **maisu** に支払いに使う硬貨の枚数の合計が計算され，変数 **nokori** に残りいくら支払えばよいか，という残金が計算される。

　実行してみると ア が表示されたので，正しく計算できていることが分かる。いろいろな例で試してみたが，すべて正しく計算できていることを確認できた。

```
(1)  Kouka = [1,5,10,50,100]

(2)  kingaku = 46

(3)  maisu = 0, nokori = kingaku

(4)  i を [ キ ] ながら繰り返す：

(5)    │   maisu = [ ク ] + [ ケ ]

(6)    └   nokori = [ コ ]

(7)  表示する(maisu)
```

図1　目標の金額ちょうどになる最小の硬貨枚数を計算するプログラム

[オ]・[カ] の解答群

⓪ 46 ÷ 10 ＋ 1 　　　① 46 ％ 10 － 1

② 46 ÷ 10 　　　　　③ 46 ％ 10

[キ] の解答群

⓪ 5 から 1 まで 1 ずつ減らし 　　① 4 から 0 まで 1 ずつ減らし

② 0 から 4 まで 1 ずつ増やし 　　③ 1 から 5 まで 1 ずつ増やし

[ク] の解答群

⓪ 1 　　　① maisu 　　② i 　　③ nokori

[ケ]・[コ] の解答群

⓪ nokori ÷ Kouka[i] 　　　① nokori ％ Kouka[i]

② maisu ÷ Kouka[i] 　　　③ maisu ％ Kouka[i]

問3　次の文章を参考に，図2のプログラムの空欄 　サ 　〜　 タ 　に入れるのに最も適当なものを，後の解答群のうちから一つずつ選べ。ただし，空欄 　ス 　・　 セ 　は解答の順序は問わない。

T：プログラム（図1）ができたようですね。それを使えば，関数「**枚数**（金額）」のプログラムができます。関数の引数として与えられる金額の値をプログラム（図1）の変数 **kingaku** に設定し，**(7)**行目の代わりに変数 **maisu** の値を関数の戻り値とすれば，関数「**枚数**（金額）」のプログラムとなります。では，その関数を使って最小交換硬貨枚数を計算するプログラムを作ってみましょう。ここでも，100 円以下の買い物として考えてみます。

【関数の説明】（再掲）

> **枚数**（金額）… 引数として「金額」が与えられ，ちょうどその金額となる硬貨の組合せの中で，枚数が最小となる硬貨枚数が戻り値となる関数。

　Sさんは，図2のようなプログラムを作成した。変数 **kakaku** に与えられる商品の価格に対して，釣り銭を表す変数 **tsuri** を用意し，妥当な **tsuri** のすべての値に対して交換する硬貨の枚数を調べ，その最小値を求めるプログラムである。なお，ここでは例として商品の価格を 46 円としている。

　このプログラムでは，先生（T）のアドバイスに従い，釣り銭無しの場合も含め，99 円までのすべての釣り銭に対し，その釣り銭になるように支払う場合に交換される硬貨の枚数を求め，その最小値を最小交換硬貨枚数として計算している。

　最小値の計算では，これまでの払い方での最小枚数を変数 **min_maisu** に記憶しておき，それより少ない枚数の払い方が出るたびに更新している。**min_maisu** の初期値には，十分に大きな値として 100 を用いている。100 円以下の買い物では，使う硬貨の枚数は 100 枚を超えないからである。

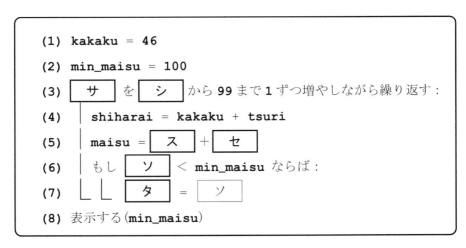

図2　最小交換硬貨枚数を求めるプログラム

　このプログラムを実行してみたところ3が表示された。46円を支払うときの最小交換硬貨枚数は，支払いで50円玉が1枚，1円玉が1枚，釣り銭で5円玉が1枚の計3枚なので，正しく計算できていることが分かる。同様に，**kakaku**の値をいろいろと変えて実行してみたところ，すべて正しく計算できていることを確認できた。

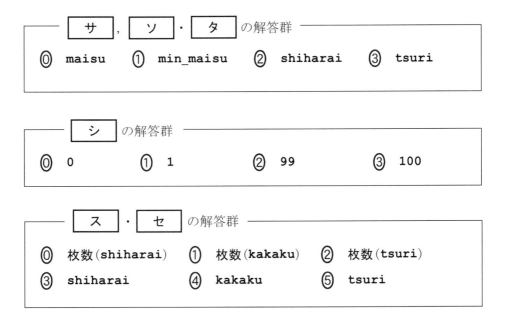

第4問 次の文章を読み，後の問い（問1〜5）に答えよ。（配点　25）

　次の表1は，国が実施した生活時間の実態に関する統計調査をもとに，15歳以上19歳以下の若年層について，都道府県別に平日1日の中で各生活行動に費やした時間（分）の平均値を，スマートフォン・パソコンなどの使用時間をもとにグループに分けてまとめたものの一部である。ここでは，1日のスマートフォン・パソコンなどの使用時間が1時間未満の人を表1-A，3時間以上6時間未満の人を表1-Bとしている。

表1-A：スマートフォン・パソコンなどの使用時間が

1時間未満の人の生活行動時間に関する都道府県別平均値

都道府県	睡眠（分）	身の回りの用事（分）	食事（分）	通学（分）	学業（分）	趣味・娯楽（分）
北海道	439	74	79	60	465	8
青森県	411	74	73	98	480	13
茨城県	407	61	80	79	552	11
栃木県	433	76	113	50	445	57

表1-B：スマートフォン・パソコンなどの使用時間が

3時間以上6時間未満の人の生活行動時間に関する都道府県別平均値

都道府県	睡眠（分）	身の回りの用事（分）	食事（分）	通学（分）	学業（分）	趣味・娯楽（分）
北海道	436	74	88	63	411	64
青森県	461	57	83	55	269	44
茨城県	443	80	81	82	423	63
栃木県	386	120	79	77	504	33

（出典：総務省統計局の平成28年社会生活基本調査により作成）

　花子さんたちは，表1-Aをスマートフォン・パソコンなどの使用時間が短いグループ，表1-Bをスマートフォン・パソコンなどの使用時間が長いグループと設定し，これらのデータから，スマートフォン・パソコンなどの使用時間と生活行動に費やす時間の関係について分析してみることにした。

　ただし，表1-A，表1-Bにおいて一か所でも項目のデータに欠損値がある場合は，それらの都道府県を除外したものを全体として考える。なお，以下において，データの範囲については，外れ値も含めて考えるものとする。

問1　花子さんたちは，これらのデータから次のような仮説を考えた。表1-A，表1-Bのデータだけからは**分析できない仮説**を，次の ⓪～③ のうちから一つ選べ。 ア

　　⓪　若年層でスマートフォン・パソコンなどの使用時間が長いグループは，使用時間が短いグループよりも食事の時間が短くなる傾向があるのではないか。

　　①　若年層でスマートフォン・パソコンなどの使用時間が長いグループに注目すると，スマートフォン・パソコンなどを朝よりも夜に長く使っている傾向があるのではないか。

　　②　若年層でスマートフォン・パソコンなどの使用時間が長いグループに注目すると，学業の時間が長い都道府県は趣味・娯楽の時間が短くなる傾向があるのではないか。

　　③　若年層でスマートフォン・パソコンなどの使用時間と通学の時間の長さは関係ないのではないか。

問2　花子さんたちは表1-A，表1-Bのデータから睡眠の時間と学業の時間に注目し，それぞれを図1と図2の箱ひげ図（外れ値は○で表記）にまとめた。これらから読み取ることができる最も適当なものを，後の **⓪**〜**③** のうちから一つ選べ。　イ

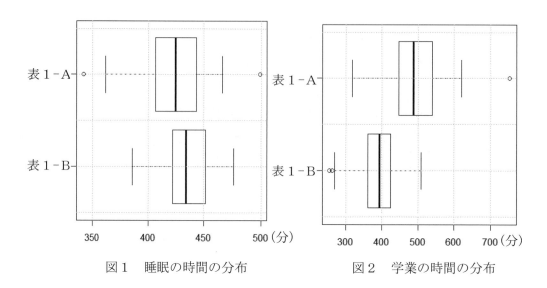

図1　睡眠の時間の分布　　　　図2　学業の時間の分布

⓪　睡眠の時間が420分以上である都道府県の数をみたとき，表1-Aの方が表1-Bよりも多い。

①　学業の時間が550分以上の都道府県は，表1-Aにおいては全体の半数以上あり，表1-Bにおいては一つもない。

②　学業の時間が450分未満の都道府県は，表1-Bにおいては全体の75%以上であり，表1-Aにおいては50%未満である。

③　都道府県別の睡眠の時間と学業の時間を比較したとき，表1-Aと表1-Bの中央値の差の絶対値が大きいのは睡眠の時間の方である。

（下 書 き 用 紙）

情報 I の試験問題は次に続く。

問3　花子さんたちは,スマートフォン・パソコンなどの使用時間の長さの違いが,睡眠の時間と学業の時間のどちらに大きく影響しているかについて調べることにした。そのために,都道府県ごとに睡眠の時間と学業の時間のそれぞれにおいて,表1−Aの値から表1−Bの値を引いた差について考え,その結果を次の図3の箱ひげ図（外れ値は○で表記）で表した。図3について述べたこととしてA〜Eの中から正しいものはどれか。当てはまるものの組合せとして最も適当なものを,後の⓪〜⑤のうちから一つ選べ。　ウ

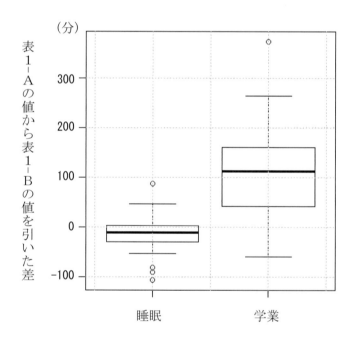

図3　生活行動時間の差

A　学業の時間の差が正の値になっている都道府県の若年層は，スマートフォン・パソコンなどの使用時間が短いグループの方が，学業の時間が長い傾向にある。

B　睡眠の時間の差が正の値になっている都道府県の若年層は，スマートフォン・パソコンなどの使用時間が短いグループの方が，睡眠の時間が短い傾向にある。

C　スマートフォン・パソコンなどの使用時間による生活行動時間の差は，睡眠の時間よりも学業の時間の方に顕著に表れている。

D　スマートフォン・パソコンなどの使用時間による生活行動時間の差は，学業の時間よりも睡眠の時間の方に顕著に表れている。

E　スマートフォン・パソコンなどの使用時間による生活行動時間の差は，学業の時間と睡眠の時間の両方に同程度に表れている。

⓪　AとC　　①　AとD　　②　AとE
③　BとC　　④　BとD　　⑤　BとE

問4 花子さんたちは，表1-Aについて，睡眠の時間と学業の時間の関連を調べることとした。次の図4は，表1-Aについて学業の時間と睡眠の時間を散布図で表したものである。ただし，2個の点が重なって区別できない場合は □ で示している。

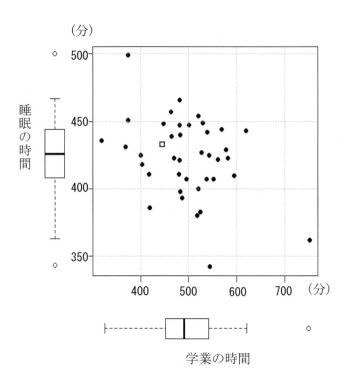

図4 表1-Aの学業の時間と睡眠の時間の散布図

　都道府県単位でみたとき，学業の時間と睡眠の時間の間には，全体的には弱い負の相関があることが分かった。この場合の負の相関の解釈として最も適当なものを，次の ⓪～③ のうちから一つ選べ。なお，ここでは，データの範囲を散らばりの度合いとして考えることとする。　 エ

⓪ 睡眠の時間の方が，学業の時間より散らばりの度合いが大きいと考えられる。

① 睡眠の時間の方が，学業の時間より散らばりの度合いが小さいと考えられる。

② 学業の時間が長い都道府県ほど睡眠の時間が短くなる傾向がみられる。

③ 学業の時間が長い都道府県ほど睡眠の時間が長くなる傾向がみられる。

問5　次の文章を読み，空欄 $\boxed{\text{オ}}$ に当てはまる数字をマークせよ。また，空欄 $\boxed{\text{カ}}$ に入れるのに最も適当なものを，図6中の $\textcircled{0}$ ～ $\textcircled{3}$ のうちから一つ選べ。空欄 $\boxed{\text{キ}}$ に入れるのに最も適当なものを，後の解答群のうちから一つ選べ。

　　花子さんたちは都道府県別にみたときの睡眠の時間を学業の時間で説明する回帰直線を求め，図4の散布図にかき加えた（図5）。すると回帰直線から大きく離れている県が多いことが分かったため，自分たちの住むP県がどの程度外れているのかを調べようと考え，実際の睡眠の時間から回帰直線により推定される睡眠の時間を引いた差（残差）の程度を考えることとした。そのために，残差を比較しやすいように，回帰直線の式をもとに学業の時間から推定される睡眠の時間（推定値）を横軸に，残差を平均値0，標準偏差1に変換した値（変換値）を縦軸にしてグラフ図6を作成した。参考にQ県がそれぞれの図でどこに配置されているかを示している。また，図5の□で示した点については，問題の都合上黒丸で示している。

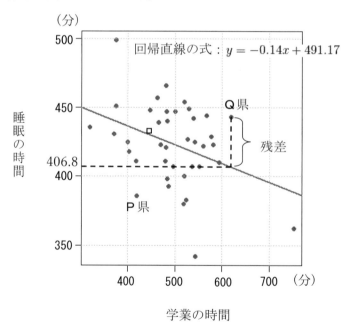

図5　回帰直線をかき加えた散布図

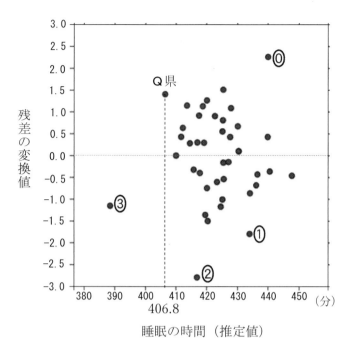

図6　睡眠の時間（推定値）と残差の変換値との関係

　　図5と図6から読み取ることができることとして，平均値から標準偏差の2倍以上離れた値を外れ値とする基準で考えれば，外れ値となる都道府県の数は $\boxed{\text{オ}}$ 個である。図5中のP県については，図6中の⓪〜③のうち $\boxed{\text{カ}}$ に対応しており，花子さんたちはこの基準に従いP県は $\boxed{\text{キ}}$ と判断した。花子さんたちは学業の時間以外の他の要因の影響についても考え，さらに都道府県の特徴について分析することとした。

────── $\boxed{\text{キ}}$ の解答群 ──────

⓪　外れ値となっている　　　①　外れ値となっていない

②　外れ値かそうでないかどちらともいえない

写真・イラスト提供：ピクスタ

共通テスト情報Ⅰ 模擬問題集

解答・解説

右の QR コードあるいは次の URL にアクセスすると，プログラミングの解説動画を視聴できます。

https://toho.tokyo-horei.co.jp/gakusan/14646/movie/

解説動画

また，とうほうのホームページ内の「副教材関連データダウンロード」より，その他の提供データをダウンロードできます。

https://toho.tokyo-horei.co.jp/gakusan/download.php

※コンテンツの利用料は発生しませんが，通信料は自己負担となります。

知識・技能の整理

一問一答 (p.4〜27)

※スラッシュ（／）で区切られているものは別解である。ただし，示されていない別解もあり得る。ここでは，教科書などを踏まえて，なるべく一般的なものを解答としている。

※英略語が答えとなっているものについては，略のマークで何の略語なのかを示す。分からない単語がある場合は，辞書で調べてみよう。略語をそのまま覚えようとするより，元の意味を確認すると理解が促進される。

　また，ここでは割愛するが，英語が元になっている言葉についても意味を確認するとよい。例えば「ユーザビリティ」は，「use（使用）」＋「able（可能）」が語源となっていることが分かっていると記憶に定着しやすい。

※一問一答で取り上げた知識事項が共通テストでそのまま問われることは少ないと考えられる。しかし，知識の活用のためには前提として知識が必要であり，また，知識があることによって問題の要点を確実に・速く捉えることができるようになる。基本的な知識事項は，この一問一答などを使って確認しておこう。

1	情報やメディアの特性と問題の発見・解決 (p.4〜5)
1	情報
2	複製
3	メディア
4	①表現　②伝達　③記録
5	マスメディア
6	①理想　②現実
7	①問題　②情報 ③解決方法　④振り返り
8	PDCA サイクル 略 Plan Do Check Act
9	①ブレーンストーミング ②批判
10	KJ 法 略考案者である文化人類学者の「川喜田 二郎」のイニシャルより
11	アイデアマップ

2	情報に関する法規・情報モラル (p.5〜6)
12	情報モラル
13	個人情報
14	要配慮個人情報
15	匿名加工情報
16	個人情報保護法
17	プライバシー
18	肖像権
19	①オプトイン　②オプトアウト
20	知的財産権

21	①著作権　②産業財産権
22	①無方式　②方式
23	著作権法
24	70
25	パブリックドメイン
26	著作者人格権
27	クリエイティブコモンズ
28	①特許権　②実用新案権 ③意匠権　④商標権

3	情報技術の発展 (p.6〜7)
29	ICT 略 Information and Communication Technology
30	AI／人工知能 略 Artificial Intelligence
31	IoT／モノのインターネット 略 Internet of Things
32	クラウドコンピューティング
33	SNS 略 Social Networking Service
34	AR／拡張現実 略 Augmented Reality
35	VR／仮想現実 略 Virtual Reality
36	①電子マネー ②キャッシュレス
37	RFID 略 Radio Frequency IDentification

38	テクノストレス
39	デジタルディバイド
40	炎上
41	プロバイダ責任制限法

4	**デジタルにするということ** （p.7～11）	
42	アナログ	
43	デジタル	
44	①標本化　②量子化　③符号化	
45	①二進法　②ビット／bit 略 bit は binary digit より	
46	2^n	
47	8	
48	①K／キロ　②M／メガ ③G／ギガ　④T／テラ	
49	4	
50	A	
51	F	
52	文字コード	
53	ASCII 略 American Standard Code for Information Interchange	
54	JIS コード／シフト JIS 略 Japanese Industrial Standards	
55	Unicode／ユニコード	
56	文字化け	
57	①標本化周波数／サンプリング周波数 ②大きい	
58	①標本化周期／サンプリング周期 ②小さい	
59	①量子化ビット数 ②大きい	
60	ラスタ	
61	ベクタ	
62	①ピクセル／画素　②解像度	
63	ppi 略 pixel per inch	
64	①赤　②緑　③青 ※順不同可	
65	①明るく　②白	
66	フルカラー	
67	①シアン　②マゼンタ ③イエロー　※順不同可	
68	①暗く　②黒	
69	フレーム	
70	①フレームレート　②fps 略② frames per second	
71	①圧縮　②解凍／展開	
72	①可逆　②非可逆	
73	ランレングス／連長	
74	ハフマン	

75	拡張子
76	JPEG 略 Joint Photographic Experts Group
77	GIF 略 Graphics Interchange Format
78	PNG 略 Portable Network Graphics
79	MP3 略 MPEG audio layer 3
80	ZIP

5	**情報デザイン** （p.11）	
81	情報デザイン	
82	アフォーダンス	
83	ユーザインタフェース／UI 略 User Interface	
84	① CUI　② GUI 略① Character User Interface 略② Graphical User Interface	
85	ユーザビリティ	
86	アクセシビリティ	
87	ユニバーサルデザイン	

6	**コンピュータの構成** （p.11～14）	
88	ハードウェア	
89	演算	
90	制御	
91	記憶	
92	入力	
93	出力	
94	中央処理装置／CPU 略 Central Processing Unit	
95	①クロック　②クロック周波数	
96	レジスタ	
97	①主記憶装置 ②補助記憶装置	
98	① ROM　② RAM 略① Read-Only Memory 略② Random-Access Memory	
99	①ハードディスク装置／HDD ② SSD 略① Hard Disk Drive 略② Solid-State Drive	
100	ソフトウェア	
101	OS／オペレーティングシステム／ 基本ソフトウェア 略 Operating System	
102	アプリケーションソフトウェア／ 応用ソフトウェア	
103	①固定小数点数 ②浮動小数点数	

104	誤差
105	オーバーフロー
106	補数
107	①m／ミリ　②μ／マイクロ ③n／ナノ　④p／ピコ
108	論理演算
109	①0　②0　③1
110	①0　②1　③1
111	①1　②0
112	①1　②1　③0
113	①1　②0　③0
114	①0　②1　③0

7	プログラミング
	(p.14～15)
115	①アルゴリズム　②プログラム ③プログラミング
116	①機械語／マシン語 ②プログラミング言語／プログラム言語 ③コンパイラ ④インタプリタ
117	C言語
118	JavaScript
119	Python
120	①順次　②選択　③繰り返し ※順不同可
121	①バグ　②デバッグ
122	①変数　②代入
123	①配列　②添字
124	①関数　②引数　③戻り値
125	API 略 Application Programming Interface

8	シミュレーション
	(p.16)
126	①モデル　②シミュレーション
127	確定
128	確率
129	モンテカルロ

9	情報通信ネットワークの仕組みとサービス
	(p.16～21)
130	情報通信ネットワーク／ ネットワーク
131	LAN 略 Local Area Network
132	WAN 略 Wide Area Network
133	①有線LAN　②無線LAN
134	イーサネット
135	ハブ
136	ルータ

137	アクセスポイント
138	インターネット
139	インターネットサービスプロバイダ／ プロバイダ／ISP 略 Internet Service Provider
140	①サービス　②サーバ ③クライアント
141	プロトコル
142	①bps　②1 略① bits per second
143	①TCP/IP　②4
144	IP 略 Internet Protocol
145	①IPアドレス　②32
146	①グローバル ②プライベート
147	①ネットワーク　②ホスト
148	ドメイン名
149	①DNS　②DNSサーバ 略 Domain Name System
150	128
151	MACアドレス 略 Media Access Control
152	①パケット　②ヘッダ
153	経路選択／ルーティング
154	TCP 略 Transmission Control Protocol
155	①WWW　②ハイパーリンク 略 World Wide Web
156	①Webページ　②Webサイト
157	HTML 略 HyperText Markup Language
158	CSS 略 Cascading Style Sheets
159	ブラウザ／Webブラウザ
160	Webサーバ
161	①HTTP　②HTTPS 略① HyperText Transfer Protocol 略② HTTP over SSL/TLS ※ SSLは「Secure Socket Layer」の略。また，TLSは「Transport Layer Security」の略。SSLとTLSの関係についての説明はここでは割愛するが，いずれもインターネットを介した通信を安全に行うためのプロトコルである。
162	URL 略 Uniform Resource Locator
163	プロトコル
164	ドメイン名
165	ファイル名
166	メール／電子メール

167	①メーラ　②Webメール
168	①To　②Cc　③Bcc 略② Carbon Copy 略③ Blind Carbon Copy
169	メールサーバ
170	ユーザ名
171	ドメイン名
172	①SMTP　②POP／POP3 ③IMAP／IMAP4 略① Simple Mail Transfer Protocol 略② Post Office Protocol version 3 略③ Internet Message Access Protocol version 4

10	**情報セキュリティ**　(p.21〜25)
173	情報セキュリティ／セキュリティ
174	①機密性　②完全性　③可用性
175	情報資産
176	①脅威　②脆弱性
177	情報セキュリティポリシー
178	マルウェア
179	コンピュータウィルス
180	ワーム
181	トロイの木馬
182	ランサムウェア
183	キーロガー
184	スパイウェア
185	ウィルス対策ソフトウェア
186	セキュリティホール
187	①不正アクセス ②不正アクセス禁止法
188	認証
189	①知識　②所有　③生体
190	二段階認証
191	ファイアウォール
192	パケットフィルタリング
193	盗聴
194	①暗号化　②復号　③平文
195	①暗号化アルゴリズム　②鍵
196	共通鍵
197	①公開鍵　②秘密鍵
198	デジタル／電子
199	①電子証明書　②認証局
200	①SSL　②HTTPS 略 SSLは「Secure Socket Layer」の略。また，TLSは「Transport Layer Security」の略。
201	サイバー犯罪
202	①DoS　②DDoS 略① Denial of Service 略② Distributed DoS

203	フィッシング
204	ソーシャルエンジニアリング
205	バックアップ
206	RAID 略 Redundant Array of Inexpensive Disks
207	チェックディジット
208	パリティ

11	**情報システム**　(p.25)
209	情報システム
210	RASIS 略 Reliability（信頼性） Availability（可用性） Serviceability（保守性） Integrity（完全性） Security（機密性）
211	稼働率
212	フェールセーフ
213	フェールソフト
214	フールプルーフ

12	**データベース**　(p.25〜26)
215	データベース
216	データベース管理システム／DBMS 略 DataBase Management System
217	①トランザクション ②ロールバック
218	関係／リレーショナル
219	SQL 略 Structured Query Language
220	主キー
221	キーバリュー

13	**データの活用**　(p.26〜27)
222	①質的　②量的
223	①名義　②順序
224	①間隔　②比例
225	外れ値
226	代表値
227	平均値
228	最頻値
229	中央値
230	①分散　②標準偏差
231	①相関　②相関係数
232	①正　②負
233	因果
234	データマイニング
235	テキストマイニング

重要な計算問題（p.28〜31）

解答

1 1024（通り）

2 80（ビット）

3 21

4 10000111

5 CB

6 2621

7 6（ビット）

8 3（字）

9 2.88(MB)

10 10.584（MB）

11 180（MB）

12 50（%）

13 11001

14 7

15 864

16 0011011〔別解：11011〕

17 ⊐（AND の回路記号）

18 500（p 秒）

19 10^8〔別解：1億，100000000〕

20 20（秒）

21 14

22 45

解説

1 n ビットで表せる情報の種類は，2^n 通りである。例えば，1 ビットでは「0」か「1」の 2 通り（2^1 通り），2 ビットでは「00」「01」「10」「11」の 4 通り（2^2 通り）の種類の情報を表せる。10 ビットでは，2^{10} 通り，すなわち 1024 通りの種類の情報を表せる。

2 通常，1 バイト（B）は 8 ビットである。よって，10B は，

$$8 \times 10 = 80$$

より 80 ビットである。

3 ある進法で表された数を，他の進法で表すよう変換することを基数変換という。特に，二進法・十進法・十六進法の基数変換は様々な分野の問題で基本となり，設問文で知識事項が説明されることの多い共通テストにおいても基数変換の方法は説明されな

いと思われるので，確実に押さえておこう。

　ここで問われているのは，二進法→十進法の基数変換である。十進法に基数変換したい場合は，各桁の重みに注目する。重みとは，各桁の基本となる大きさのことであり，n 進法 m 桁目の重みは n^{m-1} となる。

　例えば，十進法 321 は 3 と 2 と 1 があるということではなく，10^2 が 3 個，10^1 が 2 個，10^0 が 1 個あるということを意味する。なお，$a \neq 0$ としたとき，a の 0 乗は 1 となる。

桁の値	3	2	1
重み	100	10	1
桁の値×重み	300	20	1

十進法 321 の各桁の値と重み

　二進法では，m 桁目の重みは 2^{m-1} となる。よって，この問題で問われている 10101 は，2^4 が 1 個，2^3 が 0 個，2^2 が 1 個，2^1 が 0 個，2^0 が 1 個あるということを意味する。2^4 は 16，2^2 は 4，2^0 は 1 なので，

$$16 + 4 + 1 = 21$$

より，十進法に変換すると 21 になる。桁の重みは十進法で表されているので，この方法で十進法に変換することができる。

桁の値	1	0	1	0	1
重み	16	8	4	2	1
桁の値×重み	16	0	4	0	1

二進法 10101 の各桁の値と重み

　なお，十六進法→十進法などのように，他の進法から十進法への基数変換も同様の方法で行える。

4 十進法→二進法への基数変換も，重みに注目することで行うことができる。二進法の各桁に相当する値，すなわち 2 の累乗で表せる値をどのように組み合わせれば，その十進法の値を表せるのかを考えればよい。

　十進法 135 については，2^8 が 256 であり，135 を超えているので，9 桁目は存在しない。2^7 が 128 であり，135 に含まれるので，8 桁目が 1 になる。

$$135 - 128 = 7$$

より，残りの桁で 7 を表す方法を考える。2^6

(64)，2^5（32），2^4（16），2^3（8）はいずれも7を超えているので，7〜4桁目までの値は0である。2^2は4であり，7に含まれるので，3桁目は1になる。

$$7 - 4 = 3$$

より，残りの桁で3を表す方法を考える。2^1は2であり，3に含まれるので，2桁目は1になる。

$$3 - 2 = 1$$

より，残りの桁で1を表す方法を考える。2^0は1であり，1に含まれるので，1桁目は1になる。

以上をまとめると，十進法の135は，

$$2^7 + 2^2 + 2^1 + 2^0$$

と表せる。これを二進法で表すと8，3，2，1桁目が1，それ以外の桁は0になるので，十進法135は二進法10000111に変換することができる。

また，十進法から他の進法に変換する別の方法として，その進法の基数（例えば二進法なら基数は2）で十進法の値を割り続け，商が0になったら余りを下から順に並べるというものもある。

$$135 \div 2 = 67 \cdots 1$$
$$67 \div 2 = 33 \cdots 1$$
$$33 \div 2 = 16 \cdots 1$$
$$16 \div 2 = 8 \cdots 0$$
$$8 \div 2 = 4 \cdots 0$$
$$4 \div 2 = 2 \cdots 0$$
$$2 \div 2 = 1 \cdots 0$$
$$1 \div 2 = 0 \cdots 1$$

商が0になるまで基数で割り続けた後，余りを逆順に並べる → 10000111

5 二進法→十六進法の基数変換は，二進法を十進法に変換した後，十進法を十六進法に変換するのが安全な方法である。

二進法の11001011は，値が1の桁に注目して基数変換する。

$$2^7 + 2^6 + 2^3 + 2^1 + 2^0$$
$$= 128 + 64 + 8 + 2 + 1$$
$$= 203$$

次に，十進法の203を，余りを逆順に並べる方法で十六進法に変換する。

$$203 \div 16 = 12 \cdots 11$$
$$12 \div 16 = 0 \cdots 12$$

十六進法は，一つの桁の値が16種類ある。しかし，十進法で通常用いられるアラビア数字は0〜9の10種類しかないので，アラビア数字だけでは16種類の値を一つの桁で表現できない。そこで，十進法の10から15は，十六進法では次の表のようにA〜Fを用いて表す。

十進法 10〜15 と十六進法 A〜F の対応

十進法	十六進法
10	A
11	B
12	C
13	D
14	E
15	F

十進法の12は十六進法のC，十進法の11は十六進法のBである。よって，余りを下から並べると，十進法の203は十六進法のCBである。

あるいは，4ビットずつ十六進法に変換する方法もある。

6 十六進法も，二進法の場合と同様に桁の重みに注目して十進法に基数変換する。1桁目の重みは16^0，2桁目の重みは16^1，3桁目の重みは16^2……となるので，十六進法のA3Dは，16^2がAすなわち10個，16^1が3個，16^0がDすなわち13個あるということを意味している。

$$16^2 \times 10 + 16^1 \times 3 + 16^0 \times 13$$
$$= 256 \times 10 + 16 \times 3 + 1 \times 13$$
$$= 2560 + 48 + 13$$
$$= 2621$$

よって，十六進法のA3Dは十進法の2621である。

7 **1** でも確認した通り，nビットで表せる情報の種類は2^n通りである。よって，62通りの情報を表したい場合は，設問文の「少なくとも」という条件に注目し，62を超える2^nの値のうち最小のものを検討する。

2^5は32なので，5ビットでは62通りの情報を表せない。2^6は64なので，6ビットでは62通りの情報を表せる。よって，62通りの文字を表したい場合，少なくとも6ビットのデータ量が必要となる。

このようにすることで，例えば「aは000001」，「bは000010」，「cは000011」，……，「9は111110」のように，62種類の文字それぞれに固有のビット列を割り当てることができる。

8 考え方は **7** と同様であるが，**7** では文字を表すの

に使える値の種類が2種類であったのに対し，**8**では商品を表すのに使える値の種類が26種類であるという点が異なる。

26種類のアルファベットを使用する場合，1字で表せる情報の種類は26^1より26通り，2字で表せる情報の種類は26^2より676通り，3字で表せる情報の種類は26^3より17576通りである。問題の企業では，1000種類の商品に一意のコードをそれぞれ割り当てたいので，少なくとも3字が必要となる。

なお，ここで問われていたのは商品コードであるが，設定可能なパスワードの種類などの文脈で同様の趣旨の問題が出題されることもあり得る。

9 ラスタ形式の画像は，ピクセルの集合によって構成される。ピクセルとは「picture（画像）」＋「element（要素）」あるいは「picture」＋「cell（細胞）」が語源であるといわれている，画像の最小単位である。

次のように，画像のピクセル数（大きさ）は，横に並ぶピクセルの数（幅）×縦に並ぶピクセルの数（高さ）で表される。

画像のプロパティ表示例

例えば，次の画像の大きさは1200×800ピクセルである。この画像の青で囲んだ部分を拡大してみると，小さい四角で構成されていることが分かる。この四角一つが1ピクセルに相当する。

青く囲んだ部分の拡大図

問題では，横が1200ピクセル，縦が800ピクセルの画像のデータ量が問われている。各ピクセルは赤・緑・青（RGB）の輝度情報によって色を設定し，一つの色あたり8ビットのデータ量を割り当てるとあるので，3色では24ビットすなわち3Bのデータ量が割り当てられる。このことを図で表すと，次のようになる。

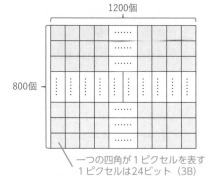

設問の画像のイメージ

以上より，次のように順に計算を行う。

①画像の総ピクセル数を求める。

$$1200 \times 800 = 960000$$

よって，総ピクセル数は960000である。

②データ量をB単位で求める。

960000のピクセルの一つひとつが，それぞれ3Bのデータ量を持つ。

$$3 \times 960000 = 2880000$$

よって，データ量は2880000Bである。

③データ量をMB単位に変換する。

設問文にもある通り，1MBは10^6Bである。よって，2880000Bは2.88MBである。

10 自然界に存在する音は，連続的な空気の振動によって伝えられるアナログ情報である。このような連続的なアナログ情報を，離散的なデジタル情報に変換することをデジタル化あるいはA/D変換（ア

ナログ／デジタル変換）といい，通常は次のような手順で変換を行う。

①標本化
・一定の周期でデータを抽出する

②量子化
・抽出データを数値に置き換える

③符号化
・数値を二進法で表す

A/D 変換の手順

この問題の規格では，1 秒間に 44100 回標本が抽出される。一つの標本は 16 ビット，すなわち 2B で量子化され，これが 2 チャンネル分用意されるので，1 秒間のデータ量は，

$$2 \times 44100 \times 2 = 176400$$

より，176400B となる。

ここで問われているのは 1 分，すなわち 60 秒分のデータ量である。60 秒分のデータ量は，

$$176400 \times 60 = 10584000$$

より，10584000B となる。これを MB 単位に変換すると，10.584MB となる。

⓫映像は，フレームと呼ばれる画像を「パラパラ漫画」のように連続して表示することにより表現している。1 秒間に表示するフレームの枚数をフレームレートといい，単位は fps で表す。fps は frames per second の略である。

次は，6fps の映像のイメージである。この 6 枚の画像（フレーム）を 1 秒間に連続して表示することにより，映像が表現される。

1 秒 連続して表示

一つのフレーム

6fps の映像のイメージ

この問題の映像は，10fps で表現し，1 フレームは 500 × 200 ピクセル，1 ピクセルのデータ量は 3B であるという条件が示されている。この映像 1 分間のデータ量は，次のように計算することができる。

①1 フレームの総ピクセル数を計算する。

$$500 \times 200 = 100000$$

②1 フレームのデータ量を B 単位で計算する。

$$3 \times 100000 = 300000$$

③1 秒間の映像のデータ量を B 単位で計算する。

10fps なので，1 秒間にフレームは 10 枚表示される。

$$300000 \times 10 = 3000000$$

④1 秒間の映像のデータ量を MB 単位に変換する。

3000000B は 3MB である。

⑤1 分間（60 秒間）の映像のデータ量を MB 単位で計算する。

$$3 \times 60 = 180$$

以上より，この映像 1 分間のデータ量は 180MB である。

⓬ランレングス圧縮は連長圧縮ともいい，連続した符号を「符号＋連続数」と置き換える圧縮方法である。ここで問われている「AAAAABBBBCCC」は，「A5B4C3」と変換することができる。

圧縮前は 12 字だったのが，ランレングス圧縮によって 6 字になっている。よって，

$$6 \div 12 = 0.5$$

より，圧縮後は圧縮前の 50% のデータ量となっている。

⓭二進法の値同士の足し算は，筆算をすると分かりやすい。次のように，桁上がりに気を付けて筆算を行う。

$$
\begin{array}{ccccc}
 & 1 & 0 & 1 & 0 \\
+) & 1 & 1 & 1 & 1 \\
\hline
1 & 1 & 0 & 0 & 1 \\
⑤ & ④ & ③ & ② & ①
\end{array}
$$

① 　$0 + 1 = 1$

② 　$1 + 1 = 10$　1 が上位桁に繰り上がり

③ 　$0 + 1 + 1 = 10$　1 が上位桁に繰り上がり

④ 　$1 + 1 + 1 = 11$　1 が上位桁に繰り上がり

⑤ 　繰り上がった 1 が来る

なお，二進法の筆算に自信がなければ，二進法を十進法に変換して計算した後，二進法に戻すという方法もある。二進法でスムーズに筆算をするよりは少し遅くなるが，人間は十進法の計算に慣れているので，安全な方法ではある。

二進法 1010 は，十進法 10。

二進法 1111 は，十進法 15。

$$10 + 15 = 25$$

十進法 25 は，二進法 11001。

⓮最後に解答しなければならない値は十進法なの

で，先に十進法に変換するとよい。

二進法 1101 は，十進法 13。

二進法 0110 は，十進法 6。

$$13 - 6 = 7$$

15 この問題でも，最後に解答しなければならない値は十進法なので，先に十進法に変換するとよい。

十六進法 D8 は，十進法 216。

$$4 \times 216 = 864$$

16 ある数 x の補数とは，一般的には，x に加えるとちょうど桁上がりする数である。例えば，十進法 55 の補数は，一般的には 45 を指す。55 に 45 を加えるとちょうど桁が上がって 100 になる。

十進法の補数は，上の例では，

$$100 - 55 = 45$$

というように求めることができるが，二進法では次の手順でも，ある数 x の補数を求めることができる。

> ① 二進法の数 x の全ビットを反転させる。すなわち，各桁の値を 1 なら 0 に，0 なら 1 にする。
> ② ①で変換した値に 1 を加えたものが，x の補数となる。

この問題では，二進法 1100101 の補数が問われている。上の手順にならって，次のように求める。

> ① 1100101 の全ビットを反転させる。
> → 0011010
> ② ①で変換した値に 1 を加える。
> → 0011011

よって，二進法 1100101 の補数は 0011011 となる。なお，

$$1100101 + 0011011 = 10000000$$

なので，1100101 の補数は

$$10000000 - 1100101 = 0011011$$

と求めることもできる。

ただし，補数はコンピュータにおいて，加算によって減算に相当する処理を行うために用いられる。そのため，減算によって補数を求める方法は，補数の利用目的からすると適当ではない。

なお，全ビットを反転して 1 を加算することにより二進法の補数を求められる理由は，次のように

説明することができる。

> ・ 二進法のある数 x と，x の全ビットを反転した数 y とを加算すると，全ビットが 1 となる。
>   例えば，x を 1100101 とすると，全ビットを反転させた値 y は 0011010 となるので，x + y は次のように全ビットが 1 になる。
>
> | | 1 | 1 | 0 | 0 | 1 | 0 | 1 |
> |----|---|---|---|---|---|---|---|
> | +) | 0 | 0 | 1 | 1 | 0 | 1 | 0 |
> | | 1 | 1 | 1 | 1 | 1 | 1 | 1 |
>
> ・ 全ビットが 1 の二進法の値に対して 1 を加算すると，ちょうど桁が上がる。例えば，1111111 に 1 を加えると 10000000 になる。
> ・ 以上をまとめると，「x + y + 1」をするとちょうど桁が上がる。
> ・ 結合法則により，「x + (y + 1)」の順で計算をしても結果は変わらない。よって，「y + 1」は，x に加えるとちょうど桁が上がる数となる。

17 このような回路図の問題は，入力値 A，B に対して適当な値を設定し，正しい出力値 S，C を得るためにはどうすればよいかと考えるとよい。一見複雑そうに見える問題も，適当な設定で試行してみると解答できることが多々ある。

① A に 1，B に 0 を入力する場合を想定して試行

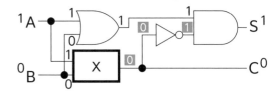

設問文の真理値表より，この入力値の場合，C は 0，S は 1 が出力されなければならない。

空欄 ⊠ の部分の論理演算に注目する。演算に用いられる値は，片方は A，片方は B となるので，A ⊠ B，すなわち 1 ⊠ 0 の演算が行われる。この演算結果がそのまま C の値となり，C は 0 なので，1 ⊠ 0 は 0 とならなければならない。よって，⊠ に OR や NAND が入ることはあり得ない。1 ⊠ 0 が 0 となる ⊠ は，AND か NOR か XOR である。

これだけでは解答を一つに絞れないので，別の入力値でも試してみる。

② A・B ともに 1 を入力する場合を想定して試行

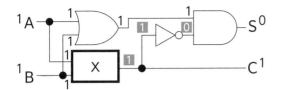

設問文の真理値表より，この入力値の場合 C は 1，S は 0 が出力されなければならない。

空欄 $\boxed{\text{X}}$ の部分に注目すると，1 $\boxed{\text{X}}$ 1 は 1 とならなければならない。1 $\boxed{\text{X}}$ 1 が 1 となる $\boxed{\text{X}}$ は，AND か OR である。しかし，①より，OR はあり得ない。

よって，①・②両方で矛盾が生じない $\boxed{\text{X}}$ は AND であると判断できる。

なお，二進法一桁の二つの数を入力すると，それらの加算結果を，下位桁 S(Sum) と桁上がり C(Carry out) として出力するような回路を半加算器という。下位桁 S については，入力のうちどちら片方だけが 1 の場合に 1 となるが，これは排他的論理和 XOR の演算結果と同じである。よって，半加算器はこの設問で紹介した回路図以外に，XOR を使って次のように表すこともできる。

$\mathrel{\rangle\!\rangle}$ は XOR を表す記号である。

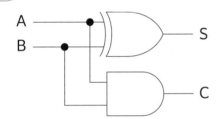

XOR を用いた半加算器

18 クロックとは，コンピュータの各装置の動作のタイミングが合うように周期的に発振器から発振される信号である。クロック周波数はクロックが 1 秒に発振される回数を表す値であり，単位は Hz で表す。

この設問では，クロック周波数は 2GHz であるとされている。つまり，1 秒間に 2×10^9 回クロックが発振される。

→ $\dfrac{1}{2 \times 10^9}$ 秒に 1 回クロックが発振される。

この設問では，p 秒で解答することが求められている。1 秒は 10^{12}p 秒であるので，p 秒単位では，次のように計算することができる。

$$\frac{10^{12}}{2 \times 10^9} = \frac{10^3}{2} = \frac{1000}{2} = 500$$

よって，500p 秒に 1 回クロックが発振される。

19 CPU の処理速度を測定する際には，よく用いられる命令の組み合わせ（命令ミックス）を用意する。

この問題においては，まず，一つの命令を実行するために必要な平均クロックを求める。

$$4 \times 0.7 + 14 \times 0.3$$
$$= 2.8 + 4.2$$
$$= 7$$

よって，一つの命令を実行するためには平均して 7 クロックを要する。

次に，この CPU では 1 秒間に何クロックが発振されるのかを確認する。クロック周波数は 700MHz なので，1 秒間に 700×10^6 回クロックが発振される。

一つの命令に平均して 7 クロックを要するので，1 秒間に平均して実行できる命令の数は次のように計算することができる。

$$(700 \times 10^6) \div 7$$
$$= 10^8$$

よって，1 秒間に平均して実行できる命令の数は 10^8，すなわち 1 億である。

なお，命令ミックスと処理速度に関連して，MIPS という指標もある。MIPS は「Million Instructions Per Second」の略であり，Million は「100 万」，Instructions は「命令」，Per Second は「1 秒あたり」であることからも分かる通り，1 秒間に何百万個の命令を実行できるかを表す。この設問の CPU は，100MIPS の性能があるといえる。

20 kbps は kilo bits per second の略であり，1 秒間に何キロビットのデータを伝送できるかを表す単位である。

128kbps は，1 秒間に 128 キロビットのデータが伝送可能であることを表す。1B は 8 ビットなので，128 キロビットは

$$128 \div 8 = 16$$

より 16KB である。よって，この通信回線では 1 秒間に 16KB のデータが伝送可能である。

320KBのデータは,

$$320 \div 16 = 20$$

より, この通信回線では20秒で伝送可能である。

21 IPアドレスとは, IP (Internet Protocol) に従って通信を行う際に通信相手を特定するための識別番号である。IPv4 (IPのバージョン4) では, IPアドレスは32ビットで構成され, 「そのIPアドレスを割り当てられた機器が所属するネットワーク」を示すネットワーク部と, 「ネットワーク内の機器」を示すホスト部から成る。

32ビット

ネットワーク部 (どのネットワークか?)	ホスト部 (どの機器か?)

IPアドレスの構成

IPアドレスは32ビットのビット列だが, 8ビットずつ十進法に変換し, ドットで4か所に区切って表すこともある。この問題のIPアドレス「192.168.30.16」は十進法で表されたものであり, 二進法で表すと「11000000 10101000 00011110 00010000」となる。

この問題では, 「/28」とある通り, 32ビットのうち28ビット目までがネットワーク部, 残り4ビットがホスト部である。図で表すと, 次のような構成になっている。

ネットワーク部　　　　　ホスト部
28ビット　　　　　　　　4ビット

問題のIPアドレスの構成

このネットワークに接続可能な機器の数とは, ネットワークを指す値を固定した場合に, ホスト部で割り当てることが可能な値の種類ということになる。ホスト部は4ビットなので, 16種類の値を設定可能であるが, 設問文にもある通り「1111」または「0000」の二つの番号は特別な役割を持つものであり, 機器に割り当てられない。よって, 接続可能な機器 (ホスト) の数は14である。

22 共通鍵暗号方式とは, 暗号化と復号に同じ鍵を使う暗号方式である。この方式で, 設問文にもある通り「相互に秘密に」通信を行う場合, 通信の組み合わせの数だけ鍵が必要となる。例えば, AとBが通信するときに使用する鍵をAとCにも使い回した場合, BはA・C間の, CはA・B間の通信内容も復号することができてしまうので「秘密」ではなくなってしまう。

通信の組み合わせの数は, 通信を相互に秘密に行う人数に応じて次のようになる。ただし, メンバーはAからアルファベット順に増えていくものとする。

共通鍵暗号方式における人数・必要鍵数・組み合わせ

人数	必要鍵数 (組み合わせ数)	組み合わせ
2	1	A・B
3	3	A・B／A・C／ B・C
4	6	A・B／A・C／ A・D／B・C／ B・D／C・D
5	10	A・B／A・C／ A・D／A・E／ B・C／B・D／ B・E／C・D／ C・E／D・E
⋮	⋮	⋮

このことを一般化すると, 通信を相互に秘密に行う人数がn人の場合,

$$n(n - 1) \div 2$$

で必要鍵数 (組み合わせ数) を求めることができる。10人の場合は,

$$10 \times (10 - 1) \div 2$$
$$= 10 \times 9 \div 2$$
$$= 45$$

より45個の鍵が必要となる。

また, 数学の必修範囲には含まれていないが, 組み合わせの数はC (Combination) によっても求められる。順番は関係ないので, 順列P (Permutation) ではなくCを用いる。

10人から2人を取り出す組み合わせの数は,

$$_{10}C_2$$
$$= \frac{10 \times 9}{2 \times 1}$$
$$= 45$$

より, 45と求めることができる。

■ アルゴリズムとプログラミング （p.32〜37）

解説動画

解答

| ア | ① | イ | ⓪ | ウ | ① | エ | ⓪ | オ | ③ |
| カ | ② | キ | ⓪ | ク | ③ | ケ | ① |

解説

　例題を解くための考え方の例を，順を追って確認してみよう。なお，❶などの黒丸数字は本冊の例題の黒丸数字と対応している。

❶問題の把握。プログラムを用いて何をしたいのかが示されているので確認する。この例題では，「プログラムによって，データ群の最大値や最小値を確認したい」ということになる。

❷作成したいプログラム（他のプログラムから引数を渡されて呼び出されるような場合は特に関数という）の概要が示される。また，特定の状況下における処理結果の例も示される。

❸【プログラム（関数）の説明と例】を見ながら，示されている変数・配列の値になっていたり，関数の場合は示された引数が渡されたりした場合にはどのような処理結果になるのかを考える。ここをしっかりと確認しておくことで，後でアルゴリズムやプログラムを検討する際，「このような条件でプログラムを実行すると，このような処理結果になるはずだ。ということは，このようなアルゴリズムでなければならないはずだ」，「この処理結果にするためには，プログラムの空欄部分はこのようになっていなければならないはずだ」などの逆算的な思考が可能になる。プログラムの処理結果と，プログラムによる問題解決をゴールとして見据え，それらを実現する方法を逆算的に考えていくと分かりやすい。

　この例題では，【プログラムの説明と例】を見ると，配列が [10，20，30] なら「最大は 30／最小は 10」が表示されている。よって，　ア　についても同様に，配列が [100，200，280，380，150，310，500] ならば，この中の最大値である 500 と最小値である 100 が表示されると考える。なお，②については【プログラムの説明と例】と表示内容の形式が異なるので誤りである。

❹「変数 ＝ 関数（引数）」となっている場合は，引数をもとに関数の処理を行い，その戻り値を変数に記憶する。ただし，「表示する」のように戻り値がない関数もある。

❺以下，アルゴリズムの確認を行っている。問 1 で「このような条件の場合，処理結果はこうなるはず」ということを確認しているので，それらを前提に考える。アルゴリズムは後のプログラム問題の大ヒントになっていることもあるので，よく確認しておこう。

　以下のように配列や変数の図を書き，考えを整理してみると分かりやすくなる。

最大値を記憶する変数　| 初期値？ |　最小値を記憶する変数　| 初期値？ |

（添字）	0	1	2	3	4	5	6
配列	100	200	280	380	150	310	500

考え方の例

◆「最大値を記憶する変数」をすべての要素と一つずつ順番に比較し，　イ　であれば「最大値を記憶する変数」の値をその要素の値に更新するようだ。「最大値を記憶する変数」の値はその時点での暫定最大値なのだから，それを更新する場合というのは，「最大値を記憶する変数」よりも比較対象となっている要素の値の方が大きい場合ではないか？

◆「最大値を記憶する変数」の初期値は　ウ　にするとある。どのような初期値にすれば，適切に処理がされるだろうか？

　「最大値を記憶する変数」に最初から大きすぎる値が入っていたら，比較・更新がうまくされない。例えば，「最大値を記憶する変数」の初期値が1000ならば，配列中の最大値は500なのに更新されないから，最後に表示される最大値は1000になってしまう。

　ならば，「最大値を記憶する変数」の初期値は，小さい値にした方がよいのではないか？

◆この考えで上手くいくだろうか？　手順を追って確認してみよう。例えば，「最大値を記憶する変数」をXとすると……。

・Xの初期値を0にする。（　ウ　を踏まえて，小さい値にしておこう）

・配列 [0] (100) とX (0) の比較

➡　配列 [0] の方が大きいからXを配列 [0] の値である100に更新する。

・配列 [1] (200) とX (100) の比較

➡　配列 [1] の方が大きいからXを配列 [1] の値である200に更新する。

・配列 [2] (280) とX (200) の比較

➡　配列 [2] の方が大きいからXを配列 [2] の値である280に更新する。

・配列 [3] (380) とX (280) の比較

➡　配列 [3] の方が大きいからXを配列 [3] の値である380に更新する。

・配列 [4] (150) とX (380) の比較

➡　Xの方が大きいから値を更新しない。

・配列 [5] (310) とX (380) の比較

➡　Xの方が大きいから値を更新しない。

・配列 [6] (500) とX (380) の比較

➡　配列 [6] の方が大きいからXを配列 [6] の値である500に更新する。

◆すべての要素との比較が終わった時点で，Xに配列中の最大値が記憶されている！　このような考え方でよさそうだ。一方，最小値についてはこの逆に，「最小値を記憶する変数」の初期値を大きい値にして，比較する配列の要素の方が小さければ「最小値を記憶する変数」をその要素の値に更新すればよいのだろう。後は，この考え方をプログラムに落とし込もう。

　このように考えを整理することができていれば，プログラミングの問題に取り組みやすくなる。

❻配列の添字は0から始まることが多いが，例えば「1位の人の点数を添字1の要素に記憶する」などのように添字と順位を対応させたい場合などは，配列の添字を1から使用することもあり得る。配列の添字がいくつから始まるのかを間違えるとその後のプログラムも間違えてしまうので，必ず確認すること。

❼いよいよプログラムの空欄補充である。ここでは，基本的なプログラミングに関する説明は省略する。

　ここまでに確認したアルゴリズムをもとに，トレースを行うのが確実な方法である。トレースとは，次の表のように変数や要素の値の動きを1行ずつ追いかけ，疑似的に紙の上でプログラムを実行することである。これによって，プログラムの構造を捉えることができる。空欄補充をしてトレースをしたところ，想定している処理結果にならない場合は，その解答が間違っているということになる。なお，試験時間はシビアなので，必要な箇所をトレースし，解答を特定できたらトレースはやめてもよい。

　次の表では，その行で変数の記憶内容が変化している部分に色を付けた。「―」は，値がまだ記憶されていないことを意味する。

行	youso_suu	max	min	i	Jikan[i]	備　　考
(1)	—	—	—	—	—	配列の各要素に値を記憶。添字は0から。
(2)	7	—	—	—	—	関数の説明を確認。添字は6で終わるが、添字0の要素も使用しているため、要素数は7なので注意する。添字0の要素から使用する場合、末尾の添字の値と要素数が一致しない。
(3)	7	-1	—	—	—	(10)より、maxは「最大値を記憶する変数」と判断する。ウで確認した通り、初期値は「あり得るどの値よりも小さい値」にする。よって、エの答えは-1。
(4)	7	-1	1441	—	—	(10)より、minは「最小値を記憶する変数」と判断する。ウの反対に、初期値は「あり得るどの値よりも大きい値」にする。よって、オの答えは1441。なお、1日は1440分なので、仮に1日のすべての時間を読書にあてたとしても1441はあり得ない。
(5)	7	-1	1441	0	100	forループ開始。iに初期値として0を記憶。Jikan[i]は100（ここでJikan[i]に値が記憶されるわけではない）。上の(2)の行でも確認した通り、要素数は7なので変数youso_suuにも7が記憶されているが、添字の終わりは6である。添字が6の要素までが最大値・最小値なのかを調べればよいので、forループはiの値が6の間まで続け、7になったらループを抜けなければならない。よって、カの答えはyouso_suuではなくyouso_suu - 1でなければならない。この点は、様々な試験で「引っかけ」ポイントとして頻繁に出題されるので要注意。
(6)	max <= Jikan[i] ➡ YES					この時点で、maxは-1、Jikan[i]すなわちJikan[0]は100である。条件分岐の空欄補充は、YESあるいはNOに分岐したときに何をしているのかに注目する。ここでは、YESに分岐した場合はmaxの値をJikan[i]に更新し、NOに分岐した場合は何もしていない。つまり、イを踏まえ、Jikan[i]の値がmax以上なのかどうかを調べていると考える。よって、キの答えはmax <= Jikan[i]となる。他の選択肢を入れるとつじつまが合わない。
(7)	7	100	1441	0	100	maxをJikan[0]の値に更新。Jikan[0]が暫定の最大値に。
(8)	min >= Jikan[i] ➡ YES					この時点で、minは1441、Jikan[i]すなわちJikan[0]は100である。(6)と同様に直後の処理を確認すると、YESに分岐した場合はminの値をJikan[i]に更新しているので、Jikan[i]の値がmin以下なのかどうかを調べていると考える。よって、クの答えはmin >= Jikan[i]となる。

行	youso_suu	max	min	i	Jikan[i]	備　　考
(9)	7	100	100	0	100	`min` を `Jikan[0]` の値に更新。`Jikan[0]` が暫定の最小値に。
(5)	7	100	100	1	200	`i` は「1 ずつ増やしながら」なので，`i` に 1 を加える。　カ　は `youso_suu` - 1 なので，この設定の場合は 6 となる。共通テスト用プログラム表記のルールに則ると，for 文では変数の値を変更したうえで「`i` ≦ 6」であればループ継続する。`i` は 1 なので，「`i` ≦ 6」を満たしループ継続する。なお，共通テスト用プログラム表記は Python に似ていると言われるが，for 文におけるループ継続条件が Python と異なるので注意。(p.18 の補足 2 も参照)
(6)	`max <= Jikan[i]` ➡ YES					この辺りまでトレースしてあれば，空欄の解答はほとんど特定できているだろう。共通テスト「情報Ⅰ」は時間との勝負でもあるので，解答が特定できたらトレースをやめて次に進もう。100 <= 200 は YES。
(7)	7	200	100	1	200	`max` の更新。
(8)	`min >= Jikan[i]` ➡ NO					100 >= 200 は NO。
(5)	7	200	100	2	280	`i` に 1 を加える。「`i` ≦ 6」が成り立つのでループ継続。
(6)	`max <= Jikan[i]` ➡ YES					200 <= 280 は YES。
(7)	7	280	100	2	280	`max` の更新。
(8)	`min >= Jikan[i]` ➡ NO					100 >= 280 は NO。
(5)	7	280	100	3	380	`i` に 1 を加える。「`i` ≦ 6」が成り立つのでループ継続。
(6)	`max <= Jikan[i]` ➡ YES					280 <= 380 は YES。
(7)	7	380	100	3	380	`max` の更新。
(8)	`min >= Jikan[i]` ➡ NO					100 >= 380 は NO。
(5)	7	380	100	4	150	`i` に 1 を加える。「`i` ≦ 6」が成り立つのでループ継続。
(6)	`max <= Jikan[i]` ➡ NO					380 <= 150 は NO。
(8)	`min >= Jikan[i]` ➡ NO					100 >= 150 は NO。
(5)	7	380	100	5	310	`i` に 1 を加える。「`i` ≦ 6」が成り立つのでループ継続。
(6)	`max <= Jikan[i]` ➡ NO					380 <= 310 は NO。
(8)	`min >= Jikan[i]` ➡ NO					100 >= 310 は NO。
(5)	7	380	100	6	500	`i` に 1 を加える。「`i` ≦ 6」が成り立つのでループ継続。
(6)	`max <= Jikan[i]` ➡ YES					380 <= 500 は YES。
(7)	7	500	100	6	500	`max` の更新。
(8)	`min >= Jikan[i]` ➡ NO					100 >= 500 は NO。
(5)	7	500	100	7	存在しない	`i` に 1 を加える。「`i` ≦ 6」が成りたたないのでループを抜ける。
(10)	最大は 500／最小は 100 を表示					想定した表示内容になるかを確認。

なお，空欄に正答を埋め込んだ完成版プログラムは次の通りである。

p.34　図1のプログラム（完成版）

```
(1)     Jikan = [100,200,280,380,150,310,500]

(2)     youso_suu = 要素数（Jikan）

(3)     max = -1

(4)     min = 1441

(5)     i を 0 から youso_suu - 1 まで1ずつ増やしながら繰り返す:

(6)     │  もし max <= Jikan[i] ならば:

(7)     │  │  max = Jikan[i]

(8)     │  もし min >= Jikan[i] ならば:

(9)     │  │  min = Jikan[i]

(10)    表示する（" 最大は ", max, "／最小は ", min）
```

※本冊 p.34 の図1の直前に「いろいろな例で試してみたが，すべて正しく表示されることを確認できた」と書かれているが，このように書かれている場合は，可変的な部分の設定を変えてもプログラムが適切に動作するようにしなければならない。例えば，本冊 p.34 の図1のプログラムでは，配列 **Jikan** に記憶する内容が変わってもプログラムが適切に動作する必要がある。よって，　エ　や　オ　は①や②が正解にならない。

❽プログラムを一つ作成したら終わりではなく，作成したプログラムを関数として呼び出す別のプログラムを作ったり，プログラムを改良・変更したりするような問題が出題されることもあり得る。例題では，　キ　・　ク　の解答群の比較演算子がすべて「>=」や「<=」（「以上」や「以下」）となっているが，これを「>」や「<」（「より大きい」や「より小さい」）に変えたらどうなるかが問われている。

このような場合は，適当かつ簡単な例を用いて試行してみるとよい。例えば，配列 **Jikan** が [100,100]，最大値を記憶する変数 **max** の初期値が− 1 であるような状況を考えてみる。

A. プログラム (6) が「もし max <= Jikan[i] ならば:」の場合

・ループ1周目，max が Jikan[0] に更新される。

・ループ2周目，「max <= Jikan[1]」が成り立つので，max は Jikan[1] の値に変更される。

・最終的に，max には Jikan[1] の値が記憶されている。

B. プログラム (6) が「もし max < Jikan[i] ならば:」の場合

・ループ1周目，max が Jikan[0] に更新される。

・ループ2周目，「max < Jikan[1]」が成り立たないので，max は変更されない。

・最終的に，max には Jikan[0] の値が記憶されている。

以上より，比較演算子が「<=」の場合は添字の大きい方が，「<」の場合は添字の小さい方が表示されることが分かる。よって，　ケ　の答えは①である。

補足 1　最大値や最小値が複数ある場合の出力結果の違い

❽について，この問題のように単に時間を出力するだけなら，添字の大きい方を表示しても小さい方を表示しても結果は変わらない。しかし，例えば次のように配列 **Jikan** と配列 **Youbi** の添字を対応させ，最も長い時間読書をした曜日を表示する場合には結果が異なってくる。

```
Jikan = [100,100]
Youbi = ["日曜日","月曜日"]
youso_suu = len(Jikan)
max = -1
max_day = ""
for i in range(0,youso_suu,1):
  if max < Jikan[i]:
    max = Jikan[i]
    max_day = Youbi[i]
print("最も長い時間読書をしたのは", max_day, "です。")

最も長い時間読書をしたのは 日曜日 です。
```

```
Jikan = [100,100]
Youbi = ["日曜日","月曜日"]
youso_suu = len(Jikan)
max = -1
max_day = ""
for i in range(0,youso_suu,1):
  if max <= Jikan[i]:
    max = Jikan[i]
    max_day = Youbi[i]
print("最も長い時間読書をしたのは", max_day, "です。")

最も長い時間読書をしたのは 月曜日 です。
```

上の二つのプログラムは，青で囲んでいるところ以外は同じ内容である。**Jikan[i]** が **max** より大きければ（左），または **Jikan[i]** が **max** 以上なら（右），最大の読書時間を記憶する変数 **max** を **Jikan[i]** の値に更新するとともに，その読書時間をした曜日を記憶する変数 **max_day** を **Youbi[i]** の文字列に更新する。そして，最後に **max_day** を表示している。

配列 **Jikan** には最大値が二つあるが，出力結果を見ると，左は「日曜日」すなわち添字の小さい方が，右は「月曜日」すなわち添字の大きい方が表示されている。

補足 2　共通テスト用プログラム表記と Python の for 文の違い

共通テスト用プログラム表記は，Python に記法が似ているといわれることがある。しかし，本書編集時点（2023 年）に公表されている大学入試センターの資料を見ると，for 文の終了条件の捉え方が共通テスト用プログラム表記と Python ではやや異なることが読み取れる。（※本書は以下の考え方に沿って制作していますが，仕様は変わる可能性があるので，最新情報を確認してください。）

for 文では「カウンタ変数，初期値，終了値，変化値」を設定する。ループのたび，カウンタ変数に変化値を加えた後にループ継続かどうかが判定されるが，共通テスト用プログラム表記では「カウンタ変数 ≦ 終了値」となっていればループ継続するのに対し，Python では「カウンタ変数 < 終了値」となっていればループ継続する。例えば p.34 のプログラムでは，共通テスト用プログラム表記では **i** が **6** になったときに「**i** ≦ **6**」が成り立つのでループ継続したが，Python では **i** が **6** になったときに「**i** < **6**」が成り立たないのでループを抜けてしまう。そのため，Python でも右図のように終了値を「**youso_suu**－ **1**」としたら，**Jikan[6]** は比較されないでループを抜けてしまうので，最大値は 500 ではなく 380 と表示されてしまう。Python でプログラムを試してみる際には，特に変化値が 1 の場合，共通テスト用プログラム表記で作成したプログラムの終了値に 1 を加えておく必要がある。

```
1 Jikan = [100,200,280,380,150,310,500]
2 youso_suu = len(Jikan)
3 max = -1
4 min = 1441
5 for i in range(0, youso_suu-1, 1):
6   if max <= Jikan[i]:
7     max = Jikan[i]
8   if min >= Jikan[i]:
9     min = Jikan[i]
10 print("最大は", max,"／最小は", min)

最大は 380 ／最小は 100
```

なお，共通テスト「情報Ⅰ」ではプログラミング言語の使い方が問われるのではなく，問題解決のためにはどのようなアルゴリズムを考案すればよいか，また，そのアルゴリズムをどのようにプログラムに落とし込むのかが問われるので，別のプログラミング言語でプログラミングを勉強していたとしても問題ない。

第1回模擬問題（100点満点）

問題番号（配点）	設問	解答記号	正解	配点	問題番号（配点）	設問	解答記号	正解	配点
第1問 (20)	1	ア	2	2	第3問 (25)	1	ア	2	1
		イ-ウ	0-4	各1			イ	3	1
	2	エ	3	3			ウ	3	1
		オ	3	3		2	エ	1	1
	3	カ	2	2			オ	0	1
		キ	0	2			カ	2	2
		ク	3	2			キ	0	2
	4	ケ	7	2			ク	2	2
		コ	3	2			ケ	1	2
第2問 (30)	A	1	ア	2	5*1			コ	3	2
			イ	5			3	サ	1	1
			ウ	4				シ	3	1
		2	エ	0	3			ス-セ	1-4	各2
		3	オ	6	3			ソ	3	2
		4	カ-キ	1-5	各2			タ	6	2
	B	1	ク	1	5	第4問 (25)	1	ア	1	5
		2	ケ	2	5		2	イ	1	5
		3	コ-サ	2-3	5*1		3	ウ	4	5
						4	エ	2	5
						5	オ	0	5

（注）

1　＊1は，全部正解の場合のみ点を与える。

2　－（ハイフン）でつながれた正解は，順序を問わない。

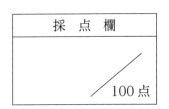

採点欄

/100点

第1回模擬問題　解説

問題➡ p.42

第 1 問

問1　情報の特性

分野　❶　情報やメディアの特性と問題の発見・解決

解答　ア ② イ ⓪ ウ ④ （ イ ・ ウ は順不同可）

解説

ア

情報の特性について問われている。

⓪　誤り。WebページやSNSは情報を発信したら受け手がすぐに読むことができるのに対し，新聞は校閲・印刷・配送などの手間がかかるため，一般的にはWebページやSNSを媒介とした情報伝達の方が速く伝わる。

①　誤り。どのように整理・工夫したとしても，送り手が意図したような意味で受け手が情報を解釈しない可能性はある。

②　正しい。コンピュータが扱う情報は複製が容易であり，さらにインターネットなどを介して容易に伝播させることができる。そのため，多くの人が同じ情報を活用することができる一方で，著作権侵害などの問題も深刻化させている。

③　誤り。マスメディア[1]には，静止画や手紙は含まれない。

イ ・ ウ

問題解決の流れや手法について問われている。

⓪　正しい。KJ法[2]は発想法の一種であり，設問文にある通り，カードに書いた事項同士についてグループ分けやタイトル付けなどを行い，それぞれの関連性を見出すことで発想を促す手法である。

①　誤り。ブレーンストーミングは集団で多くのアイデアを出すための手法であり，質より量を重視する，批判をしないなどのルール[3]がある。アイデアが出されるたびに妥当性を確認することは，ブレーンストーミングのルールに反する。

②　誤り。情報通信技術は問題解決のための強力なツールとなるが，情報通信技術がないと問題をまったく解決できないということはない。

③　誤り。解決方法の案を考えたり実行のための計画を立てたりするには，情報の収集や分析が必要となる[4]。

[1]　マスメディアは，マスコミュニケーション（大衆伝達）のためのメディアであり，新聞・雑誌・テレビ・ラジオ・映画などが含まれる。

[2]　文化人類学者の川喜田二郎が考案した手法である。考案者のイニシャルを取って名付けられている。

[3]　ブレーンストーミングのルールには，①質より量を重視する，②批判をしない，③自由に発想し発言する，④他人の意見に便乗し発展させることを歓迎する，などがある。

[4]　問題解決の手順は，一般的に次の通りである。

問題の発見　➡　情報の収集と分析・問題の定義　➡　計画の立案・解決方法の探索　➡　計画の実行　➡　振り返り　➡　次の問題解決へ

④ 正しい。問題とは，端的にいえば理想と現実のギャップである。よって，理想と現実の把握は問題解決の出発点となる。

⑤ 誤り。問題解決のための計画を実行したら，振り返りをしたうえで次の問題解決に着手する。

■ 問2　音のデジタル化

分野　4 デジタルにするということ

解答　エ ③　オ ③

解説

エ

設問文に，量子化ビット数が2ビット[1]の場合，標本の電圧 V が「$z - 0.5 \leq V < z + 0.5$」の範囲に属するなら量子化した値を z にする（z は 0〜3 の整数値）とある。実際にこの式の z に 0〜3 を入れてみると，下表のようになる。

z	対応する V の範囲
0	$-0.5 \leq V < 0.5$（$\boxed{0} - 0.5 \leq V < \boxed{0} + 0.5$）
1	$0.5 \leq V < 1.5$（$\boxed{1} - 0.5 \leq V < \boxed{1} + 0.5$）
2	$1.5 \leq V < 2.5$（$\boxed{2} - 0.5 \leq V < \boxed{2} + 0.5$）
3	$2.5 \leq V < 3.5$（$\boxed{3} - 0.5 \leq V < \boxed{3} + 0.5$）

（右上に「z の値」の注釈）

例えば，ある標本の電圧が 1.4V なら，「$0.5 \leq V < 1.5$」の範囲に V が属するので，量子化した値 z は 1 となる。この問題では，時刻 5 秒の標本について問われている。時刻 5 秒の標本の電圧 V は 3.2 程度である[2]。「$2.5 \leq V < 3.5$」の範囲に属するので，z は 3 となる。よって，量子化した値は 3 となり，これを符号化して二進法で表すと 11 となるので ③ が正解となる。

オ

解答群の選択肢は，いずれも図からは読み取れることだが，量子化・符号化して生成したデジタルデータにその情報が反映されるかどうかが問われている。エ の表を図に表すと分かりやすくなる。

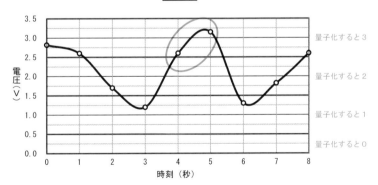

このように図にまとめると一目瞭然であるが，時刻 4 秒の標本の電圧は 2.6V 程度，時刻 5 秒の標本の電圧は 3.2V 程度と差があるにも関わらず，量子化するとともに 3 となってしまう。つまり，本当は時刻 4 秒の標

▶1 この問題では，「標本を1秒に一つ取る」「量子化ビット数は2ビット」としているが，これは非常に簡易化された設定である。例えば音楽 CD の場合，標本化周波数（1秒に取る標本の数を表す。単位は Hz）は約 40,000Hz なので，約 1/40000 秒，すなわち約 25 マイクロ秒に一つの標本を取る。また，音楽 CD の量子化ビット数は 16 ビットである。

▶2 「$2.5 \leq V < 3.5$」の範囲に属するということだけ分かればよいので，時刻 5 秒の標本の電圧 V の値を正確に捉える必要はなく，「大体 3.2」程度で把握できれば十分である。

本より時刻 5 秒の標本の方が電圧の値が高いのに，量子化・符号化を経て生成されたデジタルデータではこのことが反映されない[1]。よって，選択肢 ③ が正答となる。

■ 問3　XOR 暗号

分野▶　**6** コンピュータの構成　**10** 情報セキュリティ

解答▶　カ ②　キ ⓪　ク ③

解説

カ

　設問文の表 1 に AND・OR・XOR の真理値表が掲載されているので，適当なビット列を作成して試してみれば確認できる。例えば，「1010」と「0001」をそれぞれの論理演算子で演算し，再びその演算結果と「0001」を同じ論理演算子で演算すると下表のようになる。

論理演算子	1010 演算子 0001	左列の演算結果 演算子 0001
AND	1010 AND 0001 → 0000	0000 AND 0001 → 0000（1010 に戻っていない）
OR	1010 OR 0001 → 1011	1011 OR 0001 → 1011（1010 に戻っていない）
XOR	1010 XOR 0001 → 1011	1011 XOR 0001 → 1010（1010 に戻った）

> 1010
> XOR 0001
> 1011
> 同じ桁について論理演算する。

　このように，実際に適当な値で試行することにより XOR[2]によって設問文のような処理ができることを確かめられる。なお，試行する値によっては AND や OR でも同じ値に戻ることがあるが，設問文には「常に」とあるので，別のパターンでも確かめるように注意する。

キ

　カ が解答できていることが前提となる。XOR 演算の特性により，「元の値 XOR 鍵」により「変換した値」を得た後に，「変換した値 XOR 鍵」の処理を行えば「元の値」を復元できる。設問文より，「鍵[3]」が 1010，「変換した値」が 1011 なので，「1011 XOR 1010」を行い 0001 が「元の値」であることを確認できる。なお，「元の値 XOR 鍵」をしてみると，「0001 XOR 1010」より「変換した値」と同じ 1011 が得られる。

ク

　ワンタイムパッド[4]を使った暗号化について問われているが，ワンタイムパッドに関する事前知識ではなく，設問文をもとに各選択肢の妥当性を考えることを要求している問題である。

▶ 1　量子化ビット数の値を大きくすれば，このような電圧の高低差がより正確にデジタルデータに反映されるようになる。例えば，音楽 CD の量子化ビット数は 16 ビットであるため，「2^{16}」より一つの標本を 65,536 段階で表現できる。ただし，量子化ビット数の値が大きくなると，データ量も多くなる。量子化ビット数が 16 ビットということは，一つの標本を表現するのに 16 ビット（2 バイト）が必要になるということである。

▶ 2　eXclusive OR の略。XOR 演算は排他的論理和演算ともいう。入力値のどちらか片方だけが 1 のときに 1 を出力する演算子であり，⊕という記号で表現する。

▶ 3　暗号化と復号に同じ鍵を使用しているため，この方法は公開鍵暗号方式ではなく共通鍵暗号方式にあたる。

▶ 4　ワンタイムパッドは，真の乱数を鍵とした場合は絶対に破ることができない。なぜなら，設問文にある通り，暗号化する前の文（平文）が候補のうちどれなのかを特定する手がかりがないためである。計算速度の問題ではないので，仮に非常に速く計算できるコンピュータがあってもワンタイムパッドを解読することはできない。しかし，暗号化のたびに平文と同じ長さの鍵を用意して共有しなければならないが，その鍵を漏えいさせずに相手に渡せるなら，その方法で平文自体を渡せばよいという根本的な矛盾がある。他にも，真の乱数を作るのは難しいことなどの問題があるため，ワンタイムパッドの実用性は低い。

⓪　誤り。「鍵」は，その内容（０と１の並び方）はランダムだが，長さは「元の値」および「変換した値」と同じである。よって，「変換した値」からは少なくとも「元の値」の長さという情報を得られる。

①　誤り。「変換した値」から「元の値」の長さは分かるので，あり得る「元の値」をすべて挙げることができる。例えば，第三者が入手した「変換した値」が８ビットだった場合，「元の値」の可能性は 2^8 より256 通り存在する。可能性は無限に存在するわけではない。

②　誤り。あり得る「元の値」をすべて挙げることができるので，本当の「元の値」も当然その中に含まれている。

③　正しい。「鍵」のビット列がランダムであるため手がかりがまったくなく，あり得る「元の値」をすべて挙げたとしても，その中のどれが本当の「元の値」なのかを確認することができない。

■ 問4　電子メール

分野　**9** 情報通信ネットワークの仕組みとサービス

解答　ケ ⑦　コ ③

解説

ケ

電子メールの宛先（To），Cc に誰が設定されているかは，同時に送信されている全メンバーから見ることができる。一方，Bcc に誰が設定されているかは，送信者および Bcc に設定されている本人以外[1] は把握できない。

以上を踏まえると，Ｂさん・Ｃさん・Ｄさん・Ｅさんが把握できる「同じメールが同時に送信されている人」は次のようになる。

- Ｂさん　→　Ｂさん・Ｃさん
- Ｃさん　→　Ｂさん・Ｃさん
- Ｄさん　→　Ｂさん・Ｃさん・Ｄさん
- Ｅさん　→　Ｂさん・Ｃさん・Ｅさん

以上のように，ＤさんはＥさんに，ＥさんはＤさんに同じメールが送られていることは分からない。よって，答えは⑦の「一人もいない」となる[2]。

▶ 1　この部分が「引っかけ」として出題されることがある。例えば，IT パスポートでは，「Ｐさんを To，Ｑさんを Cc，Ｒさんを Bcc に設定したとき，この３人にメールが送られていることを知ることができるのは誰か？」という問題が出題されたことがある。「Bcc に設定されているメールアドレスは非公開である」と短絡的に考えると「誰も知ることができない」という答えになりそうだが，Ｒさんは To にも Cc にも自分のアドレスが設定されていないのに自分にメールが届いているということは，自分は Bcc に設定されているということを把握できる。よって，「Ｒさん」が答えとなる。

▶ 2　Cc はカーボンコピー，Bcc はブラインドカーボンコピーの略である。Cc には，メインの送信相手ではないが同じ内容を知っておいて欲しい人（特に返信を求めていない人）を設定することが多い。一方，Bcc は「同じ内容のメールを社内メンバーに内密に伝えたい場合」や「複数メンバーにメールを送るが，同時に送るメンバー同士に相互のメールアドレスを公開したくない場合」に使用する。To と Cc はどちらに設定しても大きな問題が生じることは少ないが，同時にメールを送るメンバー全員が「相互にメールアドレスを知られてもよい」と表明していない場合に Bcc と To・Cc の設定を誤ると，情報漏えいとして，大きな問題につながることがある。

コ

電子メールの送受信は，一般的に次の図のような手順に基づく。

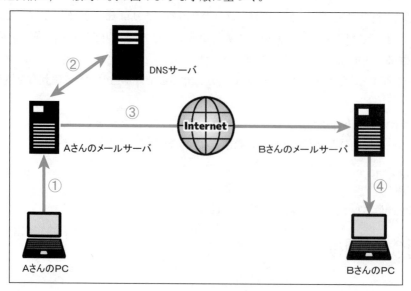

① Aさんが「送信」指示をすると，Aさんのメーラは，SMTP[1]に従ってAさんのメールサーバにメールを送信する。

② Bさんのメールアドレスのうち，ドメイン名の部分をもとにDNSサーバ[2]に問い合わせを行い，BさんのメールサーバのIPアドレスを把握する。なお，メールアドレス「b-no-address@example.co.jp」については，@（アットマーク）以降の「example.co.jp」がドメイン名，「b-no-address」がユーザ名にあたる。

③ IPアドレスをもとに，SMTPに従ってメールをBさんのメールサーバに送る。

④ Bさんが「受信」指示をすると，Bさんのメーラは，POP3[3]に従ってBさんのメールサーバに接続し，Bさんのユーザ名である「b-no-address」宛に届いているメールをダウンロードする。

この問題に解答するためのポイントは，次の三点である。これらを組み合わせると，答えは一つに絞られる。

POINT1 メールアドレスの@の前と後が何を意味しているのかが分かっていること。インターネット上の機器にはIPアドレスが設定されているが，IPアドレスは単なる数字の羅列であるため，人間には意味が分かりづらい。そこで，IPアドレスに一対一で対応しているドメイン名を設定し，分かりやすいようにしている。DNSサーバに問い合わせることで，ドメイン名に対応するIPアドレスが分かる。

POINT2 SMTPは，「送信者のメーラ→送信者のサーバ」への送信と，「送信者のサーバ→受信者のサーバ」への送信の二つについて規定しているということが分かっていること。あるいは，POP3は「受信者のサーバ→受信者のメーラ」への受信について規定しているということが分かっていること。

POINT3 IPアドレスによってインターネット上の機器を特定するということが分かっていること。

▶ 1 Simple Mail Transfer Protocol の略。
▶ 2 Domain Name System サーバの略。
▶ 3 Post Office Protocol version 3 の略。

第 2 問

A　IP（インターネットプロトコル）

分野　**9**　情報通信ネットワークの仕組みとサービス

解答　問1 ア 2　イ 5　ウ 4　問2 エ ⓪
　　　問3 オ ⑥　問4 カ ①　キ ⑤（ カ ・ キ は順不同可）

解説

問1 ア イ ウ

　「192.168.0.0」のネットワークアドレスをもつネットワークに接続できる機器の個数が問われている。非常に基礎的・基本的なものを除き，必要な知識事項は設問文の中で示されているので，次のように順を追って考える。

1．一つのネットワークに接続可能な機器の数は，ホスト部で表現可能なアドレスの数であることを読み取る。

　　図1より，ネットワーク部が「どのネットワークに属するか」，ホスト部が「そのネットワークの中のどの機器にあたるのか」をそれぞれ示していることを確認する。同一ネットワークにおいて，一つの機器に一つのホストアドレスが割り当てられるので，ホスト部で表現可能なアドレスの総数が一つのネットワークに接続できる機器の数の限界となる。

2．「192.168.0.0」のネットワークアドレスを持つネットワークは，ホスト部が何ビットあるのかを調べる。そのために，「192.168.0.0」のネットワークアドレスを持つネットワークはクラスA・B・Cのどれにあたるのかを考える。

　　p.51で太郎さんが「IPアドレスを二進法で表したときの先頭で（どこまでがネットワーク部でどこまでがホスト部なのかを）見分けるのですね」と言っている。この発言にならい，「192.168.0.0」の先頭を二進法に変換する。

　　十進法の「192」は，二進法の「11000000」である[1]。先頭が「110」になっているので，ネットワークアドレスが「192.168.0.0」のネットワークはクラスCであるということが分かる。

3．クラスCのネットワークには機器をいくつ接続できるのかを考える。

　　表1より，クラスCのホスト部は8ビットである。8ビットで表現可能なアドレスの数は，2^8 より256個である。なお，p.50に「32ビットのIPアドレスで表現可能なアドレスの数は，2^{32} より約43億個である」と書かれていることもヒントになる。

　　ただし，図1で，機器には「ネットワークアドレス」と「ブロードキャストアドレス」を設定することができないと説明されていることに注意する。よって，256 − 2 ＝ 254より，254が答えとなる。p.51の空欄直前で，太郎さんが「図1の『機器が使用できないIPアドレス』も考慮すると」と述べていることも，最後に2を引くヒントとなる[2]。

▶1　$192 = 2^7 + 2^6$
▶2　このようなヒントは，実際の試験では書かれていない可能性もあるので注意。さらに，この問題においては設問文の中に「ブロードキャストアドレスとネットワークアドレスは機器が使用することができない」と示されているが，このことは当然知っておくべき事前知識として，設問文に書かれない可能性もある。共通テストの性質上，「何かを知らないとまったく解くことができない」という範囲はある程度狭いと考えられるが，知識事項を事前にインプットしておくと，点数を安定させることができるだろう。

問2　エ

クラス方式の弱点[1]が問われている。次のように順を追って考える。

1. 選択肢⑩〜③まで，すべて300個の機器を同一ネットワークに接続したい場合について問われていることを確認する。

2. 問1も踏まえると，クラスCでは254個の機器までしか同一ネットワークに接続できないので，300個の機器を接続する場合はクラスBを使用する必要があることを確認する。

3. 表1より，クラスBではホスト部が16ビットあるので，ホストは$2^{16} - 2 = 65534$より，65,534個を接続できることを確認する。しかし，接続したい機器は300個なので，$65534 - 300 = 65234$より，65,234個のアドレスが無駄になってしまう。よって，このことを説明している⑩が正答である。

　なお，他の選択肢は次の点で誤っている。

① 機器の台数について問われており，ネットワークの数について問われているわけではない。

②・③ そもそも，クラスCでは300個の機器を同一ネットワークに接続できない。

問3　オ

開発用パソコンBに設定可能なIPアドレスが問われている。次のように順を追って考える。

1. ネットワークⅡのホスト部としてあり得る値の範囲を確認する。

　開発用パソコンBと同じくネットワークⅡに属するルータCを確認すると，IPアドレスが「192.168.3.193/28」となっている。この「/28」は，図3にも示されている通り，ネットワーク部がIPアドレス32ビットのうち先頭28ビットまでであり，ホスト部が4ビットであることを意味する。

　IPアドレスは，二進法で表した値の8ビットごとに「.」で区切られている。よって，「192.168.3.193」のうち「193」の部分が25〜32ビット目を表すので，ここに注目する。

　十進法の「193」を二進法に変換すると「11000001」である[2]。先頭28ビット目までがネットワーク部なので，次のようにネットワーク部・ホスト部の構成を整理することができる。

値	1	1	0	0	0	0	0	1
ビット位置	25	26	27	28	29	30	31	32
意味	ネットワーク部				ホスト部			

　以上より，ネットワークⅡのネットワークアドレス（ホスト部がすべて0）は，最後の8ビットが「11000000」（十進法では「192」）であり，ネットワークⅡのブロードキャストアドレス（ホスト部がすべて1）は，最後の8ビットが「11001111」（十進法では「207」）である。そのため，ネットワークⅡに接続する機器に対して設定可能なプライベートIPアドレスは，最後の8ビットが「11000001」（十進法では「193」）から，「11001110」（十進法では「206」）の範囲までということになる。

　また，p.50の図1より，プライベートIPアドレスは「同じLAN内で重複していなければ」使用可能である。言い換えれば，プライベートIPアドレスだとしても，同じLAN内での重複は許されない。そのため，ネットワークⅡで既にルータCが使用している「193」と，開発用パソコンAが使用している「200」は，最後の8ビットに設定できない。

2. 表2の各IPアドレスの妥当性を確認する。

　以上を踏まえ，表2のどのIPアドレスを開発用パソコンBに設定可能か検討する。

▶1　この弱点に対応するために，一つのネットワークを小さな複数のネットワークに分割して管理する方法が考えられた。この分割されたネットワークをサブネットといい，サブネットについてネットワーク部とホスト部の境界を示す値をサブネットマスクという。また，IPアドレスにサブネットマスクの情報を付加して，クラスに縛られずにネットワークの範囲を指定する仕組みをCIDR（Classless Inter-Domain System，サイダー）という。

▶2　$193 = 2^7 + 2^6 + 2^0$

	候補	使用可否	理由
a	192.168.3.192	不可	ネットワークアドレス。機器に使用不可。
b	192.168.3.193	不可	ルータCが使用中。重複するため使用不可。
c	192.168.3.203	可	使用可能。
d	192.168.3.205	可	使用可能。
e	192.168.3.207	不可	ブロードキャストアドレス。機器に使用不可。
f	192.168.3.209	不可	ネットワークⅡと同じネットワーク部にならない（十進法の「209」は，二進法に基数変換すると「11010001」）。使用不可。

　よって，cとdが使用可能なので，正答は⑥となる[1]。

問4　｜カ｜　｜キ｜

　インターネットを介した通信では，IPによってデータがパケットに分割されて送受信される。また，このパケットには，p.54にもある通り，送信先・送信元のIPアドレスやポート番号がヘッダとして設定されている。

　問4では，パケットのヘッダに設定された情報をもとにパケット通過の許可・拒否を制御するファイアウォール[2]のルール表から読み取れることが問われている。p.55のルール表を整理すると，次のようになる。

機器／送信先ポート番号	25	80	110	443	特記
営業用パソコンA （192.168.2.136）	○₅	×₆	○₃	○₁₀	
営業用パソコンB （192.168.2.137）	○₅	×₆	×₄	○₁₀	198.51.100.10からの通信拒否₁
開発用パソコンA （192.168.3.200）	×₇	○₈	×₉	○₁₀	
全機共通					203.0.113.20からの通信拒否₂

※　青数字は根拠となるルール番号を示す。

> （補足）
> ・　番号2の送信先IPアドレスおよび番号10の送信元IPアドレス「192.168.*.*」は，営業用パソコンA・B，開発用パソコンAがすべて当てはまる。
> ・　番号5～6の送信元IPアドレス「192.168.2.*」は，営業用パソコンA・Bは当てはまるが，開発用パソコンAは「192.168.3.200」なので当てはまらない。
> ・　番号7～9の送信元IPアドレス「192.168.3.*」は，開発用パソコンAは当てはまるが，営業用パソコンA・Bは当てはまらない。

以上を踏まえ，各選択肢を検討する。

⓪　誤り。番号2によって，ネットワークⅠ・Ⅱともに届かない。

①　正しい。営業用パソコンAは番号3で許可され，営業用パソコンBは番号4，開発用パソコンAは番号9によって拒否される。

▶1　ここではルータCのIPアドレスからネットワークアドレスを確認する方法で解説したが，開発用パソコンAのIPアドレスからネットワークアドレスを確認してもよい。開発用パソコンAは最後の8ビット部分が十進法で「200」になっているが，これを二進法に直すと「11001000」となる。「/28」とあることを確認すれば，やはりネットワークアドレスを導くことができる。

▶2　ファイアウォールは「防火壁」という意味であり，LANとインターネットの境界に設置して通信の許可・拒否を制御する。許可・拒否はルール表に基づいて判断する。また，この問題からも分かる通り，ファイアウォールはインターネットからLANに対する通信（インバウンドトラフィック）だけではなく，LANからインターネットに対する通信（アウトバウンドトラフィック）の制御も行う。

② 誤り。開発用パソコンAは番号8によりHTTPに基づいてWebサイトにアクセス可能。

③ 誤り。前の表を参照。なお，本問は設問文の中で「この社内LANに接続されている機器が使用するインターネット上のサービスは，表3のWell-Knownポート[1]に設定されているもののみとする」という注記があるため成り立つ問題である。

④ 誤り。番号6はHTTPS（ポート番号443）ではなくHTTP（ポート番号80）に関するルールである。

⑤ 正しい。IPアドレスが「198.51.100.10」の機器から営業用パソコンBに対するメール送信は番号1によって拒否されるが，営業用パソコンBからのメール送信は番号5によっていずれの機器に対しても許可される。

■ B　ランレングス圧縮とシミュレーション

分野　❹　デジタルにするということ　❽　シミュレーション

解答　問1　ク　①　問2　ケ　②　問3　コ　2　　サ　3　（コ・サは順不同可）

解説

問1　ク

p.56〜57を確認しながら，ランレングス圧縮[2]に関するそれぞれの選択肢について検討する。

⓪ 誤り。p.56で挙げられている「abcdeffffgggg」を変換する例で圧縮率の値が1より大きいことからも分かる通り，方法①で変換した場合は変換前より変換後の方が，文字列が長くなることがある[3]。また，方法②の場合でも同じ文字の連続数が4字未満のところは変換されないので，例えば「aaabbbccc」を変換しても「aaabbbccc」となり，変換後は変換前より短くならない。

① 正しい。「同じ文字の連続数が2字以下」とあるので，「同じ文字の連続数が1字」の場合と「同じ文字の連続数が2字」の場合を確認する。

・　「同じ文字の連続数が1字」の場合，例えば「a」は「a1」と変換される。この部分について見ると，変換前が1字，変換後が2字なので，「2÷1」より圧縮率は2となる。これは，変換後の長さが2倍になっていることを意味する。

・　「同じ文字の連続数が2字」の場合，例えば「aa」は「a2」と変換される。この部分について見ると，変換前が2字，変換後も2字なので，「2÷2」より圧縮率は1となる。これは，変換後の長さが1倍になっていることを意味する。

以上より，いずれの場合も1倍以上となっているため，①は正しい。

② 誤り。例えば「aaabbbccc」という文字列を変換する場合，方法①では「a3b3c3」となるのに対し，方法②では4字以上連続しないと変換されないため，「aaabbbccc」のままである。前者の圧縮率は「6÷9」より約0.67，後者の圧縮率は「9÷9」より1となるため，このような場合は方法①の方が圧縮率の値が小さくなる。

③ 誤り。同じ文字が4字連続する部分は，例えば「aaaa」が「a4」と変換されるので，圧縮率は「2÷

4」より 0.5 となる。一方，同じ文字が 5 字連続する部分は，例えば「aaaaa」が「a5」と変換されるので，圧縮率は「2 ÷ 5」より 0.4 となる。このように，同じ文字の連続数が多くなるほど圧縮率の値は小さくなる。

問 2 　ケ

この問題に解答するために分かっていなければならないポイントは，次の二点である。

POINT1　方法①の場合，変換後の長さが変換前より長くなってしまうことがあり得る。

　問 1 の ① で確認した通り，方法①の場合，同じ文字の連続数が 1 字の部分については，例えば「a」を「a1」と変換してしまうように，元の長さより長くしてしまう[1]。一方，方法②の場合は連続字数が 1 字の部分は変換しないので，圧縮率の値が 1 より大きくなることはない。

POINT2　ある文字の連続数が多いほど，圧縮効率はよくなる（圧縮率の値が小さくなる）。

　問 1 の ③ で確認した通り，同じ文字の連続数が多くなればなるほど，その部分の圧縮率の値は小さくなる。ここで，問題では「a,b」の 2 字からランダムに構成される文字列と，「a,b,c」の 3 字からランダムに構成される文字列の 2 種類を作成していることに注目する。前者では a が出る確率は 50% であるが，後者では a が出る確率は約 33% である。よって，後者の方が同じ文字が連続する確率が低くなる。

以上二点を踏まえ，各選択肢を検討する。

　まず，⓪ のみ圧縮率の値が 1 より大きいものが発生していることに注目する。**POINT1** でも述べた通り，方法②では圧縮率の値が 1 より大きくなることはない。よって，⓪ が「a・b・c をランダムな順番で並べた 50 字の文字列を 1,000 個発生させ，それらを方法①のランレングス圧縮によって圧縮するシミュレーション」であると考えることができる。

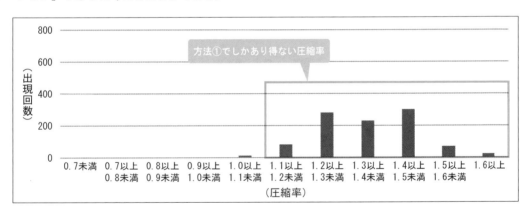

　これで，①，② ともに方法②のランレングス圧縮で圧縮していることが分かる。これらを比べたときに，圧縮率の値が小さいものの出現回数が多いのは ① である。**POINT2** より，① の方が「a,b」から構成される文字列を，② の方が「a,b,c」から構成される文字列を圧縮した結果であると判断できる。よって，答えは ② となる。

　なお，② でも，圧縮率が 1.0 以上 1.1 未満のものが 200 回弱出現している。方法②では圧縮率が 1 より大きくならないので，これは「連続字数が 4 字以上となる部分がなかった」ために圧縮率がちょうど 1 になった場合を意味する。

　（圧縮率が 1 となる文字列の例：bccacacbaacaacabaacbabccbcccaaccaababbbccabbcccbca）

▶ 1　連続字数が 2 字であれば，短くはならないが，長くもならない。よって，圧縮率が 1 より大きくなってしまうのは，連続字数が 1 字の箇所を方法①で変換した場合のみである。問 1 が解答できていればこのことが分かるので，前問からつながっているといえる。

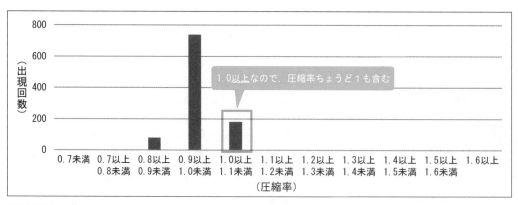

問3 コ サ

　自分で架空の文字列を想定し、ランレングス圧縮の設定を変えつつ試行することで解答できる問題となっている。また、図5・6ともに圧縮率1以上が出現していないことや、既に「1字以上連続の場合に変換するランレングス圧縮」と「4字以上連続の場合に変換するランレングス圧縮」が扱われていることもヒントとなっている。ここから、「2字以上連続の場合に変換するランレングス圧縮」と「3字以上連続の場合に変換するランレングス圧縮」にあたりをつけて試行してみる。

　「abbaaabbbb」を、これらの方法で変換すると次のようになる。

	2字以上連続の場合に変換するランレングス圧縮	3字以上連続の場合に変換するランレングス圧縮
変換後	ab2a3b4	abba3b4
圧縮率	0.7	0.7

　このように、両者は同じ圧縮率となる。なぜなら、2字の部分は変換しても変換しなくても文字数は変わらず、3字以上の部分の圧縮率は両者に違いがないためである。よって、「2」と「3」が正解であると判断できる。

第 3 問

解説動画

素数判定法

分野　**7** プログラミング

解答

問1　ア 2　イ ③　ウ ③

問2　エ ①　オ ⓪　カ ②　キ ⓪　ク ②　ケ ①　コ ③

問3　サ ①　シ 3　ス ①　セ ④　ソ ③　タ ⑥

　　（ ス ・ セ は順不同可）

解説

問1　アルゴリズムの確認 [1]

ア

▶ 1　素数判定法をピンポイントで事前に学習していることを求めているわけではなく、設問文を読みながらアルゴリズム・プログラムを考える力を問う問題となっている。なお、素数判定法には本問で扱った方法（いわゆる「試し割り法」）以外にも様々なものが存在する。設問文でも述べられていた通り、公開鍵暗号方式の一種である RSA 暗号は素数を活用したものであるため、素数に関するアルゴリズムも重要な役割を担っている。

p.60 の設問文の中で，素数とは，「『1』と『その数自身』の　ア　個の約数のみを持つ正の整数」とある。つまり，素数とは約数が 2 個の正の整数である。

　イ

p.61 の【プログラムの説明と例】にならって考える。【プログラムの説明と例】では，プログラムの先頭で設定される「上限」が 10 の場合，"2,3,5,7,"▶1 が表示されると示されている。この表示内容は，1 から 10 の間に含まれる素数がコンマ（,）によって並べられたものであるということに注目する。

これと同様に考えると，「上限」が　イ　で問われているように 24 の場合，表示されるのは 1 から 24 の間に含まれる素数となる。1 から 24 の間に含まれる素数は，2,3,5,7,11,13,17,19,23 なので，答えは ③ となる。

⓪　誤り。1 は素数ではない。また，23 が含まれるべきなのに含まれていない。
①　誤り。23 が含まれるべきなのに含まれていない。
②　誤り。1 は素数ではない。
③　正しい。
④　誤り。1 は素数ではない。また，24 も素数ではない。
⑤　誤り。24 は素数ではない。

　ウ

整数 a，整数 b という抽象的な説明だと分かりづらいので，適当な値を入れてみるとよい。例えば，6 は 3 で割り切ることができるので，「3 は 6 の約数である」といえる。

「3 は 6 の約数である」というのは，「6 ÷ 3」の計算をしたときに余りが出ずに割り切れることを意味する。これを a と b に置き換えると，「b ÷ a」の計算をしたときに余りが出ない場合，a は b の約数であるといえる。

■ 問2　アルゴリズムのプログラムへの落とし込み

　エ　・　オ

ここまでで，「プログラムによって，最終的に何をしたいのか？」，「そのためにはどのような手順・アルゴリズムが必要になるのか？」ということを，問題を解きながら確認してきた。p.62 で行っていることは，ここまでに考えてきたことをプログラムによって実現するための準備にあたる。

先生（T）は，「素数かどうかを調べたい数」を「割られる数」，「割られる数の約数であるかどうかを調べたい数」を「割る数」と捉えてみることを提案している。これにならい，「割られる数」，「割る数」，「割る数の中に含まれる，割られる数の約数の個数」の関係を整理すると，下表のようになる。

割られる数	割る数	割る数の中に含まれる，割られる数の約数の個数
1	1	1 個（1）
2	1,2	2 個（1,2）　→　割られる数 2 は素数
3	1,2,3	2 個（1,3）　→　割られる数 3 は素数
4	1,2,3,4	3 個（1,2,4）
5	1,2,3,4,5	2 個（1,5）　→　割られる数 5 は素数
6	1,2,3,4,5,6	4 個（1,2,3,6）
⋮	⋮	⋮

▶1　最後の数の後にもコンマが付けられているが，これは p.63 の図 1 のプログラムにおいて，　コ　の部分で常にコンマを結合しているからである。最後のコンマをなくすこともできるが，プログラムに不要な行や説明が増えるので，プログラムを簡略化するために最後にコンマを付ける形になっている。

以上のように，1から「割られる数」までの間に存在する整数群を「割る数」としたとき[1]，「割る数」の中に「割られる数」の約数がちょうど2個存在する場合，その「割られる数」は素数であるといえる。

よって，　エ　は①の「割る数」，　オ　は⓪の「割られる数」が正解である。素数リストに加えられるべきものは「割られる数」の方であることも確認しておこう。

　カ　～　コ

ここまでのアルゴリズムを，p.63の図1のプログラムの中に落とし込む。空欄に正答の内容を埋め込んだプログラムとトレース表は以下の通りである。　カ　～　コ　の答えもトレース表の中で確認する。

p.63　図1のプログラム（完成版）

```
(1)    jogen = 100
(2)    list = ""
(3)    warareru を1から jogen まで1ずつ増やしながら繰り返す：
(4)    │   count = 0
(5)    │   waru を1から warareru まで1ずつ増やしながら繰り返す：
(6)    │   │   もし warareru % waru == 0 ならば：
(7)    │   │   │   count = count + 1
(8)    │   もし count == 2 ならば：
(9)    │   │   list = list + warareru + ","
(10)   表示する (list)
```

（参考）Python で作成したプログラムと出力結果[2]

```
 1 jogen = 100
 2 list = ""
 3 for warareru in range(1, jogen + 1, 1):
 4   count = 0
 5   for waru in range(1, warareru + 1, 1):
 6     if (warareru % waru == 0):
 7       count = count + 1
 8   if (count == 2):
 9     list = list + str(warareru) + ","
10 print(list)

2, 3, 5, 7, 11, 13, 17, 19, 23, 29, 31, 37, 41, 43, 47, 53, 59, 61, 67, 71, 73, 79, 83, 89, 97,
```

▶ 1　p.60で，生徒（S）が，「5を割り切ることのできる整数」の数が，「1」から「その数自身」までの間に2個だけあるかどうかを調べればいいんですよね？」と発言している。このことが，　エ　，　オ　に解答するための重要なヒントとなっている。

▶ 2　3行目，5行目の for 文は，「for 変数 in range(初期値，終了値，変化値):」のように記述されている。ここで，終了値に1を加えているのは，本書編集段階（2023年）の大学入試センターの資料を見る限り，共通テスト用プログラム表記と Python では for 文の終了値の扱いが異なるためである。詳しくはこの別冊解答の p.18 を参照。

p.63　図1のプログラムのトレース表　warareru が 3 までの部分を抜粋

行	jogen	list	warareru	waru	count	備　　考
(1)	100	−	−	−	−	jogen の設定。
(2)	100	""	−	−	−	list の初期化。
(3)	100	""	1	−	−	外側 for ループ始まり。warareru に初期値として 1 をセット。 p.62 より，素数リストに加えられるのは「割られる数」のうち素数のものである。他の選択肢や変数名から，warareru が「割られる数」に相当するのだと考える[1]。 p.62 より，「割られる数」が「上限」を超えるまで「割られる数」が素数かどうかを順に調べたいので，$\boxed{カ}$ は jogen であると判断する。 「warareru ≦ jogen」を満たすのでループ継続。
(4)	100	""	1	−	0	(7) より，count は warareru の約数の個数を数えているのだと判断する。warareru の値が変わるたびに，count の値は 0 にする。
(5)	100	""	1	1	0	内側 for ループ始まり。waru に初期値として 1 をセット。 他の選択肢や変数名から，waru が「割る数」に相当するのだと考える。p.62 より，「割られる数」（warareru）が 1 のときは「割る数」（waru）は 1，warareru が 2 のとき waru は 1・2，warareru が 3 のとき waru は 1・2・3……と設定して，それぞれの waru が warareru の約数なのかを調べていく。よって，$\boxed{キ}$ は warareru であると判断する[2]。 「waru ≦ warareru」を満たすのでループ継続。

▶ 1　通常，変数名は変数に記憶する内容に関連したものになっている。しかし，必ずしも変数名と変数の内容を対応させなければならないわけではないので，変数名だけで変数の役割を判断するのは危険な場合もある。変数名は「変数の内容と必ず対応するもの」ではなく，「変数の役割を示す重要なヒントの一つ」という程度に捉えておき，他の処理内容からそれが正しいかを確認するようにする。

▶ 2　この大問で最も難しい部分だと思われる。「二重ループ」と「for ループの終了値を固定的な値ではなく変数によって設定すること」というつまずきやすい二つの要素が用いられているためである。しかし，アルゴリズムを踏まえ，丁寧にトレースを行えばプログラムの構造を捉えることができるので，落ち着いて取り組んでいこう。

行	jogen	list	warareru	waru	count	備　考
(6)	warareru % waru == 0 ➡ YES					直後の処理で，YES の場合には約数の個数を数える変数 count に 1 を加えていることから，waru が warareru の約数なのかどうかを調べようとしているのだと考える。p.61 の ウ で確認した通り，「warareru ÷ waru」の余りが 0 であれば，waru は warareru の約数であるといえる。共通テスト用プログラム表記では，割り算をしたときの余りは % で表すので，ク は「warareru % waru == 0」であると判断する。
(7)	100	""	1	1	1	YES なので，count に 1 を加える。
(5)	100	""	1	2	1	waru に 1 を加える。「waru ≦ warareru」が成り立たないのでループを抜ける。
(8)	count == 2 ➡ NO					count には，warareru の約数の個数が記憶されている。ア で確認した通り，素数とは約数の個数が 2 個の整数である。YES の場合に list に何かを追加しているということから，count が 2 なのかどうかを調べようとしているのだと考えることができる。よって，ケ は「count == 2」であると判断する。ここでは，count は 1 であるが，これは現時点で warareru に記憶されている 1 の約数は 1 つであるということを意味する。
(3)	100	""	2	2	1	warareru に 1 を加える。「warareru ≦ jogen」が成り立つのでループ継続。
(4)	100	""	2	2	0	count を 0 にリセット。
(5)	100	""	2	1	0	内側 for ループ始まり[1]。waru に初期値 1 をセット。「waru ≦ warareru」が成り立つのでループ継続。
(6)	warareru % waru == 0 ➡ YES					2 % 1 == 0 は YES。
(7)	100	""	2	1	1	約数カウント＋ 1。
(5)	100	""	2	2	1	waru に 1 を加える。「waru ≦ warareru」が成り立つのでループ継続。
(6)	warareru % waru == 0 ➡ YES					2 % 2 == 0 は YES。
(7)	100	""	2	2	2	約数カウント＋ 1。

▶ 1　一度ループを抜け，再び入ったので，for ループ始まりとして再度初期値をセットする。先ほどの続きから始め，waru が 2 だったので 1 を足して 3 にする……としないように注意する。

行	jogen	list	warareru	waru	count	備　　考
(5)	100	""	2	3	2	waru に1を加える。「waru ≦ warareru」が成り立たないのでループを抜ける。
(8)	count == 2 ➡ YES					warareru の約数は2つ。つまり，現時点の warareru である2は素数ということ。
(9)	100	"2, "	2	3	2	(10) で list を表示していることから，list は素数リストであると考える。現時点の warareru は素数だと分かっているので，list に warareru を追加したい。よって，[コ] は「list + warareru + ","」である[1]。
(3)	100	"2, "	3	3	2	warareru に1を加える。「warareru ≦ jogen」が成り立つのでループ継続。
(4)	100	"2, "	3	3	0	count を0にリセット。
(5)	100	"2, "	3	1	0	内側 for ループ始まり。waru に初期値1をセット。「waru ≦ warareru」が成り立つのでループ継続。
(6)	warareru % waru == 0 ➡　YES					3 % 1 == 0 は YES。
(7)	100	"2, "	3	1	1	約数カウント+1。
(5)	100	"2, "	3	2	1	waru に1を加える。「waru ≦ warareru」が成り立つのでループ継続。
(6)	warareru % waru == 0 ➡　NO					3 % 2 == 0 は NO。
(5)	100	"2, "	3	3	1	waru に1を加える。「waru ≦ warareru」が成り立つのでループ継続。
(6)	warareru % waru == 0 ➡　YES					3 % 3 == 0 は YES。
(7)	100	"2, "	3	3	2	約数カウント+1。
(5)	100	"2, "	3	4	2	waru に1を加える。「waru ≦ warareru」が成り立たないのでループを抜ける。
(8)	count == 2 ➡ YES					warareru の約数は2つ。つまり，現時点の warareru である3は素数ということ。
(9)	100	"2,3, "	3	4	2	list を，「list + warareru + ","」にする。+は文字列結合。
(3)	100	"2,3, "	4	4	2	warareru に1を加える。「warareru ≦ jogen」が成り立つのでループ継続。

　以下略。warareru が101になったら，「warareru ≦ jogen」が成り立たなくなるので外側のループを抜け，(10) に進んで list を表示する。この時点で，list には warareru のうち素数のものがすべて結合された状態になっている。

▶ 1　②のように list を結合しないようなものは，(9) の処理をするたびに list がその時点の warareru に上書きされてしまう。例えば jogen が100の場合，②で実行すると，最後に表示されるのは「97,」となってしまう。

■ 問3　アルゴリズム・プログラムの改良

サ

　p.64の生徒（S）と先生（T）の会話で，図1のプログラムには改良の余地があることが話されている。 サ ・ シ では，プログラム以前のアルゴリズムとして，明らかに素数でない場合は処理を中断するアイデアが考案されている。

　 サ は，少なくとも「1,2,その数自身」の三つの約数を持つ数であると説明されている。これは，① の「2以外の偶数」の説明である。

⓪　誤り。「偶数」には2も含まれるが，2は三つの約数を持たないので矛盾する。

①　正しい。

②　誤り。「2」は三つの約数を持たないので矛盾する。

③　誤り。例えば5などの，4以上の素数は三つの約数を持たないので矛盾する。

シ

　99が素数であるかどうかを図1のような方法で調べる場合，「99 ÷ 1の余りは0か？」，「99 ÷ 2の余りは0か？」……「99 ÷ 99の余りは0か？」と調べていき，余りが0となった回数をカウントする。すべて調べ終わったら，カウントが2かどうかを判定し，2であれば素数，そうでなければ非素数として処理をしていた。

　しかし，p.64にも書かれている通り，「99 ÷ 1の余りは0か？」……「99 ÷ 9の余りは0か？」の判定を行った時点で，1,3,9で99を余りなく割り切れているのでカウントが3になる。カウントの値が減ることはあり得ないので，この時点で最終的なカウントが2ではないこと，すなわち99は非素数であることが確定する。これ以降の，「99 ÷ 10の余りは0か？」……「99 ÷ 99の余りは0か？」の判定は行う必要がないので省略し，次の「割られる数」に進むと効率が良くなる。

　カウントは1ずつしか増えないことを踏まえると， シ の答えは3であると判断できる[1]。

ス ～ タ

　ここまでの考え方を，図2のプログラムの中に落とし込む。空欄に正答の内容を埋め込んだプログラムとトレース表は以下の通りである。 ス ～ タ の答えもトレース表の中で確認する。

▶1　この問題では扱わなかったが，例えば，「自然数 n は，√n 以下のすべての素数で余りなく割り切れなければ素数である」という決まりを利用すると，さらに処理数を減らすことができる。また，RSA暗号の重要性が高まるにつれて素数判定の高速化も重要な関心事となっており，ここで紹介した方法以外にも，様々なものが考案されている。

　なお，RSA暗号は広く普及している公開鍵暗号方式の暗号化アルゴリズムであり，「素数 × 素数」で得られた合成数を素因数分解することが困難であることを利用している。第1問問3で扱われたワンタイムパッドと異なり，計算量に依存したアルゴリズムであるため，膨大な時間をかけて計算すれば解読することは可能である。しかし，その膨大な時間が経過した後には情報の重要性，機密性は失われていると考えられる。RSA暗号は，発明者であるリベスト（Rivest），シャミア（Shamir），エーデルマン（Adleman）の頭文字から命名された。

p.65　図 2 のプログラム（完成版）

```
(1)     jogen = 100000
(2)     list = ""
(3)     warareru を 1 から jogen まで 1 ずつ増やしながら繰り返す：
(4)     │   count = 0
(5)     │   waru を 1 から warareru まで 1 ずつ増やしながら繰り返す：
(6)     │   │   もし warareru != 2 かつ warareru % 2 == 0 ならば：
(7)     │   │   └   繰り返しを抜ける　　# 内側の繰り返しを抜ける
(8)     │   │   もし warareru % waru == 0 ならば：
(9)     │   │   └   count = count + 1
(10)    │   │   もし count >= 3 ならば：
(11)    │   │   └   繰り返しを抜ける　　# 内側の繰り返しを抜ける
(12)    │   もし count == 2 ならば：
(13)    └   │   list = list + warareru + ","
(14)    表示する (list)
```

（参考）Python で作成したプログラムと出力結果 ▶1

```python
 1 jogen = 100000
 2 list = ""
 3 for warareru in range(1, jogen + 1, 1):
 4   count = 0
 5   for waru in range(1, warareru + 1, 1):
 6     if (warareru != 2) and (warareru % 2 == 0):
 7       break
 8     if (warareru % waru == 0):
 9       count = count + 1
10     if (count >= 3):
11       break
12   if (count == 2):
13     list = list + str(warareru) + ","
14 print(list)
```
99829,99833,99839,99859,99871,99877,99881,99901,99907,99923,99929,99961,99971,99989,99991

▶1　7 行目，11 行目の break 文は，繰り返し処理を指定した位置で強制終了させる制御文である。break 文に類似した処理は，多くの
プログラミング言語で用意されている。break 文は，順次・選択・繰り返しの制御構造のみでプログラムを構成する構造化プログラミ
ングに反する文法となるが，プログラムが冗長になるのを防ぐために，例外的に用いられる。

p.65　図1のプログラムのトレース表　warareru が 14〜15 の部分を抜粋 ▶1

行	jogen	list	wararu	waru	count	備　　考
(3)	100000	"2,3,5,7,11,13,"	14	14	2	wararuru が 14 になったところから。「wararuru ≦ jogen」を満たすのでループ継続。
(4)	100000	"2,3,5,7,11,13,"	14	14	0	約数カウントのリセット。
(5)	100000	"2,3,5,7,11,13,"	14	1	0	内側ループ始まり。waru に初期値 1 をセット。「waru ≦ wararuru」を満たすのでループ継続。
(6)	wararuru != 2 かつ wararuru % 2 == 0 ➡ YES					［サ］の「2以外の偶数」かどうかを判定している。「2以外の偶数」とは，言い換えれば「2ではない」「2で割り切れる」を同時に満たすものである。 ［ス］・［セ］はこれらを表しているものが正解となる▶2。比較演算子で表せるように言い換えよう。
(7)	繰り返しを抜ける					本冊 p.64 にもある通り，(3)〜(13) の外側の繰り返しを抜けるのではなく，(5)〜(11) の内側の繰り返しを抜けるので注意する。
(12)	count == 2 ➡ NO					
(3)	100000	"2,3,5,7,11,13,"	15	1	0	wararuru に 1 を加える。「wararuru ≦ jogen」を満たすのでループ継続。
(4)	100000	"2,3,5,7,11,13,"	15	1	0	約数カウントのリセット。
(5)	100000	"2,3,5,7,11,13,"	15	1	0	内側ループ始まり。waru に初期値 1 をセット。「waru ≦ wararuru」を満たすのでループ継続。
(6)	wararuru != 2 かつ wararuru % 2 == 0 ➡ NO					15 != 2 かつ 15 % 2 == 0 は NO。
(8)	wararuru % waru == 0 ➡ YES					15 % 1 == 0 は YES。
(9)	100000	"2,3,5,7,11,13,"	15	1	1	約数カウント＋1。

▶1　トレース表のすべてを示すと膨大な量になるので，wararuru が 13 のときの外側の繰り返しが終わり，wararuru が 14 になったところから示す。

▶2　［ス］と［セ］については wararuru の性質を確認しているので，本来は (3) で wararuru の値が決まった直後に調べられることである。そのため，プログラムの (3) と (4) の間で判定をするのがスムーズな方法である。この位置で wararuru が 2 以外の偶数であると判定された場合，break 文を使うと外側のループを抜けてプログラムが終わってしまうので，その値における wararuru のループを直ちに終了し，次の wararuru に進む制御文，すなわち continue 文を使えばよい。しかし，continue 文の説明も含むと複雑になるので，処理回数は増えてしまうが，ここでは waru のループ内で確認する形となっている。なお，(7) で繰り返しを抜けた場合はその wararuru が素数であるはずがないので，(12) の判定は必ず NO になる。そのため，(12)〜(13) の処理も無駄であるが，これも continue 文を使わないために生じている問題である。共通テストでは普遍的に最適な方法が問われているのではなく，先生（T）との対話を通して生徒（S）が思いついた問題解決の方法が扱われていること，および，問題解決のためのアルゴリズムは一つではないことに留意する。

行	jogen	list	wararreru	waru	count	備　考
(10)	count >= 3 ➡ NO					シ で確認した通り，約数をカウントする変数の値が 3 以上になっていたら，その wararreru は素数ではないので内側のループを抜ける。よって，　ソ　は count，　タ　は 3 である。
(5)	100000	"2,3,5,7,11,13,"	15	2	1	waru に 1 を加える。「waru ≦ wararreru」を満たすのでループ継続。
(6)	wararreru != 2 かつ wararreru % 2 == 0 ➡ NO					15 != 2 かつ 15 % 2 == 0 は NO。
(8)	wararreru % waru == 0 ➡　NO					15 % 2 == 0 は NO。
(10)	count >= 3 ➡ NO					1 >= 3 は NO。
(5)	100000	"2,3,5,7,11,13,"	15	3	1	waru に 1 を加える。「waru ≦ wararreru」を満たすのでループ継続。
(6)	wararreru != 2 かつ wararreru % 2 == 0 ➡ NO					15 != 2 かつ 15 % 2 == 0 は NO。
(8)	wararreru % waru == 0 ➡　YES					15 % 3 == 0 は YES。
(9)	100000	"2,3,5,7,11,13,"	15	3	2	約数カウント＋1。
(10)	count >= 3 ➡ NO					2 >= 3 は NO。
(5)	100000	"2,3,5,7,11,13,"	15	4	2	waru に 1 を加える。「waru ≦ wararreru」を満たすのでループ継続。
(6)	wararreru != 2 かつ wararreru % 2 == 0 ➡ NO					15 != 2 かつ 15 % 2 == 0 は NO。
(8)	wararreru % waru == 0 ➡　NO					15 % 4 == 0 は NO。
(10)	count >= 3 ➡ NO					1 >= 3 は NO。
(5)	100000	"2,3,5,7,11,13,"	15	5	2	waru に 1 を加える。「waru ≦ wararreru」を満たすのでループ継続。
(6)	wararreru != 2 かつ wararreru % 2 == 0 ➡ NO					15 != 2 かつ 15 % 2 == 0 は NO。
(8)	wararreru % waru == 0 ➡　YES					15 % 5 == 0 は YES。
(9)	100000	"2,3,5,7,11,13,"	15	5	3	約数カウント＋1。
(10)	count >= 3 ➡ YES					3 >= 3 は YES。この時点で，現在の wararreru すなわち 15 は素数ではないことが確定する。
(11)	繰り返しを抜ける					
(12)	count == 2 ➡ NO					

以下略。wararreru が 100001 になったら，「wararreru ≦ jogen」が成り立たなくなるので外側のループを抜け，(14) に進んで list を表示する。この時点で，list には wararreru のうち素数のものがすべて結合された状態になっている。

第　４　問

■ 自動販売機の飲料販売数分析と季節変動

分野 ⓭ データの活用

解答 問1 　ア　① 問2 　イ　① 問3 　ウ　④
問4 　エ　② 問5 　オ　⓪

解説

問1　データから分析可能な仮説

表1のデータのみから分析可能なことが問われている。なお、ここでは、それぞれの仮説が正しいかどうかが問われているのではなく、表1から分析可能かどうかが問われていることに注意する。

⓪　誤り。表1には、「運動会などの屋外行事が全国的に多く行われる日」がいつなのかという情報がない。設問文には、表1のデータだけから分析できることを選ぶよう指示があるので、誤りである。

①　正しい。「各商品の販売数」、「平均気温」、「平均湿度」はいずれも表1に示されているので、「各商品の販売数」と「平均気温」および「各商品の販売数」と「平均湿度」の相関係数を調べるなどの方法から分析をすることが可能である。

②　誤り。p.66に示されている通り、この自動販売機は屋外に設置されているものであるが、自動販売機を屋内に設置した場合にどうなるかということを示す情報が表1にはないので分析できない。

③　誤り。表1には、どの商品に糖分が含まれているのかが示されていないので分析できない。

問2　散布図・相関行列

図1の散布図・相関行列[1]から読み取れることが問われている。

⓪　誤り。各ヒストグラムの階級幅が示されていないので、商品カテゴリごとの分布は把握できるが、総販売数の比較はこの図からは行えない[2]。

①　正しい。ヒストグラムと代表値の基本が問われている。

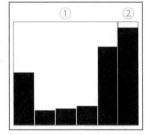

・中央値：データを大きさの順に並べたときに、ちょうど真ん中に存在する値のこと。右図は本冊p.68から「コーヒー飲料等コールドの販売数」のヒストグラムを抜き出したものであるが、①の柱をすべて重ねたものの方が②よりも高くなることからも分かる通り、中央値は①の中にある。

・最頻値：頻度が最大の値のこと。右図では、②の階級値が最頻値になる。

よって、中央値の方が最頻値よりも小さい。

②　誤り。「コーヒー飲料等コールド」と「平均湿度」の相関係数は0.437と正の値、「コーヒー飲料等ホット」と「平均湿度」の相関係数は−0.521と負の値になっていることに注目する。これは、「平均湿度」が上がった場合、「コーヒー飲料等コールド」の販売数は増加し、「コーヒー飲料等ホット」の販売数は減少する傾向にあることを意味する。よって、②の説明は逆である。

③　誤り。「緑茶飲料等ホット」と「平均気温」の相関係数は−0.922、「緑茶飲料等ホット」と「平均湿度」の相関係数は−0.534となっている。相関係数の絶対値が大きいほど両者の相関関係が強く、片方の値が変動したときにもう片方が変動する量が大きい傾向にある。よって、③の説明は逆である。

▶1　散布図・相関行列は、ヒストグラム・散布図・相関係数を行列形式で示すことにより、各データの特徴と関係を視覚的に分かりやすく示したものである。これまで、様々な公式資料に登場している図であり、文部科学省の『サンプル問題「情報」（令和3年3月公表）』、大学入試センターの『試作問題「情報Ⅰ」（参考問題）』の他、文部科学省の情報科教員研修資料でも扱われている。

▶2　大学入試センターの『試作問題「情報Ⅰ」（参考問題）』では、散布図・相関行列のヒストグラムに階級幅が示されていた。一方、文部科学省の『サンプル問題「情報」（令和3年3月公表）』では、階級幅が示されていなかった。第1回模擬問題の散布図・相関行列は、階級幅を示さない形になっているので、具体的な「数」は読み取れない。

■ 問3　回帰直線

　回帰直線とは，散布図における2組のデータの中心的な分布傾向を，一次関数によって表したものである[1]。事前に，2組のデータに相関があることを確かめる必要がある。一次関数のxやyに値を代入することにより，もう一方の値を予測することができる。

　p.71のA〜Eの選択肢を一つずつ検討してみる。

A　誤り。まず，A・B両方に関わることとして，回帰直線の式について横軸（x）が「平均気温」，縦軸（y）が「自動販売機1台あたりの1日販売数」に当たることを確認する。

　　図2の回帰直線の式は「$y = 0.1843x + 0.6807$」なので，設問文の「平均気温が1度下がると」というのはxの値が1小さくなるということである。xの係数である0.1843は正の値なので，xの値が小さくなった場合，yの値は小さくなる。よって，平均気温が下がると販売数が増加するという説明は誤りである。

B　正しい。Aとは逆に，平均気温が上がったときに販売数も増加すると書かれているので文意は合っている。

　　後は，増加量を念のために確認しておく[2]。xに20と21などの適当な値を代入し，その差を求める方法[3]もあるが，回帰直線の式が「$y = 0.3696x + 1.3694$」なので，xが1増えればyは0.3696増えるという一次関数の基本が分かっていればすぐに解答できる。0.3696の小数第三位を四捨五入すると0.37となる。よって，平均気温が1度上がった場合（xが1増えた場合）は，販売量は約0.37本増える（yは約0.37増える）。

C　誤り。一次関数においては，傾きの絶対値が大きいほど，xが1変化したときのyの変化量は大きくなる。

D　正しい。図3において，xに15と30をそれぞれ代入し，その差を求めることで，設問文にあるような「販売数がどれだけ変わるのかを予測する」ことが可能である。

E　誤り。平均気温がマイナス5度については，散布図上に点がなく未知の領域である。このような未知の領域については傾向が変わるかもしれないので，既知の領域の分布から得られた回帰直線の式によって予測をすることは妥当ではない。また，図2の式のxに−5を代入すると，yは負の数になってしまう。

　　以上より，B・Dが正しいので，④が正答となる。

■ 問4　折れ線グラフと季節変動

　p.72で示されているのは，シンプルな折れ線グラフである。しかし，自動販売機のコールド・ホット商品の性質上，販売月によって販売数が変わる季節変動が大きく表れているものとなっており，問5への布石となっている。

　問4については，選択肢を一つずつ検討すればよい。

⓪　誤り。「コーヒー飲料等ホット」は，2016年3月以降は販売数が顕著に減少している。

①　誤り。2016年1月・2月は，ホット商品の方がコールド商品よりやや多く売れている。

②　正しい。両者の販売数が逆転しているのは2015年11月である。

③　誤り。設問では「図4のみから読み取れること」が問われている。図4には月の情報は書かれているが，

▶1　一次関数によって表すことによる限界が存在する。特に，本冊p.70については一次関数で表すよりも指数関数で表した方が的確に傾向を示す式を得られる可能性が高い。なお，図3において一定の気温を超えると販売数が減っているのは，屋外設置の自動販売機なのでそもそも外出する人の数が減っているためなどの理由が考えられる。

▶2　⓪〜⑤を見ると，いずれもAかBは入っている。よって，Aが誤りであるということが分かった時点で，⓪〜②は誤りであることが分かり，Bは正しいということも分かる。共通テストは時間が限られているので，確信が持てたら細かい計算や検討は省くことも必要となる。しかし，正確性の観点から「本当に選択肢をこのように消去して大丈夫か？」と細心の注意を払うこともまた大切である。

▶3　このような方法を取る場合は，次のような計算となる。しかし，一次関数の性質上，差はxの係数と同じ0.3696となる。
　　・平均気温が20度の時の販売数予測：$y = 0.3696 \times 20 + 1.3694 = 7.392 + 1.3694 = 8.7614$
　　・平均気温が21度の時の販売数予測：$y = 0.3696 \times 21 + 1.3694 = 7.7616 + 1.3694 = 9.131$
　　・差：$9.131 - 8.7614 = 0.3696$

気温の情報は書かれていない。例えば「11月は10月より寒い」というのは、地域や気象状況によっては成り立たないこともある。

■ 問5　Zグラフ

Zグラフについて事前に学習していることを求めているのではなく、設問文の読み取りと、Zグラフが何の役に立つのかを考えることが求められている。

問4で確認した通り、飲料の販売数は季節変動が大きい。p.74のB列・C列に表される販売数を単なる折れ線グラフで表すと、下図のようになる。

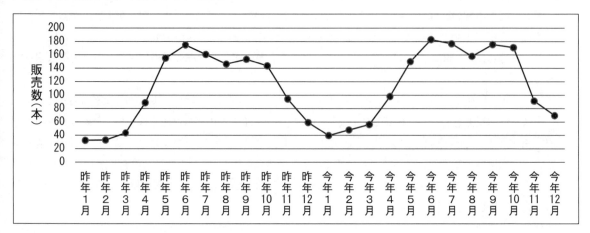

販売数は夏になるにつれて増え、冬になるにつれて減っている。このようなアップダウンがあることにより、この商品が季節変動を除いて考えたときに販売数が伸びているのか、停滞しているのか、減少しているのかが読み取りづらい。

そこで、設問文にある通り「過去12か月の販売数の合計」をE列の「移動合計」として求めることにより、季節変動を除去して長期間の傾向を分かりやすくしようとしている[1]。

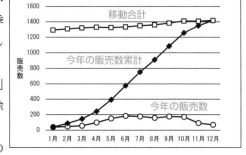

p.75の図5については、グラフの値から各線がp.74の表のうち右図の内容を表していることが読み取れる。問われているAの線は移動合計であり、季節変動を除去した長期間の販売数の推移を表しているので⓪が正解となる[2]。

⓪　正しい。

① 　誤り。12か月を一つのまとまりとすることで、季節的な変動を反映させず、除去しようとしている。

② 　誤り。「今年の短期的な販売数推移」を表すのは、Zグラフの下の線である。

③ 　誤り。今年と昨年の比較を行うための処理はなされていない。

▶1　12か月の合計を一つのまとまりとすることにより、その一つのまとまりの中にすべての季節が含まれるので、季節変動によって商品自体の好調・停滞・不調を読み取りづらくなってしまう問題を解消できる。本冊p.74でも説明されている通り、最初の点は「昨年2月〜今年1月」、次の点は「昨年3月〜今年2月」、次の点は「昨年4月〜今年3月」と1か月ずつ合計範囲の始点・終点を後ろに「移動」させていくことにより、推移を読み取ることができる。

　　なお、E列は表計算ソフトウェアのSUM関数（引数の合計を戻り値とする関数）で求めているが、これをAVERAGE関数（引数の平均を戻り値とする関数）に変えると移動合計ではなく移動平均になる。大学入試センターが「試作問題の参考問題」として公表した問題には移動平均が出題されていたが、趣旨としてはこのZグラフの問題と同様である。

▶2　移動合計の線を見ると、やや右上がりとなっている。よって、「この商品は、季節変動を除去して長期的に分析した場合、販売数はやや増加傾向にある」と考察することができる。このような考察は、単なる折れ線グラフでは行いづらい。長期の好調・停滞・不調傾向よりも強く、季節変動によるアップダウンが表れてしまっているためである。

第2回模擬問題（100点満点）

問題番号（配点）	設問		解答記号	正解	配点	問題番号（配点）	設問		解答記号	正解	配点
第1問(20)	1		ア	2	2	第3問(25)	1		ア	0	3
			イ－ウ	3-5	各1				イ	0	2
	2		エ	0	1		2		ウ	0	2
			オ	2	2				エ	2	2
			カ	2	2				オ	1	2
	3		キ	0	1				カ	0	2
			ク	3	2		3		キ	1	2
			ケ	0	2				ク	2	2
	4		コ	4	2				ケ	1	2
			サ	5	2				コ	3	2
			シ	3	2				サ	3	2
第2問(30)	A	1	ア	0	3				シ	1	2
		2	イ－ウ	0-2	各2	第4問(25)	1		ア	2	5
		3	エ－オ	3-5	各2		2		イ	0	5
		4	カ	3	4		3		ウ	2	5
	B	1	キ	4	5		4		エ	1	5
		2	ク	2	5		5		オ	0	5
		3	ケ	2	5						

(注)
1 －（ハイフン）でつながれた正解は，順序を問わない。

採点欄

／100点

第2回模擬問題　解説

問題➡ p.78

第　1　問

問1　情報社会の光と闇

分野　❷　情報に関する法規・情報モラル　❸　情報技術の発展

解答　ア ②　イ ③　ウ ⑤（イ・ウ は順不同可）

解説

ア

　情報技術に関する英略語について問われている。英略語は，それぞれの英字が何の略なのかを部分的にでも把握しておくことで，理解がしやすくなる。この別冊解答でも，一問一答の解答（p.2～5）では略語の元となった言葉を併記しているので確認しておこう。また，ここでは「適当ではないもの」を選ぶので注意する。

⓪　正しい。AI は Artificial Intelligence の略であり，日本語にすると「人工知能」となる[1]。

①　正しい。AR は Augmented Reality の略であり，日本語にすると「拡張現実」となる[2]。

②　適当ではない。設問文の説明は，ICT ではなく IoT に関するものである。IoT は Internet of Things の略であり，日本語にすると「モノのインターネット」となる。一方，ICT は Information and Communication Technology の略であり，日本語にすると「情報通信技術」となる。IoT，ICT は見た目が似ている言葉であるが，ICT は設問文のような狭い意味で用いられる言葉ではなく，情報・通信に関する技術すべてを指す言葉である。

③　正しい。RFID は Radio Frequency IDentification の略であり，無線を用いて IC チップのデータを読み書きする技術のことである[3]。

イ・ウ

⓪　誤り。公開範囲を「友だちのみ」のように限定的に設定して発信した情報も，SNS の不具合，非公開情報を閲覧するための特殊なツールの利用などによって悪意のある第三者に見られてしまう可能性がある。また，「友だち」に設定している利用者が，悪ふざけや恨みなどから非公開情報を全体公開にして拡散することもあり得る。

①　誤り。利用者が受信拒否をしない場合に限り広告メールの配信を認めるという考え方をオプトアウトという。一方，利用者が広告メールの受信を望む場合に限り配信を認めるという考え方をオプトインという。設問文はオプトアウトの説明だが，日本においては原則としてオプトインの考え方に基づいて広告メールを配信しなければならない[4]。

[1]　誤用も含め，世の中ではより広い意味で AI という言葉が使われることがある。本来的な意味を確認しておくとよい。辞書で AI を調べると，「推論・判断などの知的な機能を備えたコンピュータシステム」（岩波書店『広辞苑 第7版』）とある。

[2]　似た言葉に，VR（Virtual Reality，仮想現実）がある。AR が現実世界に情報を付加する技術であるのに対し，VR は仮想の空間を構築する技術である。Virtual（バーチャル，仮想の）という言葉からも意味を連想できる。

[3]　RFID タグは，物流管理，交通系カード，セルフレジなど様々な場面で利用されている。なお，RFID タグにはパッシブタグとアクティブタグがある。パッシブタグは電池を内蔵せず，読み取り・書き込み装置が発する電波を利用して駆動する。一方，アクティブタグは電池を内蔵し，自らの電力で電波を発信できる。アクティブタグの方が広い範囲と交信できるが，一般に高価である。パッシブ・アクティブの違いは，応用情報技術者試験で出題されたことがある。

[4]　「特定電子メールの送信の適正化等に関する法律」などを根拠とする。なお，オプト（opt）は「選択」を意味する。

② 誤り。知的財産権のうち，産業財産権は特許庁に届け出て認められると権利が発生するが，著作権は届け出る必要がなく，著作物を創作すると自動的に発生する。

③ 正しい。著作権は著作権（財産権）と著作者人格権[1]に分かれており，著作権（財産権）は譲渡・相続が可能だが，著作者人格権は譲渡の対象にならない。

④ 誤り。単体で個人を特定できなくても，組み合わせることによって個人を特定できる可能性のある情報は，個人情報に該当する場合がある。

⑤ 正しい。このような格差をデジタルディバイドという[2]。

問2　補数の活用

分野 ▶ **4** デジタルにするということ　**6** コンピュータの構成

解答 ▶ エ ⓪　オ ②　カ ②

解説 ▶

エ

カ で問われているような，２の補数の求め方を暗記している受験生もいるだろう。第１問の問題では第２問以降に比べると基本的・一般的なことが問われる可能性が高いので，こうした知識事項を事前に知っていればスピーディに解答できることもある。

しかし，２の補数の求め方を暗記していなくても，設問文をもとに考えることで解答できる。表２の手順２に，「01110 の補数」とは「01110 に加えると 100000 になる数」であると書かれているので，選択肢から「01110 に加えたときに 100000 になるもの」を探せばよい。

$$100000 - 01110 = 10010$$

より，答えは ⓪ である[3]。

オ

エ に正しく解答できていることが前提となる。 エ は 10010 であったので，「11001 ＋ 10010」をすれば 101011 が求められる。なお，「11001 － 01110」の答えは ⑥ の 01011 であるが， オ で問われていることではないので誤答となる。何が問われているのかをよく確認すること。

カ

この方法については暗記している受験生も少なくないだろうが，暗記していないとしても， エ をもとに 01110 に対して選択肢のうちどの操作を行うと 10010 が得られるかを確認することで解答できる。このような確認方法で全選択肢を検討すると，次のようになる。

▶ 1 著作者人格権には，公表権，氏名表示権，同一性保持権などがある。

▶ 2 ディバイド（divide）は，「分割」「分裂」などを意味する。総務省「通信利用動向調査」によれば，インターネット利用者の割合は 13〜19 歳が 98.1%，20〜29 歳が 98.6% と若年層で高いのに対し，70〜79 歳は 65.5%，80 歳以上で 33.2% と高齢層で低くなっている（2022 年）。今日の社会はインターネットをはじめとした ICT を土台としている部分が大きいため，ICT を活用できるかどうかが経済的な格差につながってしまう。また，こうした年齢間のディバイドだけではなく，国・地域間でのインターネット環境整備率や機器の普及率，教育の状況など，様々な差によるディバイドが生じている。外務省の Web ページでは，社会・経済問題の解決のためのみならず，民主化の推進，労働生産性の向上，相互理解の促進などのためにもデジタルディバイドの解消が求められると説明している。

▶ 3 二進法の減算は筆算で処理をしてもよいが，苦手な場合は十進法に置き換えて計算し，二進法に戻してもよい。
・二進法 100000 ➡ 十進法 32
・二進法 01110 ➡ 十進法 14
・十進法で「32 － 14 ＝ 18」の計算をする
・十進法 18 ➡ 二進法 10010

⓪　誤り。01110 に 1 を加えると 01111 になり，その後に全ビットを反転させると 10000 となる。10010 にならないので誤りである。

①　誤り。01110 の全ビットを反転させると 10001 になる。10010 にならないので誤りである。

②　正しい。01110 の全ビットを反転させると 10001 になり，これに 1 を加えると 10010 となる[1]。

③　誤り。01110 の奇数番目の桁のみ反転させると 11011 になる。10010 にならないので誤りである。

④　誤り。01110 の偶数番目の桁のみ反転させると 00100 になる。10010 にならないので誤りである。

問3　パスワード認証

分野　❿　情報セキュリティ

解答　キ ⓪　ク ③　ケ ⓪

解説

キ

情報セキュリティが確保できているかどうかを評価する指標である「機密性」，「完全性」，「可用性」のうち，パスワード認証[2]は直接的には「機密性」を確保するための手法である。「機密性」とは，許可された者のみが情報にアクセスできるようにすることである。なお，「完全性」は情報が改ざんなどされずに完全な状態であること，「可用性」は利用者が要求したときに情報が利用可能であることを指す[3]。

ク

⓪　誤り。辞書攻撃への対策にはなるが，ブルートフォース攻撃への対策にはならない。ブルートフォース攻撃は一つの ID についてパスワードを総当たりで試行する攻撃なので，意味のある文字列に限らず，すべての文字列がパスワードとして試行されてしまう。

①　誤り。パスワードの長さをどれだけ長くしても，使用する文字の種類をどれだけ多くしても，ブルートフォース攻撃においては，いつかは必ず正解のパスワードを試行されてしまう[4]。

②　誤り。例えば，Web サイト A のパスワードを自分の名前，Web サイト B のパスワードを自分の生年月日にしていた場合，「複数の Web サイトで同じ ID やパスワードを使い回さないようにする」という対策はなされていることになる。Web サイト A の ID・パスワードのリストが漏えいしても，攻撃者は Web サイト B に流用してアクセスすることはできないので，このような配慮はパスワードリスト攻撃の対策にはなっている。しかし，辞書攻撃への対策にはなっていない。

③　正しい。リバースブルートフォース攻撃では，一つの ID に対してログインが試行される回数は 1 回である。よって，複数回ログインに失敗したらアカウントをロックしてそれ以上ログイン試行ができないようにする対策は意味をなさない。一方，ブルートフォース攻撃は一つのログインに対してパスワードを変えて何度もログインを試行する攻撃なので，ロックは有効な対策である。

[1]　なぜこの方法で 2 の補数を求められるのかについては，この別冊解答の p.10 で説明した。

[2]　「M 種類の文字が使用可能で，N 文字から構成されるパスワードの理論的な総数は何通りか？」という問題も出題され得る。例えば，アルファベット大文字のみ（26 字）を使用可能で，4 字から構成されるパスワードの理論的な総数は 26 の 4 乗通り（456,976 通り）になる。

[3]　例えば，データ改ざんや入力ミスは完全性を，システムを停止させる DoS 攻撃は可用性を，通信内容の盗聴やマルウェア感染による情報漏えい，不正アクセスなどは機密性を脅かす。ただし，例えば不正アクセスをされ，さらに情報を破壊されたり（可用性を損なう），改ざんされたり（完全性を損なう）することもあり得る。そのため，問3の(1)には「直接的には」という断り書きがある。

[4]　パスワードの長さを長くしたり，パスワードを複雑にしたりすることが，ブルートフォース攻撃への対策にならないということではない。広く用いられている公開鍵暗号方式の RSA 暗号もそうであるが，計算量に依存して機密性を確保する方法は，膨大な時間をかけられればいつかは突破されてしまう。しかし，突破されるころには情報の価値がなくなっているという考えが前提にある。ブルートフォース攻撃に対しても，簡単に正解のパスワードを試行されないようにすることには，攻撃者の費用対効果の観点から意味がある。

ケ

　ソーシャルエンジニアリングとは，設問文にもある通り，技術的な手段を用いずに社会的・心理的な手段を用いてパスワードを不正に入手する攻撃である。

⓪　ソーシャルエンジニアリングではない。マルウェアに感染させてキーボードの入力内容を記録する[1]のは技術的な手段である。

①　ソーシャルエンジニアリングにあたる。この手法は特にショルダーハッキングという。

②　ソーシャルエンジニアリングにあたる。他にも，上司に成りすまして電話をし，パスワードを聞き出すという方法もある。

③　ソーシャルエンジニアリングにあたる。この手法は特にスキャベンジングという。機密書類とリサイクル書類を分別し，機密書類についてはシュレッダーや溶解サービスを使用することが有効な対策となる。

■ 問4　動画のデータ量

分野　❹　デジタルにするということ

解答　コ ④　サ ⑤　シ ③

解説

コ

　問4は，コ 〜 シ を通して，正しい手順で計算を行うことができるかどうかを問う問題となっている。また，様々な単位が設問文の中で登場するので，それらを正しく相互変換できるかどうかも問われている。

　コ では，次のような手順により，動画1秒あたりのデータ量を計算する。なお，動画はフレームと呼ばれる静止画を，パラパラ漫画のように次々と表示することにより表現していることを確認しておく[2]。

> ①　設問文より，フレーム1枚あたりのピクセル数は 2,000,000 [3]。
> ②　設問文より，1ピクセルあたりのデータ量は 24 ビット，すなわち3B。
> ③　1フレームのデータ量は
> $$3 \times 2000000 = 6000000$$
> より 6,000,000B。
> ④　設問文より，1秒あたりのフレーム数は 30 枚[4]。
> ⑤　動画1秒あたりのデータ量は
> $$6000000 \times 30 = 180000000$$
> より 180,000,000B。
> ⑥　設問文より，「1 MB = 10^6B」なので，180,000,000B は 180MB。
> ⑦　以上より，動画1秒あたりのデータ量は 180MB。

▶1　キーボードからの入力内容を記録するソフトウェアやハードウェアをキーロガー（key + logger）という。log は「記録」，logger は「記録するもの」を意味する。キーロガーは，本来はデバッグのために利用するものであるが，パスワードを奪うために悪用されることもある。

▶2　この別冊解答の p.9 も参照。

▶3　厳密には，動画設定を 1080P にした場合，フレームは 1920 ピクセル× 1080 ピクセル（フレーム1枚あたりのピクセル数は 2,073,600）となる。一般的にこの解像度の動画を「HD」という。動画の解像度は，他にも 3840 ピクセル× 2160 ピクセルのフレームを用いる「4K」など，様々なものがある。

▶4　30fps の「fps」は，「frames per second」の略であり，動画1秒が何枚のフレームで構成されるかを表す。

サ

次のような手順により，圧縮後の3分間の動画のデータ量を計算する。

---

① データ量が 100 分の 1 になるように圧縮する。圧縮前は 180MB なので，圧縮後の動画 1 秒あたりのデータ量は

$$180 \div 100$$

より 1.8MB。

② 3分は 180 秒なので，動画 3 分あたりのデータ量は

$$1.8 \times 180 = 324$$

より 324MB。

シ

ここまでの内容を前提として，次のような手順で計算する。

---

① 設問文より，通信速度は 8 Mbps。すなわち，1 秒間に 8 M ビットのデータをダウンロードできる。

② 8 M ビットは 1 MB なので，この環境では 1 秒に 1 MB のデータをダウンロードすることができる。

③ 動画全体のデータ量は 324MB なので

$$324 \div 1 = 324$$

より，動画をすべてダウンロードするためには 324 秒かかる。

④ 設問文にある通り，動画は再生しながら同時にダウンロードすることができる[1]。よって，ダウンロードに必要な総時間のうち，動画の再生時間である 180 秒分は，再生しつつダウンロードできる。

$$324 - 180 = 144$$

より，144 秒分は事前にダウンロードしておかないと再生が途切れてしまう[2]。

この状況を図に表すと，次のようになる。

▶ 1　動画や音楽をダウンロードしながら同時に再生することをストリーミング再生という。ストリーミング再生の技術によって，YouTube などの動画配信サイトでは動画をすべてダウンロードしてからでなくても再生することができる。

▶ 2　動画の再生開始前に，一定量の動画データをダウンロードしてため込んでおくことをバッファリングという。

第 2 問

■ A　電子商取引（EC）の特徴と，指標の活用

> **分野**　**1** 情報やメディアの特性と問題の発見・解決　**9** 情報通信ネットワークの仕組みとサービス

> **解答**　問1　ア ⓪　問2　イ ⓪　ウ ②（ イ ・ ウ は順不同可）
> 問3　エ ③　オ ⑤（ エ ・ オ は順不同可）　問4　カ ③

> **解説**

問1　ア

実店舗だけで商品を販売する場合に比べ，EC サイトでの販売にはどのような利点があるのかが問われている。EC サイトは，インターネットを介して商品を売買する電子商取引[1]を行うための Web サイトである。インターネットの特性をもとに考えれば，解答することができる。また，ここでは「適当ではないもの」を選ぶので注意する。

⓪ 適当ではない。EC サイトを介して売買を行うので，売り手は買い手（顧客）の様子を直接見ることができない。

① 正しい。インターネットがつながっていれば誰もがどこからでも EC サイトを見ることができ，購入者には商品を配送することができるので，EC サイトを利用することで広い範囲の顧客に商品を販売することができる。一方，実店舗で販売する場合，基本的にはその実店舗に来ることができる地理的範囲の顧客にしか商品を販売できない[2]。

② 正しい。実店舗においては，顧客が選んで購入できるような形で商品を陳列しなければならないので，商品を置ける量や種類に限界がある。一方，EC サイトにおいては Web サイト上で顧客が商品を選択できればよいので，商品を顧客が選んで購入できるように並べる必要がなく，倉庫などで管理すればよい。よって，様々な種類の商品を販売しやすい[3]。

③ 正しい。実店舗と異なり，EC サイトでは販売員が商品の紹介や会計処理を行わないので，その分の人件費を削減できる。ただし，EC サイトの制作・管理費や倉庫の利用料，配送業者への配送依頼料など，実店舗での販売ではかからない別の費用は発生する。

問2　イ ・ ウ

UU 数と PV 数[4]の違いが問われている。これらの説明は p.86 の表 1 に示されているので，ここから「PV 数と UU 数の差が小さい」とはどのような状態のことかを考えればよい。また，Web サイトは Web

---

[1] 電子商取引は英語で Electronic Commerce といい，EC と略される。commerce は「商取引」という意味であり，これを形容詞にすると commercial となる。ただし，テレビなどで流れる「コマーシャル」のように，commercial は名詞として用いられることもある。

[2] EC サイトがない時代には比較されなかった商品同士が同じ画面上で比較されるようになり，競争が激化するとも言われている。

[3] 実店舗で商品を販売する場合は特に，どの商品を重点的に管理・販売するかの重みづけをすることが必要になる。なぜなら，店舗において商品を陳列できる面積などには限りがあるためである。そこで，ABC 分析という分析を行って商品を A ランク，B ランク，C ランクに分類し，利益が大きい少数の A ランク商品（売れ筋商品）を重点的に管理・販売する一方，利益が小さい多数の C ランク商品（死に筋商品）は扱いを軽くするということが行われる。しかし，EC サイトでは陳列の必要がないため C ランク商品も販売しやすい。単体では大きな利益を生み出さない C ランク商品も，多く集まれば大きな利益につながるが，この現象をロングテールという。ロングテールは，EC サイトを利用するメリットを検討する際には重要な考え方となる。なお，商品ごとの利益額を，利益額の降順に集合棒グラフで表したとき，少数の A ランク商品の部分は高くなる一方，多数の C ランク商品の部分は低く長くなる。ロングテールとは，前者を恐竜の頭，後者を恐竜の長いしっぽ（テール）に例えた言葉である。

[4] UU 数は Unique User 数，PV 数は Page View 数の略である。

ページの集合体であることも確認しておく。

⓪　正しい。例えば，ある Web サイトにアクセスした人が，その中に含まれる Web ページを一つしか見なかった場合，UU 数も PV 数も 1 となる。これが，PV 数と UU 数の差が最小になっている状態である。このように，Web サイトにアクセスした人が，Web サイト内の Web ページに興味を持たずにあまり閲覧しなかった場合，PV 数と UU 数の差は小さくなる。逆に，ある Web サイトにアクセスした人が，Web サイト内の Web ページを多く見れば見るほど，PV 数と UU 数の差は大きくなる。

①　誤り。同じ人が多くの Web ページにアクセスすれば，UU 数は増えず PV 数が増えるので，PV 数と UU 数の差は大きくなる。PV 数と UU 数の差が大きいほどよく，小さいほど悪いとは言い切れないので注意する[1]。

②　正しい。Web サイトのトップページから各 Web ページに進むことができなければ，Web ページが閲覧されないので PV 数が増えず，⓪の場合と同様に PV 数と UU 数の差は小さくなる。

③　誤り。検索エンジンで自分の Web サイトの表示順位が低い[2]場合は，そもそも Web サイトへのアクセスが少なくなるので，UU 数も PV 数も少なくなる。太郎さんが述べているような「差」に関する分析結果ではない。

④　誤り。これも③と同様に，自分の Web サイトのアクセス全体に関わることであり，太郎さんが述べているような「差」に関する分析結果ではない。

問3　エ・オ

CTR，CVR，CPA[3]という三つの指標が登場しているが，これらについて事前に学習していることを求めているわけではない。むしろ，初見の用語や概念について，設問文をよく読んで，その特性や活用することの利点を考えることが求められている問題である。

CTR，CVR，CPA は，いずれも情報の変形と活用による問題解決に関連する。これらの指標を求めるために用いられる要素である「広告コスト総額」，「目的達成数」，「広告がクリックされた回数」，「広告表示数」を単体で見るのではなく，特定の操作を加えて CTR，CVR，CPA などを求めることにより，見えやすくなることがある[4]。

設問文の説明をもとに，それぞれの選択肢の妥当性を検討していく。

⓪　誤り。CPA は「広告コスト総額 ÷ 目的達成数」なので，CPA が小さくなるのは次の 2 つの場合のどちらか，あるいはこれらが同時に生じた場合である。それぞれの場合に，CVR の計算式「目的達成数 ÷ 広告がクリックされた回数」に照らして CVR がどう変動するかを検討すればよい。

▶1　「ホーム＞商品情報＞コミックス」などのように，閲覧者の Web サイト内の現在位置を示す「パンくずリスト」を表示するなどの工夫によりユーザビリティを高めると，Web サイト内で迷う閲覧者を減らすことができる。

▶2　検索エンジンにおいて，特定のキーワードで検索された際の，自分の Web サイトの表示順位を高めることを SEO という。SEO は Search Engine Optimization の略であり，検索エンジン最適化ともいわれる。Google などの検索エンジンは独自のアルゴリズムによって表示順位を決定しており，そのアルゴリズムは具体的には公表されていない。検索エンジンでの表示順位は企業の利益に直結するが，だからといって，例えば背景色と同じ色で大量のキーワードを記述するなどといった，検索エンジンや利用者をだますような SEO を行うべきではない。このような SEO はブラックハット SEO と呼ばれ，検索結果に表示されなくなるなどのペナルティが生じたり，閲覧者からの信頼を喪失したりすることにつながる。

▶3　いずれも，インターネット広告の分野ではよく用いられる指標である。それぞれ，次の言葉の略である。
・CTR：Click Through Rate の略。表示回数に対してクリックされた割合を意味する。
・CVR：Conversion Rate の略。クリック数に対して，コンバージョンを獲得できた割合を意味する。コンバージョン（conversion）とは，Web サイトによる最終的な成果を指す。
・CPA：Cost Per Action の略。コンバージョンを一つ獲得するためにかかった費用を意味する。

▶4　第4問で主に扱われる「データの活用」でも重要となる考え方である。個々のデータを見るだけでは分かりづらいことが，平均値や中央値，分散，標準偏差などの形に変形することで分かりやすくなる。

> ① 分子である「広告コスト総額」が小さくなった。
>
> ➡ CVR の計算式には「広告コスト総額」が用いられていないので，①のような理由で CPA が小さくなったとしても，CVR は変動しない。この時点で ⓪ は誤りであることが分かる。
>
> ② 分母である「目的達成数」が大きくなった。
>
> ➡ 「目的達成数」は CVR の計算式では分子にあたるので，②のような理由で CPA が小さくなったのなら，CVR は大きくなる。

以上より，「CVR は常に大きくなる」という部分は誤りである。

① 誤り。p.88 に，広告の「目的」[1] を「会員登録をしてもらうこと」にしたという記述がある。よって，「会員登録」は「目的達成数」に関わるものであると考える。

しかし，CTR の計算式「広告がクリックされた回数 ÷ 広告表示数」には「目的達成数」が出てこないので，会員登録画面の入力項目の多さや入力の大変さ[2]によって CTR は変動しない。

② 誤り。CVR の計算式は「目的達成数 ÷ 広告がクリックされた回数」だが，設問文にあるような「太郎さんが広告を掲載してもらうために，掲載先 Web サイトに支払う料金」の変動は，「目的達成数」にも「広告がクリックされた回数」にも影響を与えない。これが影響を与えるのは，CPA の計算に用いる「広告コスト総額」である。

③ 正しい。CPA，CVR の計算式をもとに，次のように変形することができる。

$$CPA \times CVR$$

$$= \frac{広告コスト総額}{目的達成数} \times \frac{目的達成数}{広告がクリックされた回数}$$

> 分子と分母に同じ要素があるので消すことができる。

$$= \frac{広告コスト総額}{広告がクリックされた回数}$$

よって，問われている CPA × CVR は，$\dfrac{広告コスト総額}{広告がクリックされた回数}$ と変形できる。

例えば，広告コスト総額が 100,000 円で，広告が 1,000 回クリックされた場合は，

$$\frac{100000}{1000} = 100$$

より，広告が 1 回クリックされるために 100 円を要したと計算できる。よって，設問文の説明は正しい。

④ 誤り。p.88 で，「商品を購入をする人の数は会員登録をする人の数よりも少ない」と書かれている。よって，広告の目的を「会員登録をしてもらうこと」から「商品を購入してもらうこと」に変えた場合，目的達成数は減少する。CPA は「広告コスト総額 ÷ 目的達成数」で計算するので，割る数である「目的達成数」の値が小さくなれば，CPA の値は大きくなる。よって，④ の説明は逆である。

⑤ 正しい。クリックしたくなる広告にすることで，「広告がクリックされた回数」は増加する。CTR は「広告がクリックされた回数 ÷ 広告表示数」で計算するので，割られる数である「広告がクリックされた回数」の値が大きくなれば，CTR の値は大きくなる。よって，⑤ の説明は正しい。

問4 ┃ カ ┃

Web サイトをより多く閲覧してもらいたいが，そのためには画像の圧縮率設定をどうすればよいかという

▶ 1 この「目的」がコンバージョン（conversion）に相当する。

▶ 2 入力項目が多かったり，入力が大変だったりする場合，せっかく広告がクリックされて太郎さんの Web サイトに誘導できたとしても，会員登録が面倒なために途中で離脱されてしまう可能性が高まる。よって，目的達成数は減少する。

ことが問われている[1]。第1問の問4と同様に，様々な数値や単位が登場するが，次のように順を追って考える。

① 画像1枚の総ピクセル数を計算する。

$$3000 \times 2000 = 6000000$$

より，画像1枚の総ピクセル数は 6,000,000 ピクセルである。

② 画像1枚のデータ量を計算する。1ピクセルが 24 ビット，すなわち3Bなので，

$$3 \times 6000000 = 18000000$$

より，画像1枚のデータ量は 18,000,000B である。

③ 画像1枚のデータ量を MB 単位に変換する。1MB は 10^6B なので，18,000,000B は 18MB である。

④ 画像 10 枚のデータ量を計算する。画像1枚は 18MB なので，画像 10 枚は，

$$18 \times 10 = 180$$

より，180MB である。

⑤ 圧縮をしていない状態で，画像 10 枚を表示するためにかかる時間を計算する。想定する通信速度は 40Mbps であり，これは p.90 でも説明されている通り，1秒間に 40M ビットのデータを受信できることを意味する。1MB は 8M ビットなので，40M ビットは，

$$40 \div 8 = 5$$

より5MB である。よって，この通信環境では1秒間に5MB のデータを受信できる。

受信する画像 10 枚のデータ量は 180MB なので，

$$180 \div 5 = 36$$

より，圧縮をしない場合，受信に 36 秒かかる。

⑥ これを，3秒以内に受信できるようにするためには，

$$3 \div 36 = 0.08333\cdots\cdots$$

より，データ量を約 0.083 倍，つまり約 8.3% にしなければならない。

⑦ p.91 の説明より，圧縮率の値は小さい方が，データ量を少なくすることができることに注意する。
圧縮率9%では圧縮率が足りず[2]，圧縮率7%では必要以上に圧縮してしまい，「少なくとも」という指示から外れる。よって，③ の「圧縮率8%」が正解である[3]。

---

[1]　ここでは，「検索エンジンで Web ページの表示を要求してから，そのページが表示されるまでの時間を3秒以内に収めるとよい」という説明がされているが，いわゆる「Web ページの3秒ルール」は，「Web ページが表示されてから，閲覧者は閲覧を続けるか戻るボタンを押すかを3秒で決める」という傾向を指すこともある。

[2]　圧縮率9%の場合は，3秒以内に受信できない。
・ 180 × 0.09 = 16.2 ➡ 圧縮するとデータ量は 16.2MB になる。
・ 16.2 ÷ 5 = 3.24 ➡ 16.2MB を，5Mbps（1秒に5MB 受信できる環境）で受信すると 3.24 秒かかる。

[3]　圧縮率8%であれば，3秒以内に受信できる。
・ 180 × 0.08 = 14.4 ➡ 圧縮するとデータ量は 14.4MB になる。
・ 14.4 ÷ 5 = 2.88 ➡ 14.4MB を，5Mbps（1秒に5MB 受信できる環境）で受信すると 2.88 秒かかる。

■ B　文化祭の準備とシミュレーション

分野▶ 🔟 シミュレーション

解答▶ 問1 キ ④　問2 ク ②　問3 ケ ②

解説▶

問1 キ

シミュレーションの目的や意図を読み取ったうえで，実際に p.93 の表3のシミュレーション結果を最後まで作成する。なお，ここでは，表計算ソフトウェアなどを使って右図のようなシミュレーションを行うことを想定している。

この問題のポイントは，p.92 に示されている通り，「客が使用した硬貨は，以降の客に対するお釣りとして使用できる」という点にある。また，表3のシミュレーションの表を埋める上では，p.93 に示されている通り，お釣り不足であればその客に販売できないので客はそのまま帰ってしまい，前の行から 100 円玉ストックと 500 円玉ストックの枚数は変動しないという点に気を付ける。

p.93 の条件でシミュレーションを行った場合，表3を最後まで埋めると次のようになる。

人数	客の支払いパターン	支払枚数	お釣り不足	100 円玉ストック	500 円玉ストック
開店前				10	5
1 人目	Ⅱ	500 円×1		8	6
2 人目	Ⅲ	1000 円×1		6	5
3 人目	Ⅱ	500 円×1		4	6
4 人目	Ⅱ	500 円×1		2	7
5 人目	Ⅲ	1000 円×1		0	6
6 人目	Ⅰ	100 円×3		3	6
7 人目	Ⅰ	100 円×3		6	6
8 人目	Ⅲ	1000 円×1		4	5
9 人目	Ⅱ	500 円×1		2	6
10 人目	Ⅲ	1000 円×1		0	5
11 人目	Ⅱ	500 円×1	不足	0	5
12 人目	Ⅱ	500 円×1	不足	0	5
13 人目	Ⅰ	100 円×3		3	5
14 人目	Ⅱ	500 円×1		1	6
15 人目	Ⅲ	1000 円×1	不足	1	6
16 人目	Ⅲ	1000 円×1	不足	1	6
17 人目	Ⅰ	100 円×3		4	6
18 人目	Ⅰ	100 円×3		7	6
19 人目	Ⅱ	500 円×1		5	7
20 人目	Ⅲ	1000 円×1		3	6

11 人目が 500 円玉で買おうとした。お釣りとして 100 円玉2枚が必要だが，お店には 100 円玉が1枚もなかった。返せるお釣りが不足していたので，11 人目の客には販売できなかった。

以上より，「不足」は4回生じているので， キ の答えは④となる。

問2　｜ク｜

　設問文の意味が読み取れていれば，グラフの選択自体は簡単である。しかし，設問文が長く複雑なので，設定を読み取ることができる読解力が特に求められている。

　このグラフにおいては，横軸が「開店前に準備する100円玉の枚数」，縦軸が「『不足』の平均発生回数」となっている。なお，p.94で「500円玉は開店前に十分用意するものとする」とあるので，500円玉の不足によってお釣りを返せないという事態は生じない。

　問1のシミュレーションからも分かることであるが，用意する100円玉の枚数が多ければ多いほど，お釣りの「不足」が生じてしまう回数は減少する。よって，お釣りの枚数が多くなればなるほど，「不足」の発生回数が減っていく②が正解である。

⓪　誤り。用意する100円玉の枚数が75枚以上の辺りから「不足」の発生回数が再び増加しているが，このようなことは滅多に起こらない。

①　誤り。「不足」発生回数は，用意する100円玉の枚数が10～60枚の辺りまで増加し，その後減少しているが，このようなことは滅多に起こらない。

②　正しい。

③　誤り。②とは逆に，用意する100円玉の枚数が多くなればなるほど「不足」発生回数が増加しているが，逆である。

問3　｜ケ｜

　第2問Aの問3とも趣旨が似ている問題であり，各要素をどのように組み合わせれば目的に合わせて評価できるかということが問われている。ただし，第2問Aの問3で扱われていたCTR，CPA，CVRは実在する指標であるが，この問題では架空の指標を自ら作り出そうとしている点で異なる。

　p.95で述べられている通り，ある設定でシミュレーションを行った場合に，「お釣りの不足が発生しないこと」および「店舗に置かれるお金を減らすこと」をどれだけ実現できているのかを評価することが目的となる。そのために，不足発生回数の合計（A），終了時の100円玉ストックの合計（B），終了時の500円玉ストックの合計（C）という三つの要素を用いて評価値を求めている。

　各選択肢について，以下のように検討していく。

⓪　誤り。評価式②については，「お釣りの不足が発生しないこと」および「店舗に置かれるお金を減らすこと」が実現できているほど，値は大きくなる。

①　誤り。評価式①については，シミュレーション試行回数で結果を割っているのでシミュレーションの回数が異なるもの同士の比較を行えるが，評価式②と評価式③については，式にシミュレーション試行回数が含まれないため，比較を行えない。よって，「評価式③のみ」という部分が誤っている。

②　正しい。評価式①ではA・B・Cを同じ重みで扱っているのに対し，評価式③ではAに大きな数を掛けているので，Aの値が結果に大きく反映されるように工夫されている。

③　誤り。Bは100円玉，Cは500円玉なので，金額ベースで考えた場合，Cの1はBの5に相当する。評価式②では，Bに100，Cにその5倍の500をかけているので金額を考慮している。一方，評価式③についてもBに10，Cにその5倍の50を掛けているので金額を考慮している。よって，「評価式②のみ」という部分が誤っている。

第　３　問

解説動画

分野 ▶ ❼ プログラミング

解答

問１　| ア | ⓪ |　問２　| イ | ⓪ |　| ウ | ⓪ |　| エ | ② |　| オ | ① |　| カ | ⓪ |

問３　| キ | ① |　| ク | ② |　| ケ | ① |　| コ | ③ |　| サ | ③ |　| シ | ① |

■ 問１　アルゴリズムの確認

| ア |

　まず，アルゴリズムやプログラムによって何をしたいのかを確認する。

　p.96 の生徒（Ｓ）と先生（Ｔ）の会話文を読むと，「並べ替えをすることなく各項目の順位を把握したい[1]」というのがアルゴリズム・プログラムの作成目的であるということが分かる。

　次に，p.97 の| ア |において，生徒（Ｓ）と先生（Ｔ）は順位の付け方を一般化しようとしている。この部分は，後のアルゴリズム・プログラムの基本となるので確実に押さえておきたい。

　p.96 の表２に順位の例が示されているので，| ア |の解答群のうちどの操作を行えば表２のようになるのかを確かめればよい。なお，順位や並べ替えに関する問題では，何を基準にするのか，昇順と降順のどちらで評価するのかを必ず確認すること[2]。ここでは，日平均気温の降順に評価する。

⓪　正しい。Ａ県の日平均気温よりも日平均気温が高い県は１つ（Ｂ県）であるため，この方法に当てはめると「１＋１」より２になる。Ａ県の順位は２位なので，整合性が取れている。

①　誤り。これは，昇順に評価するための方法である。

②　誤り。このような計算をしても，順位を求めることはできない[3]。

③　誤り。Ａ県の日平均気温よりも日平均気温が高い県は１つ（Ｂ県）であるため，この方法に当てはめると，Ａ県は１位になってしまう。最高順位は０位ではなく１位なので，１を加えることが必要になる。

④　誤り。仮に昇順に評価するとしても，③と同様の理由で誤っている。

■ 問２　アルゴリズムのプログラムへの落とし込み

| イ |～| カ |

　問われている内容は，すべて図１のプログラムの空欄補充となっている。しかし，p.98 でそのアルゴリズムが言葉で説明されているので，ここをよく確認してから図１の空欄補充に着手するようにしよう。特に，「県名を記憶する配列（Ken）」，「日平均気温を記憶する配列（Kion）」，「順位を記憶する配列（Jun）」の三つ

▶1　項目の並べ替えを行うアルゴリズムをソートアルゴリズムという。バブルソート，セレクションソート，インサーションソート，クイックソート，マージソートなど様々な種類があり，これらのアルゴリズムを使うことで項目を昇順や降順に並べ替えることは可能である。しかし，例えば１列目に生徒の出席番号，２列目にその生徒の 100m 走のタイムが記録されている表について，100m 走の順位は知りたいが，生徒の出席番号の並び順は変えられないという場面もあり得る。このようなときには，並べ替えをせずに順位を求める順位付けアルゴリズムを使用する。表計算ソフトウェアでは，RANK 関数を用いることにより順位付けを行うことができる。

▶2　昇順は小さい順，降順は大きい順を意味する。降順で評価する場合，順位付けであれば最も大きいものが１位となり，並べ替えであれば最も大きいものが先頭に来る。一般に，テストの点数や支店ごとの販売額など，値が大きい方が高く評価されるものは降順にするのに対し，100m 走のタイムや不良品の発生率，ミスの回数など，値が小さい方が高く評価されるべきものは昇順にする。

▶3　この問題の場合，例えばＡ県については，「すべての県の日平均気温の値の合計」は 87.2，「その県（Ａ県）の日平均気温の値」は 18.3 なので，割ると約 4.77 になる。

の配列を用意し，それぞれの添字を対応させるようにしている点に注意する[1]。また，配列 **Jun** の初期値がいずれも1である点と，添字は0から始まる点も重要なポイントである。

p.99　図1のプログラム（完成版）

```
(1)     Ken = ["A 県","B 県","C 県","D 県","E 県"]

(2)     Kion = [18.3,21.7,16.9,14.1,16.2]

(3)     Jun = [1,1,1,1,1]

(4)     i を 0 から 4 まで 1 ずつ増やしながら繰り返す：

(5)     │   j を 0 から 4 まで 1 ずつ増やしながら繰り返す：

(6)     │   │   もし Kion[i] < Kion[j] ならば：

(7)     │   │   │   Jun[i] = Jun[i] + 1

(8)     │   表示する (" 県名　　日平均気温　　順位 ")

(9)     k を 0 から 4 まで 1 ずつ増やしながら繰り返す：

(10)    │   表示する (Ken[k]," 　　 ",Kion[k]," 　　 ",Jun[k])
```

（参考）Python で作成したプログラムと出力結果

```
1 Ken = ["A県","B県","C県","D県","E県"]
2 Kion = [18.3,21.7,16.9,14.1,16.2]
3 Jun = [1,1,1,1,1]
4 for i in range(0,4 + 1,1):
5   for j in range(0,4 + 1,1):
6     if Kion[i] < Kion[j]:
7       Jun[i] = Jun[i] + 1
8 print("県名　　日平均気温　　順位")
9 for k in range(0,4 + 1,1):
10  print(Ken[k] , "　　　" , str(Kion[k]) , "　　　" , str(Jun[k]))
```

県名	日平均気温	順位
A県	18.3	2
B県	21.7	1
C県	16.9	3
D県	14.1	5
E県	16.2	4

▶1　一つの配列において，データを単一の直線状に記憶するような配列を一次元配列という。一次元配列のみを使用し，各項目（例えばA県）についてそれぞれ複数の要素（例えば県名，気温，順位）を管理したい場合は，複数の配列を用意し，それぞれの添字を対応させるということがよく行われる。添字を対応させるというのは，例えばA県の情報は添字0に記憶するというように決めたら，県名を記憶する配列，気温を記憶する配列，順位を記憶する配列のすべてにおいて，添字0はA県の情報であるというように統一することを指す。

　　一方，行と列の組み合わせによってデータを表的に記憶するような配列を二次元配列という。二次元配列を使えば，「0列目はA県の情報を記憶する列とし，0列目の0行目は『A県の県名』，0列目の1行目は『A県の気温』，0列目の2行目は『A県の順位』を記憶する」というように，一つの二次元配列によってすべての要素を管理できるようになる。言い換えれば，本問では配列 **Ken，Kion，Jun** という三つの一次元配列を用いたが，これらは一つの二次元配列でも管理できるということである。

p.99　図1のプログラムのトレース表

※　配列 Ken と Kion は，プログラム中で操作されない。各要素に記憶されている値を以下に示す。

添字	0	1	2	3	4
Ken	"A県"	"B県"	"C県"	"D県"	"E県"
Kion	18.3	21.7	16.9	14.1	16.2

行	i	j	Jun					k	備　　考
			[0]	[1]	[2]	[3]	[4]		
(1)	—	—	—	—	—	—	—	—	配列 Ken に値を記憶。上表の通り。
(2)	—	—	—	—	—	—	—	—	配列 Kion に値を記憶。上表の通り。
(3)	—	—	1	1	1	1	1	—	配列 Jun に初期値1を記憶。
(4)	0	—	1	1	1	1	1	—	外側ループ始まり。 イ が問われているが，他の解答群も見つつ，既に解答した ア も踏まえて検討する必要がある。 ア の通り，ある県の順位は，「1＋その県よりも日平均気温の値が大きい県の数」である。よって，例えばA県であればすべての県とA県の日平均気温（Kion）を順に比較し，A県よりも値が大きい県があれば，A県の順位を一つ下げる（A県の順位の値を1大きくする）ようにすればよい。 イ で問われている i は， エ と オ の解答群を見ると比較のための添字に使われている。すべての添字の要素を比較する必要があり，添字の範囲は0〜4なので， イ は ⓪ が正解である。i に初期値0をセット。
(5)	0	0	1	1	1	1	1	—	内側ループ始まり。 ウ で問われている j の設定範囲も， エ と オ より「添字 i の要素」と比較する要素の添字として使用されていることを確認する。すべての要素同士を比較しなければならないので， ウ も添字の範囲である0〜4を指定している ⓪ が正答となる。 なお，問3（本冊 p.100）でも確認する通り，このアルゴリズムには無駄がある。 イ に ⓪ と解答した上で，このアルゴリズムの無駄に先に気づいた場合，「添字0の要素と添字0の要素を比較しても意味がないのでは？」と考えて ② と解答したくなるかもしれない。しかし，トレースを続ければ，図1のプログラムの作りでは ② にしてしまうとうまくいかないことが分かる。 j に初期値0をセット。

行	i	j	Jun[0]	Jun[1]	Jun[2]	Jun[3]	Jun[4]	k	備　考
(6)	$Kion[i] < Kion[j] \Rightarrow$ NO								条件分岐の空欄については，YES/NO それぞれに分岐したときに何をしているのかを確認する。 ここでは，YES に分岐した場合に オ の処理を行っている。まだ オ に何が入るのかは不明だが，エ に解答するためには同時に オ も検討する必要がある。 18.3 度を 19.3 度に変えるというように気温（Kion）の値を操作するということはあり得ないので，オ は ⓪ か ① のどちらかであると分かる。また，順位（Jun）の値を小さくするということはこの設定ではあり得ない[1]。なぜなら，順位の初期値がすべての要素で 1 なので，これより小さくしてしまったら悪くても 1 位，場合によっては 0 位や − 1 位などが生じてしまうためである。そのため，オ は ① であると判断できる。 オ で ①，すなわち Jun[i] に 1 を加える（i を添字とする項目の順位を一つ下げる）ことをしているので，オ は i を添字とする要素の日平均気温が，j を添字とする要素の日平均気温よりも小さかった場合に行う処理であると判断する。よって，エ は ② となる。 Kion[0] < Kion[0] は NO。
(5)	0	1	1	1	1	1	1	—	j に 1 を加える。j ≦ 4 が成り立つのでループ継続。
(6)	$Kion[i] < Kion[j] \Rightarrow$ YES								Kion[0] < Kion[1] は YES。
(7)	0	1	2	1	1	1	1	—	Jun[0] に 1 を加える。Kion[0] よりも Kion[1] の方が大きかったので，ア を踏まえ，Jun[0] を一つ下げた。
(5)	0	2	2	1	1	1	1	—	j に 1 を加える。j ≦ 4 が成り立つのでループ継続。
(6)	$Kion[i] < Kion[j] \Rightarrow$ NO								Kion[0] < Kion[2] は NO。
(5)	0	3	2	1	1	1	1	—	j に 1 を加える。j ≦ 4 が成り立つのでループ継続。
(6)	$Kion[i] < Kion[j] \Rightarrow$ NO								Kion[0] < Kion[3] は NO。
(5)	0	4	2	1	1	1	1	—	j に 1 を加える。j ≦ 4 が成り立つのでループ継続。
(6)	$Kion[i] < Kion[j] \Rightarrow$ NO								Kion[0] < Kion[4] は NO。
(5)	0	5	2	1	1	1	1	—	j に 1 を加える。j ≦ 4 が成り立たないのでループ終了。
(4)	1	5	2	1	1	1	1	—	i に 1 を加える。i ≦ 4 が成り立つのでループ継続。

▶1　順位（Jun）の初期値を 1 ではなく，最低順位である 5 にしておき，もし i の方が j よりも大きければ自分の順位を上げる（Jun の値を 1 小さくする）というようなアルゴリズムもあり得る。このようなアルゴリズムを使う場合は，Jun の値を小さくすることになる。

行	i	j	Jun					k	備　　考
			[0]	[1]	[2]	[3]	[4]		
(5)	1	0	2	1	1	1	1	—	内側ループ始まり。jに初期値0をセット。j ≦ 4が成り立つのでループ継続。
(6)	Kion[i] < Kion[j] ➡ NO								Kion[1] < Kion[0] はNO。先ほど，同じ組み合わせ（添字0と1の要素）の比較を行っているので無駄な処理である。問3で，この無駄を削る方法が検討される。
(5)	1	1	2	1	1	1	1	—	jに1を加える。j ≦ 4が成り立つのでループ継続。
(6)	Kion[i] < Kion[j] ➡ NO								Kion[1] < Kion[1] はNO。
(5)	1	2	2	1	1	1	1	—	jに1を加える。j ≦ 4が成り立つのでループ継続。
(6)	Kion[i] < Kion[j] ➡ NO								Kion[1] < Kion[2] はNO。
(5)	1	3	2	1	1	1	1	—	jに1を加える。j ≦ 4が成り立つのでループ継続。
(6)	Kion[i] < Kion[j] ➡ NO								Kion[1] < Kion[3] はNO。
(5)	1	4	2	1	1	1	1	—	jに1を加える。j ≦ 4が成り立つのでループ継続。
(6)	Kion[i] < Kion[j] ➡ NO								Kion[1] < Kion[4] はNO。
(5)	1	5	2	1	1	1	1	—	jに1を加える。j ≦ 4が成り立たないのでループ終了。
(4)	2	5	2	1	1	1	1	—	iに1を加える。i ≦ 4が成り立つのでループ継続。
(5)	2	0	2	1	1	1	1	—	内側ループ始まり。jに初期値0をセット。j ≦ 4が成り立つのでループ継続。
(6)	Kion[i] < Kion[j] ➡ YES								Kion[2] < Kion[0] は YES。
(7)	2	0	2	1	2	1	1	—	Jun[2]に1を加え，順位を一つ下げる。 ウ を②にしてしまうと，この比較・順位変更ができなくなってしまう。
(5)	2	1	2	1	2	1	1	—	jに1を加える。j ≦ 4が成り立つのでループ継続。
(6)	Kion[i] < Kion[j] ➡ YES								Kion[2] < Kion[1] は YES。
(7)	2	1	2	1	3	1	1	—	Jun[2]に1を加え，順位を一つ下げる。
(5)	2	2	2	1	3	1	1	—	jに1を加える。j ≦ 4が成り立つのでループ継続。
(6)	Kion[i] < Kion[j] ➡ NO								Kion[2] < Kion[2] はNO。
(5)	2	3	2	1	3	1	1	—	jに1を加える。j ≦ 4が成り立つのでループ継続。
(6)	Kion[i] < Kion[j] ➡ NO								Kion[2] < Kion[3] はNO。
(5)	2	4	2	1	3	1	1	—	jに1を加える。j ≦ 4が成り立つのでループ継続。
(6)	Kion[i] < Kion[j] ➡ NO								Kion[2] < Kion[4] はNO。
(5)	2	5	2	1	3	1	1	—	jに1を加える。j ≦ 4が成り立たないのでループ終了。
(4)	3	5	2	1	3	1	1	—	iに1を加える。i ≦ 4が成り立つのでループ継続。

行	i	j	Jun [0]	[1]	[2]	[3]	[4]	k	備　考
(5)	3	0	2	1	3	1	1	—	内側ループ始まり。jに初期値0をセット。j ≦ 4が成り立つのでループ継続。
(6)	Kion[i] < Kion[j] ➡ YES								Kion[3] < Kion[0] は YES。
(7)	3	0	2	1	3	2	1	—	Jun[3] に1を加え，順位を一つ下げる。
(5)	3	1	2	1	3	2	1	—	jに1を加える。j ≦ 4が成り立つのでループ継続。
(6)	Kion[i] < Kion[j] ➡ YES								Kion[3] < Kion[1] は YES。
(7)	3	1	2	1	3	3	1	—	Jun[3] に1を加え，順位を一つ下げる。
(5)	3	2	2	1	3	3	1	—	jに1を加える。j ≦ 4が成り立つのでループ継続。
(6)	Kion[i] < Kion[j] ➡ YES								Kion[3] < Kion[2] は YES。
(7)	3	2	2	1	3	4	1	—	Jun[3] に1を加え，順位を一つ下げる。
(5)	3	3	2	1	3	4	1	—	jに1を加える。j ≦ 4が成り立つのでループ継続。
(6)	Kion[i] < Kion[j] ➡ NO								Kion[3] < Kion[3] は NO。
(5)	3	4	2	1	3	4	1	—	jに1を加える。j ≦ 4が成り立つのでループ継続。
(6)	Kion[i] < Kion[j] ➡ YES								Kion[3] < Kion[4] は YES。
(7)	3	4	2	1	3	5	1	—	Jun[3] に1を加え，順位を一つ下げる。
(5)	3	5	2	1	3	5	1	—	jに1を加える。j ≦ 4が成り立たないのでループ終了。
(4)	4	5	2	1	3	5	1	—	iに1を加える。i ≦ 4が成り立つのでループ継続。
(5)	4	0	2	1	3	5	1	—	内側ループ始まり。jに初期値0をセット。j ≦ 4が成り立つのでループ継続。
(6)	Kion[i] < Kion[j] ➡ YES								Kion[4] < Kion[0] は YES。
(7)	4	0	2	1	3	5	2	—	Jun[4] に1を加え，順位を一つ下げる。
(5)	4	1	2	1	3	5	2	—	jに1を加える。j ≦ 4が成り立つのでループ継続。
(6)	Kion[i] < Kion[j] ➡ YES								Kion[4] < Kion[1] は YES。
(7)	4	1	2	1	3	5	3	—	Jun[4] に1を加え，順位を一つ下げる。
(5)	4	2	2	1	3	5	3	—	jに1を加える。j ≦ 4が成り立つのでループ継続。
(6)	Kion[i] < Kion[j] ➡ YES								Kion[4] < Kion[2] は YES。
(7)	4	2	2	1	3	5	4	—	Jun[4] に1を加え，順位を一つ下げる。
(5)	4	3	2	1	3	5	4	—	jに1を加える。j ≦ 4が成り立つのでループ継続。
(6)	Kion[i] < Kion[j] ➡ NO								Kion[4] < Kion[3] は NO。
(5)	4	4	2	1	3	5	4	—	jに1を加える。j ≦ 4が成り立つのでループ継続。
(6)	Kion[i] < Kion[j] ➡ NO								Kion[4] < Kion[4] は NO。
(5)	4	5	2	1	3	5	4	—	jに1を加える。j ≦ 4が成り立たないのでループ終了。

行	i	j	Jun					k	備　　考
			[0]	[1]	[2]	[3]	[4]		
(4)	5	5	2	1	3	5	4	―	i に 1 を加える。i ≦ 4 が成り立たないのでループ終了。外側のループが終わった時点で，配列 Jun には正しく順位が記憶されている。後は，これを表示する方法を検討する。
(8)	5	5	2	1	3	5	4	―	出力内容の先頭行を表示している。p.56 の Python のプログラム出力結果も参照。
(9)	5	5	2	1	3	5	4	0	k をカウンタ変数とする for ループの始まり。(10) で，k を添字にして，配列 Ken，Kion，Jun を表示している。p.97 のプログラムの説明において，「『県名』『日平均気温』『順位』をすべての県について表示する」とあり，県名は添字 0 ～ 4 の要素に記憶されている。よって，カ は ⓪ が答えとなる。
(10)	5	5	2	1	3	5	4	0	Ken[0]，Kion[0]，Jun[0] を表示。
(9)	5	5	2	1	3	5	4	1	k に 1 を加える。k ≦ 4 が成り立つのでループ継続。
(10)	5	5	2	1	3	5	4	1	Ken[1]，Kion[1]，Jun[1] を表示。
(9)	5	5	2	1	3	5	4	2	k に 1 を加える。k ≦ 4 が成り立つのでループ継続。
(10)	5	5	2	1	3	5	4	2	Ken[2]，Kion[2]，Jun[2] を表示。
(9)	5	5	2	1	3	5	4	3	k に 1 を加える。k ≦ 4 が成り立つのでループ継続。
(10)	5	5	2	1	3	5	4	3	Ken[3]，Kion[3]，Jun[3] を表示。
(9)	5	5	2	1	3	5	4	4	k に 1 を加える。k ≦ 4 が成り立つのでループ継続。
(10)	5	5	2	1	3	5	4	4	Ken[4]，Kion[4]，Jun[4] を表示。
(9)	5	5	2	1	3	5	4	5	k に 1 を加える。k ≦ 4 が成り立たないのでループ終了。プログラム終了。

▌ 問3　アルゴリズム・プログラムの改良

キ ・ ク

　上のトレース表でも確認した通り，図1のプログラムには無駄があった。この無駄の内容は，p.100 の生徒（S）と先生（T）の会話より，次の二つに整理することができる。

◆　同じ添字の要素同士を比較していること。

　例えば，Kion[0] と Kion[0] の比較を行ってしまっている。しかし，ここを比較しても順位が変動するはずがないので，行う必要のない比較である。

◆　一度比較した組み合わせを再び比較していること。

　例えば，Kion[0] と Kion[1] を比較した後，Kion[1] と Kion[0] の比較を行っている。これらの比較の結果は同じなので，一度のみ行うようにすれば処理を削減できる。

　図1のアルゴリズムと，これらの無駄を省いた修正版のアルゴリズムを比較すると，次のようになる。

図1のアルゴリズム

　Kion[i] < Kion[j] が YES の場合，すなわち Kion[i]（比較元）よりも Kion[j]（比較先）の方が値が大きい場合は，比較元である Jun[i] の値を 1 増やすことにより順位を下げる。

次の図では，矢印が青のものは，**Kion[i]** < **Kion[j]** が YES であることを意味している。つまり，外側のループのたびに，矢印が青のものの数だけ，**Jun[i]** に値を加えているということになる。

> 【凡例】
> ←—→ **Kion[i]** < **Kion[j]** が YES　←—→ **Kion[i]** < **Kion[j]** が NO

外側ループ1周目（iが0）

比較元（i）

添字	0	1	2	3	4
Kion	18.3	21.7	16.9	14.1	16.2
Jun	1+1	1	1	1	1

比較先（j）

添字	0	1	2	3	4
Kion	18.3	21.7	16.9	14.1	16.2
Jun	1	1	1	1	1

外側ループ2周目（iが1）

比較元（i）

添字	0	1	2	3	4
Kion	18.3	21.7	16.9	14.1	16.2
Jun	2	1	1	1	1

比較先（j）

添字	0	1	2	3	4
Kion	18.3	21.7	16.9	14.1	16.2
Jun	2	1	1	1	1

外側ループ3周目（iが2）

比較元（i）

添字	0	1	2	3	4
Kion	18.3	21.7	16.9	14.1	16.2
Jun	2	1	1+2	1	1

比較先（j）

添字	0	1	2	3	4
Kion	18.3	21.7	16.9	14.1	16.2
Jun	2	1	1	1	1

外側ループ4周目（iが3）

比較元（i）

添字	0	1	2	3	4
Kion	18.3	21.7	16.9	14.1	16.2
Jun	2	1	3	1+4	1

比較先（j）

添字	0	1	2	3	4
Kion	18.3	21.7	16.9	14.1	16.2
Jun	2	1	3	1	1

外側ループ5周目（iが4）

比較元（i）

添字	0	1	2	3	4
Kion	18.3	21.7	16.9	14.1	16.2
Jun	2	1	3	5	1+3

比較先（j）

添字	0	1	2	3	4
Kion	18.3	21.7	16.9	14.1	16.2
Jun	2	1	3	5	1

外側ループ終了時

比較元（i）

添字	0	1	2	3	4
Kion	18.3	21.7	16.9	14.1	16.2
Jun	2	1	3	5	4

比較先（j）

添字	0	1	2	3	4
Kion	18.3	21.7	16.9	14.1	16.2
Jun	2	1	3	5	4

改良したアルゴリズム

Kion[i] < **Kion[j]** が YES であれば **Jun[i]** に 1 を加えるのは上のアルゴリズムと同じであるが，そうでなく **Kion[i]** > **Kion[j]** が YES であれば **Jun[j]** に 1 を加えるようにしている。p.100 の図 2 で先生（T）がこのように変更することを提案しているので，参考にする。

さらに，先生（T）のヒントにあるように，同じ添字同士や，既に行った組み合わせの比較を行わないようにするということを盛り込むと，次の図のようなアルゴリズムになる。

> 【凡例】
> ←—→ **Kion[i]** < **Kion[j]** が YES　←--→ **Kion[i]** > **Kion[j]** が YES

外側ループ1周目（iが0）

比較元（i）

添字	0	1	2	3	4
Kion	18.3	21.7	16.9	14.1	16.2
Jun	1+1	1	1	1	1

比較先（j）

添字	0	1	2	3	4
Kion	18.3	21.7	16.9	14.1	16.2
Jun	1	1	1+1	1+1	1+1

外側ループ2周目（iが1）

比較元（i）

添字	0	1	2	3	4
Kion	18.3	21.7	16.9	14.1	16.2
Jun	2	1	2	2	2

比較先（j）

添字	0	1	2	3	4
Kion	18.3	21.7	16.9	14.1	16.2
Jun	1	1	2+1	2+1	2+1

外側ループ3周目（iが2）

比較元（i）

添字	0	1	2	3	4
Kion	18.3	21.7	16.9	14.1	16.2
Jun	2	1	3	3	3

比較先（j）

添字	0	1	2	3	4
Kion	18.3	21.7	16.9	14.1	16.2
Jun	1	1	3	3+1	3+1

外側ループ4周目（iが3）

比較元（i）

添字	0	1	2	3	4
Kion	18.3	21.7	16.9	14.1	16.2
Jun	2	1	3	4+1	4

比較先（j）

添字	0	1	2	3	4
Kion	18.3	21.7	16.9	14.1	16.2
Jun	1	1	3	4	4

外側ループ終了時

比較元（i）

添字	0	1	2	3	4
Kion	18.3	21.7	16.9	14.1	16.2
Jun	2	1	3	5	4

比較先（j）

添字	0	1	2	3	4
Kion	18.3	21.7	16.9	14.1	16.2
Jun	1	1	3	5	4

　この図においては，実線の矢印←→の場合は比較元（i）よりも比較先（j）の方が大きく，点線の矢印◀┈▶の場合は比較先（j）よりも比較元（i）の方が大きいことを意味する。p.100の図2に書かれている通り，前者の場合は比較元（i）のJunに1を加え，後者の場合は比較先（j）のJunに1を加えるようにする。このようにすることで，矢印の数，すなわち処理の数を大幅に削減することができている。

p.101　図3のプログラム（完成版）

```
(1)    Ken = ["A県","B県","C県","D県","E県"]

(2)    Kion = [18.3,21.7,16.9,14.1,16.2]

(3)    Jun = [1,1,1,1,1]

(4)    i を 0 から 3 まで 1 ずつ増やしながら繰り返す：

(5)    │  j を i + 1 から 4 まで 1 ずつ増やしながら繰り返す：

(6)    │  │  もし Kion[i] < Kion[j] ならば：

(7)    │  │  │  Jun[i] = Jun[i] + 1

(8)    │  │  そうでなくもし Kion[i] > Kion[j] ならば：

(9)    │  │  │  Jun[j] = Jun[j] + 1

(10)   表示する（"県名　　日平均気温　　順位"）

(11)   k を 0 から 4 まで 1 ずつ増やしながら繰り返す：

(12)   │  表示する（Ken[k],"　　",Kion[k],"　　",Jun[k]）
```

(参考) Pythonで作成したプログラムと出力結果

```
 1 Ken = ["A県","B県","C県","D県","E県"]
 2 Kion = [18.3,21.7,16.9,14.1,16.2]
 3 Jun = [1,1,1,1,1]
 4 for i in range(0,3 + 1,1):
 5   for j in range(i + 1,4 + 1,1):
 6     if Kion[i] < Kion[j]:
 7       Jun[i] = Jun[i] + 1
 8     elif Kion[i] > Kion[j]:
 9       Jun[j] = Jun[j] + 1
10 print("県名    日平均気温    順位")
11 for k in range(0,4 + 1,1):
12   print(Ken[k] , "        " , str(Kion[k]) , "        " , str(Jun[k]))


県名    日平均気温    順位
A県      18.3        2
B県      21.7        1
C県      16.9        3
D県      14.1        5
E県      16.2        4
```

p.101　図3のプログラムのトレース表

※　配列 Ken と Kion は，プログラム中で操作されない。各要素に記憶されている値を以下に示す。

添字	0	1	2	3	4
Ken	"A県"	"B県"	"C県"	"D県"	"E県"
Kion	18.3	21.7	16.9	14.1	16.2

行	i	j	Jun [0]	Jun [1]	Jun [2]	Jun [3]	Jun [4]	k	備　考
(1)	—	—	—	—	—	—	—	—	配列 Ken に値を記憶。上表の通り。
(2)	—	—	—	—	—	—	—	—	配列 Kion に値を記憶。上表の通り。
(3)	—	—	1	1	1	1	1	—	配列 Jun に初期値1を記憶。
(4)	0	—	1	1	1	1	1	—	エ　 および 　サ　 の解答群より，i は Kion の添字として用いることが分かる。添字0の要素から値が記憶されているので，for 文における i の開始値も0にしなければならないことは分かるだろう。 問題は，改良したプログラムにおいて終了値をどうするかである。本冊 p.100 で先生（T）が説明している通り，同じ添字同士の比較は行わないようにしたい。そこで，この別冊解答の p.62～63 の図でも示した通り，i は3までにしないと，添字4と4の比較が最後に行われてしまう。よって，　ケ　 の答えは ① となる。ここだけで判断するのは難しいので，この後のプログラムも合わせて確認するとよい。

行	i	j	Jun					k	備　　考
			[0]	[1]	[2]	[3]	[4]		
(5)	0	1	1	1	1	1	1	—	内側のループについても，同じ添字の要素同士を比較しないということを前提に，開始値や終了値を考えるとよい。 iの開始値は０なので，もしjの開始値も０にしてしまうと，添字０と０の比較が (6) で行われてしまう。よって，⓪と①は誤りであり，jの開始値はi＋1にするべきことが分かる。 また，｜ケ｜で確認した通り，添字４と４の比較を行わないために，外側のループでiの終了値は３となっている。そのため，添字３と４の比較を行うためには，｜コ｜の終了値は４としなければならない。よって，｜コ｜の答えは③となる。
(6)	Kion[i] < Kion[j] ➡ YES								比較先（j）の方が大きいか？　を調べている。 Kion[0] < Kion[1] は YES。jの開始値をi＋1にしたことにより，添字０と０の比較を行っていない。
(7)	0	1	2	1	1	1	1	—	比較先（j）の方が大きいので，比較元（i）の順位を一つ下げる（1を加える）。
(5)	0	2	2	1	1	1	1	—	jに1を加える。j ≦ 4 が成り立つのでループ継続。
(6)	Kion[i] < Kion[j] ➡ NO								Kion[0] < Kion[2] は NO。
(8)	Kion[i] > Kion[j] ➡ YES								(6) が NO だったので，今度は比較元（i）の方が大きいか？　を調べたい。よって，｜サ｜は③が正答となる。Kion[0] > Kion[2] は YES[1]。
(9)	0	2	2	1	2	1	1	—	比較元（i）の方が大きいので，比較先（j）の順位を一つ下げたい（1を加えたい）。よって，｜シ｜は①が正答となる。
(5)	0	3	2	1	2	1	1	—	jに1を加える。j ≦ 4 が成り立つのでループ継続。
(6)	Kion[i] < Kion[j] ➡ NO								Kion[0] < Kion[3] は NO。
(8)	Kion[i] > Kion[j] ➡ YES								Kion[0] > Kion[3] は YES。
(9)	0	3	2	1	2	2	1	—	比較元（i）の方が大きいので，比較先（j）の順位を一つ下げる（1を加える）。
(5)	0	4	2	1	2	2	1	—	jに1を加える。j ≦ 4 が成り立つのでループ継続。
(6)	Kion[i] < Kion[j] ➡ NO								Kion[0] < Kion[4] は NO。
(8)	Kion[i] > Kion[j] ➡ YES								Kion[0] > Kion[4] は YES。

▶ 1　配列 Kion の中に同じ値がない場合は，(6) が NO なのだとしたら，(8) は必ず YES になる。比較元より比較先の方が，値が大きい／値が小さいのどちらかしかないためである。そのため，もし配列 Kion の中に同じ値がないという前提なのであれば，図３のプログラムの (8) を「そうでなくもし Kion[i] > Kion[j] ならば:」ではなく，「そうでなければ:」にしても同じ表示内容となる。しかし，本冊 p.97 の【プログラムの説明と例】において，同じ値がある場合は同順位とすることが指定されているため，(8) でも比較をしている。同じ値がある場合は，(8) を「そうでなければ:」としてしまうと，同順位にならない。

行	i	j	Jun					k	備　考
			[0]	[1]	[2]	[3]	[4]		
(9)	0	4	2	1	2	2	2	—	比較元（i）の方が大きいので，比較先（j）の順位を一つ下げる（1を加える）。
(5)	0	5	2	1	2	2	2	—	jに1を加える。j ≦ 4が成り立たないのでループ終了。
(4)	1	5	2	1	2	2	2	—	iに1を加える。i ≦ 3が成り立つのでループ継続。
(5)	1	2	2	1	2	2	2	—	jに初期値としてi＋1をセット。j ≦ 4が成り立つのでループ継続。
(6)	Kion[i] < Kion[j] ➡ NO								Kion[1] < Kion[2] はNO。
(8)	Kion[i] > Kion[j] ➡ YES								Kion[1] > Kion[2] はYES。
(9)	1	2	2	1	3	2	2	—	比較元（i）の方が大きいので，比較先（j）の順位を一つ下げる（1を加える）。
(5)	1	3	2	1	3	2	2	—	jに1を加える。j ≦ 4が成り立つのでループ継続。
(6)	Kion[i] < Kion[j] ➡ NO								Kion[1] < Kion[3] はNO。
(8)	Kion[i] > Kion[j] ➡ YES								Kion[1] > Kion[3] はYES。
(9)	1	3	2	1	3	3	2	—	比較元（i）の方が大きいので，比較先（j）の順位を一つ下げる（1を加える）。
(5)	1	4	2	1	3	3	2	—	jに1を加える。j ≦ 4が成り立つのでループ継続。
(6)	Kion[i] < Kion[j] ➡ NO								Kion[1] < Kion[4] はNO。
(8)	Kion[i] > Kion[j] ➡ YES								Kion[1] > Kion[4] はYES。
(9)	1	4	2	1	3	3	3	—	比較元（i）の方が大きいので，比較先（j）の順位を一つ下げる（1を加える）。
(5)	1	5	2	1	3	3	3	—	jに1を加える。j ≦ 4が成り立たないのでループ終了。
(4)	2	5	2	1	3	3	3	—	iに1を加える。i ≦ 3が成り立つのでループ継続。
(5)	2	3	2	1	3	3	3	—	jに初期値としてi＋1をセット。j ≦ 4が成り立つのでループ継続。
(6)	Kion[i] < Kion[j] ➡ NO								Kion[2] < Kion[3] はNO。
(8)	Kion[i] > Kion[j] ➡ YES								Kion[2] > Kion[3] はYES。
(9)	2	3	2	1	3	4	3	—	比較元（i）の方が大きいので，比較先（j）の順位を一つ下げる（1を加える）。
(5)	2	4	2	1	3	4	3	—	jに1を加える。j ≦ 4が成り立つのでループ継続。
(6)	Kion[i] < Kion[j] ➡ NO								Kion[2] < Kion[4] はNO。
(8)	Kion[i] > Kion[j] ➡ YES								Kion[2] > Kion[4] はYES。
(9)	2	4	2	1	3	4	4	—	比較元（i）の方が大きいので，比較先（j）の順位を一つ下げる（1を加える）。
(5)	2	5	2	1	3	4	4	—	jに1を加える。j ≦ 4が成り立たないのでループ終了。
(4)	3	5	2	1	3	4	4	—	iに1を加える。i ≦ 3が成り立つのでループ継続。

行	i	j	Jun					k	備　　考
			[0]	[1]	[2]	[3]	[4]		
(5)	3	4	2	1	3	4	4	—	jに初期値としてi＋1をセット。j ≦ 4が成り立つのでループ継続。
(6)	Kion[i] < Kion[j] ➡ YES								Kion[3] < Kion[4] はYES。
(7)	3	4	2	1	3	5	4	—	比較先（j）の方が大きいので，比較元（i）の順位を一つ下げる（1を加える）。
(5)	3	5	2	1	3	5	4	—	jに1を加える。j ≦ 4が成り立たないのでループ終了。
(4)	4	5	2	1	3	5	4	—	iに1を加える。i ≦ 3が成り立たないのでループ終了。

※　この時点で，配列 Jun には正しく順位が記憶されている。以降は，p.61 の (9) 以降と同様の処理によって表示をするだけなので，トレース表は割愛する。

第　4　問

▌電照菊のデータ分析

分野　⓭　データの活用

解答　問1　ア ②　問2　イ ⓪　問3　ウ ②
　　　　問4　エ ①　問5　オ ⓪

解説

▌問1　箱ひげ図

　p.102 には，電照菊[1]の栽培において，夜間温度を 18 度にした場合と 10 度にした場合の，切り花 85cm の重さの値がそれぞれ 30 個ずつ掲載されている[2]。この値を元に，p.103 の箱ひげ図が作成されているので，その読み取りを行う。

電照菊の出荷準備

▶1　菊（秋菊）は夏から秋にかけて日照時間が短くなると，花を咲かせるという性質がある。しかし，この自然的な性質に任せて栽培するだけでは，消費者は菊の切り花を秋にしか入手できなくなってしまう。菊は仏花などとして年中需要があり，特に春分・秋分を中日とする彼岸には購入したい人が多い。そこで，菊に人工的に光を当てることにより，日照時間が短くなったと菊に捉えさせないようにして開花を遅らせる「電照栽培」という手法が用いられる。このようにすることで，菊の花が冬以降に咲くようになり，秋以外でも消費者が菊を入手できるようになる。作物を自然的な収穫時期よりも遅く収穫できるように工夫する栽培法を抑制栽培といい，供給が減る時期に販売することができるので，通常よりも高く販売できるという利点がある。ただし，次に示すように追加のコストがかかることが多い。

▶2　日照時間だけをコントロールすれば菊を任意の時期に咲かせることができるわけではなく，気温にも配慮しなければならない。本来は秋に開花する菊を，冬以降に開花させる場合，気温が低くなってしまうので暖房による気温のコントロールが必要となる場合がある。だが，菊を育てるほどの広い温室で暖房を用いると電気代が高くなってしまうため，栽培者はコスト削減のために設定温度をできるだけ低くしたい。一方，設定温度を低くし過ぎてしまうと菊の品質が悪くなってしまうかもしれないので，電気代の節約と品質の担保の両方を実現するためにはどうすればよいのかということを検討しなければならない。第4問では，このような地理歴史科・公民科などにまたがる問題を，情報を用いて解決しようとしている。

箱ひげ図[1] は散らばりのあるデータを見やすくするための図であり，以下のような構成になっている。

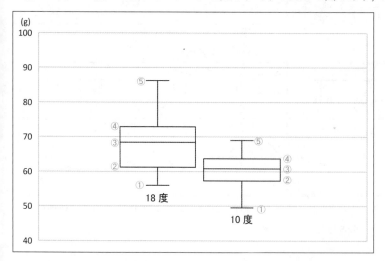

① 最小値
② 第一四分位数
③ 第二四分位数（中央値）
④ 第三四分位数
⑤ 最大値

以上をもとに，各選択肢を検討する。

⓪ 誤り。「10 度」については，第一四分位数が 60g の線より下にある。

① 誤り。「18 度」の中央値は約 70g，「10 度」の中央値は約 60g なので，差は約 20g ではなく約 10g である。

② 正しい。「10 度」の最大値よりも，「18 度」の第三四分位数の方が大きいことが読み取れる。

③ 誤り。データの総数はいずれも 30 個なので，箱の中に含まれるデータの数も同じである。

問2　二つのデータ群の比較

二つのデータを比較する方法が問われている。

⓪ 正しい。割り算によって，両者の比較を行うことができる[2]。

① 誤り。加えることでは比較はできない。

② 誤り。掛けることでは比較はできない。

③ 誤り。掛けた後に平方根を求めても比較はできない。

問3　分散と標準偏差

分散と標準偏差の性質について問われている。

⓪ 誤り。分散の正の平方根を求めることで標準偏差が得られるが，このことは，標準偏差を二乗すれば分散を得られるということを意味する。つまり，分散と標準偏差は相互に変換可能で対応しているので，標準偏差の方が分散よりも正確にデータの散らばりを表しているとは言えない[3]。

① 誤り。平均値からは散らばりを捉えることはできない[4]。

② 正しい。分散・標準偏差が最も大きいのは品種 C であり，最も小さいのは品種 H である。

③ 誤り。標本の数は，ここからは判別できない。

▶1　中学校数学科の範囲となる。ここでは詳細な説明は省くが，量的データの分布傾向を表現する方法として重要なので確認をしておこう。

▶2　p.104 の表 2 より，例えば品種 A については，18 度に設定した場合の切り花 85cm の重さの平均は 81.6g，10 度に設定した場合は 73.0g である。73.0 ÷ 81.6 ≒ 0.89 より，10 度にすると，18 度にした場合に比べ，切り花 85cm の重さの平均は約 89％ になるということが分かる。

▶3　分散は，偏差の 2 乗の平均である。しかし，偏差を 2 乗することにより単位も 2 乗されてしまい，値の解釈に不便であるため，同じ単位にするために分散の正の平方根を求めて標準偏差にすることがある。散らばりをより正確に捉えるために標準偏差に変換するわけではない。

▶4　例えば，A さん，B さん，C さんのテストの点数がそれぞれ「50 点，50 点，50 点」の場合と，「0 点，50 点，100 点」の場合を比べてみる。この場合，後者の方がデータの散らばりが大きいが，平均値はいずれも 50 となる。このように，平均値からは散らばりを捉えられない。

■ 問 4　ヒストグラム

p.108～109 に掲載されている三つのヒストグラムを比較する。

⓪　誤り。図 4 において，求められている計算をすると次のようになる。

> ・　平均値 ＋ 標準偏差　➡　59.7 ＋ 15.3 ＝ 75.0 ➡ これを含む階級は「70g 以上 80g 未満」
> ・　平均値 － 標準偏差　➡　59.7 － 15.3 ＝ 44.4 ➡ これを含む階級は「40g 以上 50g 未満」

つまり，以下の図の青囲み部分に，全度数の 90% 以上が含まれているかどうかを確認すればよい。

p.108 にもある通り，標本は 150 本なので，全度数は 150 である。よって，そのうちの 90% とは 135 本である。だが，下図で青囲みの中に含まれていない部分の階級の度数を合計すると 15 以上あるため，青囲みの中に 135 以上の度数は含まれていない。よって，誤りである。

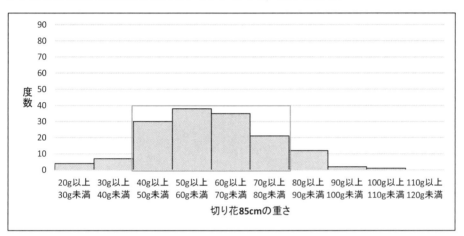

切り花85cmの重さ

①　正しい。図 3 ～図 5 について，いずれも平均値を含む階級の度数が一番大きい[1]。

②　誤り。図 5 について，「平均値 ÷ 2」は，

$$40.2 ÷ 2 ＝ 20.1$$

より 20.1 となる。しかし，最も小さい値が含まれる階級は「30g 以上 40g 未満」であり，ここに 20.1 は含まれない。

③　誤り。品種 C については，「20g 以上 30g 未満」の階級にも度数があるが，品種 H については，「20g 以上 30g 未満」の階級には度数がない。これは，品種 C には 20g～30g の標本があったが，品種 H には

---

[1]　数学 I まででは扱われていないことであるが，生物の重さなどは正規分布に近い分布をする傾向がある。正規分布は主に数学 B の範囲となるが，統計やデータの活用においては非常に重要な考え方となる。実際のデータの分布が理想的な正規分布に従うと仮定して，統計的な処理を行うことが多い。

理想的な正規分布には，次のような性質がある。
・　左右対称の，釣り鐘型のヒストグラムになる。
・　平均値を μ，標準偏差を σ とすると，「$\mu \pm \sigma$」の間に全データの 70% 弱が含まれ，「$\mu \pm 2\sigma$」の間に全データの 95% 強が含まれる。

以上を踏まえ，あるデータ群が理想的な正規分布に従って分布すると仮定すれば，例えば「このデータ群に属するデータを一つ取り出したとき，95% の確率で，……以上……以下の値に属するだろう」というような「予言」をすることができる。

小島寛之『完全独習 統計学入門』（ダイヤモンド社，2006）では，次のように述べられている。

> （これまでに）「私たちの日常に観測されるデータには正規分布が多い」ということを解説してきました。そうすると，こういう予感がしてきます。
> 「もしも注目している不確実現象が正規分布だと見なせるなら，正規分布の性質を利用して，なんらかの予言が可能になるのではないだろうか」。
> そう，この予感は全く正しいのです。そして，これこそが「統計的推定」の出発点となる発想なのです。(p.80)

以上は情報 I および数学 I の範囲を超えているので，共通テストで直接的に問われることはないだろうが，データの活用において一般的に重要な考え方なので補足した。

なかったことを意味する。よって，品種Ｃの150本と品種Ｈの150本からランダムに一つずつ標本を取り出した場合，品種Ｃの方が軽くなる可能性がある。

■ 問5　統計的仮説検定

数学Ⅰの範囲に含まれる基本的な統計的仮説検定の考え方が，問題解決の場面に即して問われている。

p.110の表4を見ると，コインを30枚投げるという実験を1,000回行った[1]うち，20枚以上表になったのは，45回（20枚），18回（21枚），5回（22枚），2回（24枚）であった。これらを足すと，

$$45 + 18 + 5 + 2 = 70$$

より70回となる。よって，

$$70 \div 1000 = 0.07$$

より「20枚以上が表になった回数の相対度数」は0.07である。設問文にて，相対度数が0.05以上であれば「一般に，夜間温度を18度にすると10度の場合に比べて10g以上重くなるとはいえない」という「仮説」を棄却できないとされており，相対度数は0.07だったので，「仮説」は棄却できない。よって，②と③は誤りである。

また，①については，現に「10g以上重くなる」ということが20回起こっているので「ありえないと判断」することはできず，誤りである。⓪にある通り，「仮説」を棄却できないということまでしか，この実験からは判断できない。よって，⓪が正解となる[2]。

▶1　この実験を行うためには，投げるコインの総枚数は30,000枚になってしまう。実際に行うのは難しいので，表計算ソフトウェアなどのソフトウェア上で行ってもよい。例えば，0以上1未満の乱数を発生させ，その乱数が0以上0.5未満であれば「表」が，そうでなければ「裏」が出たものとし，「表」となった場合には表の回数をカウントする変数に1を加えるようなプログラムを作成すればよい。

▶2　「夜間温度を18度にして育てたものと，10度にして育てたものの『85cmの切り花』をランダムに一本ずつ取り出して比較すると，夜間温度の設定を18度にしたものの方が，10度にしたものよりも10g以上重くなることが30回中20回あった」という結果に対して，「それは夜間温度を変えたからではなく，偶然起こったことなのでは？」という仮説が突き付けられている。そこで，この仮説を棄却できるかどうかを検証するために，「滅多に起こらないと判断する基準（確率の値）」を0.05とし，コインを30枚投げたうち20枚以上が表になるということがどれだけ生じるのかを調べたのである。このことが起こる確率が0.05未満なのであれば，そのようなことが偶然に起こるということは「滅多に起こらない」ので，やはり偶然ではなく夜間温度を変えたから18度のものの方が重くなったのだと主張しやすくなる。

第3回模擬問題（100点満点）

問題番号 (配点)	設　問	解答記号	正　解	配　点	問題番号 (配点)	設　問	解答記号	正　解	配　点
第1問 (20)	1	ア	1	2	第3問 (25)	1	ア	3	3
		イ	1	2			イ	0	2
	2	ウ	1	2			ウ	6	2
		エ	2	3		2	エ	1	3
	3	オ	3	2			オ－カ	4-6	各3
		カ	1	2			キ	3	3
		キ	4	3			ク	0	3
	4	ク	3	2		3	ケ	2	3
		ケ	1	2	第4問 (25)	1	ア－イ	2-5	各3
第2問 (30)	A	1	ア	7	3		2	ウ	2	5
		2	イ	3	3		3	エ－オ	2-5	各3
		3	ウ－エ	0-4	各3		4	カ	2	5
		4	オ	4	3		5	キ	2	3
	B	1	カ	3	3					
		2	キ	3	3*1					
			ク	5						
			ケ	1						
			コ	3	3*1					
			サ	5						
			シ	1						
			ス	7	3*1					
			セ	0						
			ソ	1						
		3	タ	0	3					

（注）

1　＊1は，全部正解の場合のみ点を与える。

2　－（ハイフン）でつながれた正解は，順序を問わない。

採　点　欄
100点

第3回模擬問題　解説

問題➡ p.114

第　1　問

問1　情報デザイン

分野 　**5**　情報デザイン

解答　｜ ア ｜ ① 　｜ イ ｜ ①

解説

ア

⓪　誤り。色が持つイメージは，社会において必ずしも共有されていない[1]。また，色をどのように知覚するかということは，人や環境によって異なる場合があるので，情報を色のみによって伝えるような設計にすると「すべての人が使いやすいWebページ」にならない[2]。

①　正しい。例えば，ごみ箱のごみ投入口を対応するごみの形にするなどのようなデザイン上の工夫をすることにより，受け手に対して行動を促すことができる[3]。

②　誤り。これはユーザインタフェースの例ではなく，ユニバーサルデザインの例である。ユニバーサルデザインは誰もが簡単に使えるようなデザインのことであり，ユーザインタフェースは情報システムと利用者の接点のことである[4]。音の響きが似た言葉であるが，意味が異なるので注意する。

③　誤り。ユーザビリティは「使いやすいこと」（use + able），アクセシビリティは「誰でも使えること」（access + able）である。ある施策がユーザビリティとアクセシビリティの両方を同時に向上させることもあるが，これらは異なる概念であり，ユーザビリティがアクセシビリティを包括するわけではない。

イ

⓪　誤り。「順序」の構造である。

①　正しい。「並列」の構造である。

②　誤り。「階層」の構造である。「本」と「和書」「洋書」「コミック」は上位・下位の区分があるが，①の「日用品」「食品」「ゲーム」は同列にあたる。

③　誤り。「分岐」の構造である。

[1]　一方，色は意味やニュアンスを一目で伝えられる場合もあるという点で有用であり，JIS安全色など，危険箇所や避難経路などを遠くからでも判別できるように活用されている色もある。色の活用をしない方がよいということではなく，色から得られる情報を活用できない人や場面もあると想定しておくことが重要ということになる。

[2]　高齢者や障害のある人を含むすべての利用者が，利用端末などに関係なくWebコンテンツを利用できるようにすることを目的とした規格にJIS X 8341がある。JIS X 8341は「やさしい」の語呂合わせであり，Webページが満たすべきアクセシビリティの品質基準を定めている。この中で，画像や音声などの非テキストコンテンツは同等の目的を果たすテキストによる代替を提供することが定められており，例えばこの設問の例の場合は，エラー箇所を赤で示したうえで「エラー！」などのテキストも同時に表示すれば誰もが使いやすくなる。また，HTMLのimgタグのalt属性を用いることも，テキスト情報を提供するための典型的な手段である。

[3]　モノなどのデザインにより，人をある行動に誘導することをアフォーダンスまたはシグニファイアという。

[4]　ユーザインタフェースに関連して，GUI(Graphical User Interface)という用語も確認しておこう。GUIは文字によってコンピュータを操作するCUI（CはCharacter，文字の意味）と異なり，アイコンやウィンドウシステム，マウス操作などのように，画像（Graphic）を用いて簡単に操作できるようにしたユーザインタフェースである。また，単にインタフェースといった場合は，USB，HDMI，Bluetoothなど，機器と機器の接点に関する規格を指すこともある。

■ 問2　浮動小数点数

分野　**6**　コンピュータの構成

解答　ウ ①　エ ②

解説

ウ

　小数を含む数を浮動小数点数[1] として表すための最初の処理として，正規化[2] をした結果が問われている。表1の手順1にある通り，正規化とは，浮動小数点数で表したい十進法の値を二進法に変換したのち，「1.…× 2^n」の形式にすることである。この形式に則っているもの，すなわち整数部分が1となっているものは，ウ の解答群の中では①のみである[3]。

エ

　十進法の 8.625 を浮動小数点数として表したらどのようになるかが問われている。解答群の値はいずれも 16 ビットであるが，0 と 1 の羅列を見ただけでは意味が判別しづらい。そこで，図1の符号部（1ビット）・指数部（4ビット）・仮数部（11ビット）の区分を踏まえ，次のように解答群に線を引いてみると分かりやすくなる。

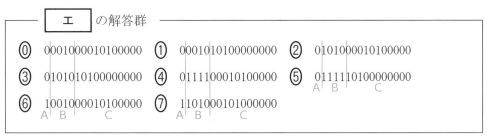

A：符号部　B：指数部　C：仮数部

以上を踏まえて，手順に沿って検討していく。

A　符号部について

　手順2より，符号部は表したい値が正なら0に，負なら1にする。今回表したい値は「8.625」であり，これは正の数なので，符号部は0になる。この時点で，⑥ と ⑦ は誤りであると分かる。

B　指数部について

▶ 1　固定小数点数は，小数点の位置を固定して表す。例えば，16ビットで実数を表す場合，固定小数点数では「8ビット目と9ビット目の間に小数点を置く」などというように小数点の位置を決める。しかし，このように固定してしまうと，例えば二進法の「1.00000000111」を表したいとき，桁数は12桁にも関わらず，小数点の位置を固定してしまっているので16ビットでは「00000001.00000000」までしか格納できず，末尾の111が切り捨てられてしまう。このように，固定小数点数は柔軟性に欠ける表現方法である。

▶ 2　「正規化後の値は整数部が1である」と決めておくことで，整数部に関する情報を表すことが不要となり，仮数部の有効桁数を最大化することができる。この問題で出題された十進法「8.625」は二進法に変換すると「1000.101」となり無限小数にならないが，例えば十進法「0.1」は二進法に変換すると「0.00011001100…」の無限小数となる。これを浮動小数点数によって表す場合は仮数部の有効桁数に収まらない範囲を切り捨てなければならないので，計算誤差が生じる。正規化によって仮数部の有効桁数をできるだけ多く確保することは，計算誤差を減らすためにも重要となる。なお，長い桁の小数を限られた桁数で表現するためには，ある桁以降の値を切り捨てる必要があるが，この切り捨てによって生じてしまう誤差を丸め誤差という。

▶ 3　十進法「8.625」は，「8 ＋ 0.5 ＋ 0.125」なので，「2^3 ＋ 2^{-1} ＋ 2^{-3}」と表すことができる。こうした指数に関する法則を学習していない場合でも，本問の場合，正規化後の形式に則っているのは解答群の中で一つしかないので，迷わず解答できるだろう。

手順3より，指数部は正規化後の n について，「n ＋ 7」[1] の結果を二進法で表したものにする。n は，手順1で正規化した後の「1.… × 2^n」の n を指している。 ウ の解答群で確認した通り，正規化した後の値は「1.000101 × 2^3」となるので，指数 n は3である。

　よって，「n ＋ 7」は10となり，これを二進法に直すと1010となる。指数部が1010になっているのは，解答群の②か③のどちらかである。

C　仮数部について

　手順4より，仮数部は正規化後の「…」にする。正規化後は「1.000101 × 2^3」なので，「…」部分は「000101」である。手順4より，仮数部11ビットのうち値のない桁は0にするので，仮数部は「00010100000」となる。

以上をすべて満たしているのは②である。

問3　バックアップ

分野 ⑩　情報セキュリティ[2]　⑪　情報システム

解答 オ ③ 　 カ ① 　 キ ④

解説

オ・カ

　設問の条件において，4日分のバックアップを A・B それぞれの方法で取った場合のバックアップファイルのデータ量が問われている。

　A の「毎日フルバックアップを取る」方法の場合，4月1日に20GB，4月2日に22GB，4月3日に24GB，4月4日に26GB のバックアップを取得する。

$$20 ＋ 22 ＋ 24 ＋ 26 ＝ 92$$

より， オ は92GB が答えとなる。

　B の「初日にフルバックアップを取り，以降は差分バックアップを毎日取る」方法の場合，4月1日に20GB のフルバックアップを取得したのち，「4月2・3・4日はフルバックアップ後に変更があった部分のみのバックアップを取る[3]」ので，4月2日に2GB，4月3日に4GB，4月4日に6GB のバックアップを取ることになる。よって，

$$20 ＋ 2 ＋ 4 ＋ 6 ＝ 32$$

より， カ は32GB が答えとなる[4]。

---

[1]　この問題では n の値は3と正の数であったが，「表したい値」によっては，n が負の数になることもあり得る。だが，指数部で負の数を表現するのは無駄があるため，指数 n に「ある数」を足して，指数部が正の数になるように処理をする。この問題では，指数部は4ビットなので，16通りの値を表現可能である。そこで，n が正の数の場合・負の数の場合のどちらだとしてもバランスよく対応できるようにするため，16通り（0〜15）の中間にあたる7を指数 n に加える「ある数」として使用している。この「ある数」をバイアス値という。

[2]　「情報セキュリティ」という言葉からは機密性の確保をイメージすることが多いかもしれないが，情報を安全に活用できるようにするためには，完全性や可用性の確保も欠かせない。バックアップは可用性確保のための重要な手法である。

[3]　この設問では触れられていないが，増分バックアップというバックアップ方法もある。差分バックアップは<u>フルバックアップ後に変更した箇所</u>のバックアップを取るのに対し，増分バックアップは<u>前回のバックアップ後に変更した箇所</u>のバックアップを取る方法である。増分バックアップの場合，4月1日のバックアップは20GB，4月2・3・4日は前日のバックアップ後から2GB 追加したのでバックアップはそれぞれ2GB となる。よって，4日間のバックアップファイルのデータ量の合計は「20 ＋ 2 ＋ 2 ＋ 2 ＝ 26」より26GB となる。

[4]　フルバックアップのバックアップファイルのサイズが92GB であるのに対し，差分バックアップは32GB，さらに上述した通り増分バックアップは26GB と，バックアップファイルのサイズにかなりの差がある。このように，通常，バックアップファイルのデータ量及びバックアップファイルの取得にかかる時間は「フル＞差分＞増分」となるが，復旧にかかる時間は「フル＜差分＜増分」となる。なぜなら，差分バックアップはフルバックアップを復元した上で差分バックアップを復元するという二段階の処理が必要となり，増分バックアップはフルバックアップを復元したうえでそれまでの増分バックアップを順にすべて復元するという何段階もの処理が必要になるためである。

キ

設問文の「3 か月前の任意の日の状態に復元できる」という部分にのみ注目してしまうと,「月にフルバックアップ用のディスク 1 枚と差分バックアップ用のディスク 1 枚,計 2 枚が必要」× 3 か月分より 6 枚と答えてしまうかもしれない。しかし,これは誤りである。具体例をもとに考えてみよう。

例えば,設問文にある通り 7 月 15 日においては,4 月 15 日までの間の任意の日の状態に戻せるようにする必要がある。ここまでに取得したバックアップの状態を図で表すと,次のようになる。

B の方法では,フルバックアップを適用した上で,復元したい日の差分バックアップを適用することにより,復元したい日の状態にすることができる。よって,例えば 4 月 15 日,5 月 14 日,6 月 13 日,7 月 12 日の状態に復元したい場合は,それぞれ次のような方法による。

> （例 1）4 月 15 日の状態に復元したい場合
> 4 月 1 日のフルバックアップを適用した上で,4 月 15 日の差分バックアップを適用する。
> （例 2）5 月 14 日の状態に復元したい場合
> 5 月 1 日のフルバックアップを適用した上で,5 月 14 日の差分バックアップを適用する。
> （例 3）6 月 13 日の状態に復元したい場合
> 6 月 1 日のフルバックアップを適用した上で,6 月 13 日の差分バックアップを適用する。
> （例 4）7 月 12 日の状態に復元したい場合
> 7 月 1 日のフルバックアップを適用した上で,7 月 12 日の差分バックアップを適用する。

これらすべてを実現可能できなければならない。そのためには,4・5・6・7 月それぞれのフルバックアップ用ディスクと差分バックアップ用ディスクが必要となるので,最少で 8 枚のディスクを用意することが求められる。7 月の 3 か月前は 4 月だが,当月（この場合は 7 月）の任意の日にも戻せるようにしなければならない点に注意する[1]。

問 4　7 セグメント LED と基数変換

分野 ④ デジタルにするということ　⑥ コンピュータの構成

解答 ク ③　ケ ①

解説

7 セグメント LED が題材となっているが,問われていることの本質は「二進法⇔十進法⇔十六進法」の相互変換である[2]。

▶ 1　この例の場合,7 月 15 日から復元可能なのは,4 月 15 日までではなく 4 月 1 日までの状態である。また,例えば 7 月 1 日に復元を行う場合は 4 月 1 日から 7 月 1 日までの任意の日の状態に復元できるようにする必要があるが,7 月の差分バックアップはまだなく,7 月 1 日の状態にはフルバックアップファイルのみを適用すれば復元できるので,ディスク枚数は 7 枚あれば十分である。だが,設問文には「常に」とあるので,1 日以外のことを考え,7 枚ではなく 8 枚が正解となる。
▶ 2　ある進法で表された値を,異なる進法に変換することを基数変換という。試作問題を見る限りでは,解答に必要な情報の多くは問題中で説明されていたが,「十進法の値を二進法に変換する方法」は説明されていない。「分かっていて当然の基本知識・基本技能」と捉えられているためであろう。コンピュータでは二進法で値を扱っているので,二進法が登場する機会は多い。また,二進法 4 ビットを 1 桁で書き表すことができる十六進法もよく用いられる。他の問題に解答するための土台として,基数変換の方法は確実に押さえておこう。

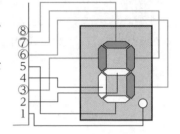

ク

　出力は「1111111011100100」だが，問われているのは下位桁についてだけなので，1～8ビット目だけを見ればよい。この部分にだけ注目すると，出力は「11100100」となる。

　3,6,7,8ビット目が1となっているので，これを踏まえて図3の各ビットに対応した線をたどると，右図のように「7」が表示されることが分かる。なお，右図の○（青丸）は，そのビットが1であることを意味する。

　 ク では基数変換までは求められておらず，次の問題の前提として7セグメントLEDの仕組みを確認している段階にある。

ケ

　次のように，順を追って考える。

① 上位桁が ，下位桁が と表示されているということは，二進法では出力が何だったのかを考える。

　 ク とは逆に，LEDが点灯している部分の線をたどると，出力は「1011011011110010」であったことが分かる。

② 二進法4桁（4ビット）が十六進法1桁に相当するので，4ビットずつ十六進法に変換する。二進法から十六進法に直接変換するのが難しい場合は，一度十進法に変換するとよい。

　「1011011011110010」を4ビットずつ区切ると，「1011」「0110」「1111」「0010」となる。これらについて，一度十進法に変換した後，十六進法に変換すると下表のようになる。

二進法	十進法	十六進法
1011 ——→	11 ——→	B
0110 ——→	6 ——→	6
1111 ——→	15 ——→	F
0010 ——→	2 ——→	2

　よって，これらを並べて「B6F2」としたものが正解となる。

第 2 問

■ A　リレーショナルデータベース

分野 🔟 データベース

解答
問1 ア ⑦ 問2 イ ③
問3 ウ ⓪ エ ④ 問4 オ ④（ ウ ・ エ は順不同可）

解説

問1 ア

　表を分けて関連付け[1]をすることによって情報を管理する表2の方が，表1よりも必要とするセルの総数[2]が少なくなる条件が問われている。

▶1　関連付けのことをリレーションともいう。
▶2　使用セルの総数が必ずしもデータ量に直結するわけではないが，この問題ではセルの総数を一つの基準として比較している。

表1では，購入した本が1冊増えると3セル増える。一方，表2では本を購入した場合は「本屋表」には変更はなく[1]，「購入表」において2セル増える[2]。

これを踏まえ，購入した本の数によってセルの総数がどうなるかをまとめると，次のようになる。なお，購入した本の数が4の場合については，設問文に示されている。先頭行は除いて数えるので注意すること。

購入した本の数	表1の総セル数	表2の総セル数
4	12	14
5	15	16
6	18	18
7	21	20

このように，購入した本の数が7となったとき，表2の方が表1よりも総セル数が少なくなる[3]。よって，ア の答えは⑦となる。

問2　イ

設問文の イ の直後を踏まえ，「表2の方が表1の形式に比べて変更箇所が少なくて済む」のはどのような場合なのかを問われていることを確認する。

⓪　誤り。表1でも表2（購入表）でも，該当する本の行[4]の「書籍名」を変える必要がある。

①　誤り。現段階で著者名を入力する部分がないので設計次第であり，表1・表2からは判断できない。

②　誤り。①と同様の理由による。

③　正しい。例えば「○○書店」の住所が間違っていた場合，表1では毎回住所を入力しているので「購入本屋名」が「○○書店」になっている行の「購入本屋の住所」をすべて変えなければならないのに対し，表2では「○○書店」で購入した本がいくつあっても，「本屋表」の「本屋記号」がAの行の，「購入本屋の住所」だけを直せばよい。問1は記憶領域の観点からリレーショナルデータベースの利点を示したものであるが，問2は管理の簡単さ，変更のしやすさ，ミスの防止などの観点からリレーショナルデータベースの利点を示したものとなっている。

問3　ウ・エ

問1・問2では，すべての情報を一つの表で管理するのではなく，適切に表を分離して表同士を関連付け，必要に応じて関連付けられた表の情報を参照するようにすることの利点が示された。しかし，当てずっぽうに表を分離しても，管理しやすいデータベースにはならない。では，どのように分離し，関連付ければよいのだろうか，ということが，問3では問われている。

太郎さんはまず，p.124の表3のように，一つの表にすべての情報をまとめた。そのうえで，p.124の図1のように，先生から表の分離（正規化）の方法を教わった[5]。太郎さんは正規化をするために，まずは「この列[6]を見れば別の列の項目も一つに定まる」という関係を，矢印を使って表4のように整理した。

各選択肢について，図1・表4をもとに検討していく。

▶1　p.123で，本屋は「○○書店」と「△△書店」しかないと書かれているため。

▶2　一つの表をテーブルともいう。

▶3　購入した本の数をxとしたとき，表1の総セル数は3xとなる。また，表2については，本屋が2つしかないのであれば本屋表は6セルで固定されるので，表2の総セル数は（6 + 2x）となる。表2の総セル数の方が少ない状態は「3x > 6 + 2x」と表すことができ，これを解くと「x > 6」となる。xには自然数しか入らないので，xが7以上であれば，表2の総セル数の方が少なくなると分かる。

▶4　一つの行をレコードともいう。

▶5　企業などでは膨大なデータを収集・変更・利用するが，これらのデータ操作を効果的に誤りなく行うためには，データベースの活用が欠かせない。管理しやすいデータベースを設計するためには，正規化を行うことが重要である。p.124で先生が紹介した正規化の方法はかなり簡略化されたものであり，一般には「管理するデータの洗い出し→非正規形→第一正規形→第二正規形→第三正規形」という順序で正規化を行っていく。

▶6　一つの列をフィールドともいう。

⓪　正しい。表4においては，書籍IDが矢印の元，著者名が矢印の先になっているので，書籍IDによって著者名は一つに定まる[1]。なお，書籍IDを見れば著者名だけでなく，すべての列を一つに定めることができる。よって，書籍IDは図1の①に示されるようにこの表の主キーとなる[2]。このことは，図1の③において「主キーとは別に」という部分を判断するために必要な情報なので，合わせて確認しておこう。

①　誤り。表4で示されている範囲でも，S04の行とS05の行を見ると，書籍名とジャンル名がそれぞれ「初恋」「日本文学」と同じだが，著者名は異なる。また，表4の矢印からも判断することができる。

②　誤り。p.124の設問文で，「著者IDは一人の著者に一つずつ設定し，異なる著者に同じ著者IDが使用されないようにしている」とあるので，著者IDを変えることによって同姓同名の著者を区別することができる。

③　誤り。p.124の図1の③を見ると，このように分離することは適切であるように思える。しかし，図1の②を見ると，「計算をすれば求められる列は，いずれの表においても不要」とあるので，「面白さ度」と「役立ち度」の合計によって求められる「点数計」はそもそも表に不要である。

④　正しい。表4では書籍IDが主キーであるが，それとは別に，著者IDから著者名に矢印が出ている。よって，p.124の図1の③に従い，表を分離する。p.124の図1の③に示される「列A」が著者ID，「列B」が著者名にあたる。

⑤　誤り。S04の「初恋」と，S05の「初恋」は別の本である。p.124の設問文で，書籍IDは異なる本に同じものを設定しないことが示されているので，変更してはならない。

なお，図1の通りに正規化をすると，表は次のように分離される。

書籍表

書籍ID	書籍名	著者ID	ジャンル	購入本屋	面白さ度	役立ち度
S01	人間失格	C01	日本文学	○○書店	5	3
S02	変身	C02	外国文学	△△書店	4	3

著者表　　　　　「書籍表」の著者IDと「著者表」の著者IDを関連付ける

著者ID	著者名
C01	太宰治
C02	フランツ・カフカ

問4　　オ

リレーショナルデータベースの実際の活用事例が問われている。p.126の説明をもとに，p.127のa〜eを一つずつ検討していく。

a　把握できる。「書籍利用管理表」の「持ち出し者」が父になっている行の「書籍ID」を見ればよい。「書籍利用管理表」は，「書籍一覧表」と「書籍ID」で関連付けられており，「書籍一覧表」には著者名が記録されているので，この情報をたどれば把握可能である。

b　把握できる。「書籍利用管理表」の「持ち出し日」がnullになっていない行の本は，現在持ち出されているということになる。よって，「持ち出し日」がnullになっていない行の「書籍ID」を見て，「書籍一覧表」と照合すれば抽出できる[3]。

---

[1]　一つに定めることを，「一意に識別する」などと表現することがある。また，列Aの値が決まると列Bの値も一つに決まるという関係があるとき，「列Bは列Aに関数従属する」と表現することがある。

[2]　主キーによって行を一意に識別することができるようにしておくことで，誤った行の抽出や更新，参照などを防ぐことができる。

[3]　データベースソフトウェアを使用している場合は，手作業でこのような照合を行うわけではない。データベースに対する抽出命令をクエリといい，データベースソフトウェアでは簡単な操作で条件を設定し，クエリを使用できる。また，最終的にはデータベースの操作はデータベース管理システム（DBMS）が仲介し，SQLという言語によって行われている。

c　把握できない。「書籍利用管理表」は，持ち出しごとではなく書籍ごとに行が設定されている。よって，例えば S01 の書籍を次郎が持ち出して返した後，S01 の書籍を太郎が持ち出した場合，「持ち出し者」は太郎に上書きされる。過去に次郎が S01 の書籍を持ち出したことを記録するところがないので，次郎の持ち出し履歴は把握できない。

d　把握できる。「書籍利用管理表」の行で，返却予定日を過ぎているものを見て，その「持ち出し者」を確認すればよい。

e　把握できない。「書籍利用管理表」では，一つの書籍 ID について最大で一件の利用情報しか記録されない。よって，持ち出されている回数が最も多い本の書籍名は把握できない。c と同じ理由による。

　　以上より，a,b,d が把握できるので，正答は ④ となる。

■ B　TCP

分野　❾　情報通信ネットワークの仕組みとサービス

解答　問1　カ ③　問2　キ ③　ク ⑤　ケ ①　コ ③　サ ⑤　シ ①
　　　　ス ⑦　セ ⓪　ソ ①　問3　タ ⓪

解説

問1　カ

　TCP [1] が，3WAY ハンドシェイク によってコネクション [2] を確立する際のヘッダの状態が問われている。TCP の細かい仕組みについて事前に学習してきていることを求めている問題ではなく，設問文をもとに考えることを求めている問題である。p.129 で，特に伝えるべき情報がない場合は制御ビットを 0 にすると説明されていることも踏まえると，図3の①～③での TCP ヘッダの制御ビットは次のようになる [3]。制御ビットについては，p.128 で説明されている。

---
① 送信側から受信側へのコネクション確立要求
　接続要求なので，SYN ビットが 1 になる。
② 受信側の肯定応答と，受信側から送信側へのコネクション確立要求
　①への肯定応答なので，ACK ビットが 1 になる。さらに，接続要求も行うので，SYN ビットも 1 になる。
③ 送信側の肯定応答
　②への肯定応答なので，ACK ビットが 1 になる。

　以上を踏まえると，正しく説明しているのは ③ であることが分かる。

▶1　Transmission Control Protocol という名前からも分かる通り，TCP は通信（Transmission）を制御（Control）するための方法について規定したプロトコルである。インターネットを介した通信の中核には IP というプロトコルがあるが，IP だけでは通信相手に確実にデータを届けられない可能性がある。そのため，通信の信頼性を高めるために，IP と TCP を組み合わせて用いることが多い。ただし，例えば Web 会議や IP 電話などのように高速性や即時性が求められるような場合は，TCP ではなく UDP というプロトコルが用いられる。

▶2　コネクションとは，本冊 p.129 にもある通り，仮想的な通信路である。IP はそれ単体ではコネクションを確立せずに通信するよう設計されているが，コネクションを確立しなければ双方が送受信可能かどうかを確認しないでもデータを送れてしまうので，受信側が常に自分宛のパケットがないか監視する必要が生じたり，受信側が受け取れる状況にないのに送信側がパケットを送ってしまったりするという問題が生じる。そこで，コネクションの確立について規定する TCP を IP に組み合わせることで，通信の信頼性を高めているのである。IP にコネクション確立を強制しないのは，信頼性を多少犠牲にしても速度を重視したい場合や，アプリケーションソフトウェアで通信制御をしたい場合など様々なシチュエーションがあることを踏まえ，IP の柔軟性を高めるためである。

▶3　TCP ヘッダには様々な情報が設定されているが，そのうち制御ビットとして 6 ビットが割かれている。この 6 ビットについては，各ビットがそれぞれ意味を持っており，そのビットが 1 になっていると対応する内容を相手に伝えようとしているということになる。なお，ACK は Acknowledgement，SYN は Synchronize の略である。

第3回模擬問題　解答・解説

問2　キクケ　コサシ　スセソ

　p.130 の図4の説明を踏まえ，p.131 の図5の「シーケンス番号」および「確認応答番号」が何になるのか
を検討していく。必要な情報はすべて p.130〜131 に書かれているので，特段の事前知識は必要ない。その
場で素早く図と説明を読み取る力が求められている。

　キクケ について，Bが設定する確認応答番号[1] は，図4の②より「受信した TCP ペイロードのデー
タ量＋受信したシーケンス番号」である。ここでは，「受信した TCP ペイロードのデータ量」は 350B（バイ
ト），「受信したシーケンス番号」は 1 である[2]。よって，

$$350 + 1 = 351$$

より，Bが設定する確認応答番号は 351 となる。これは，「次は 351B 目からの部分を送ってほしい」と送信
側に伝えていることになる。

　コサシ について，図4の③より，AはBの確認応答番号をそのままシーケンス番号として設定する。
Bの確認応答番号は 351 だったので，Aが設定するシーケンス番号も 351 になる。また，Aはデータの
351B 目から 700 B 目までの 350B 分を送る。

　スセソ について，図4に「以下②と③を繰り返し」とある[3]。Bの設定は②に規定されているので，こ
れに再びならう。Bが受信した TCP ペイロードのデータ量は 350B，受信したシーケンス番号は 351 なので，

$$350 + 351 = 701$$

より，確認応答番号は 701 にする。これは，「次は 701B 目からの部分を送ってほしい」と送信側に伝えてい
ることになる[4]。

問3　タ

　必要な情報は p.130〜131 にすべて書かれているが，かなり難しい判断が求められている。具体的な状況
を想定しながら，一つずつ検討していく。

⓪　正しい。まず，送信側が TCP セグメントを送ってから一定時間が経っても受信側からの確認応答が届か
　ない場合は，送信側は再度同じ TCP セグメントを送ることになるが[5]，この「一定時間」のことをタイム
　アウト値というのだということを p.130 より確認する。そのうえで，この選択肢の状況をより具体的に想
　定してみる。架空の設定なので，値の大小関係が明確になっていれば，値のリアリティは必要ない。

- 　通信開始直後，TCP セグメントを送ってから確認応答が返ってくるまで，10 秒かかったことが測定
  された。これを踏まえ，コンピュータAはタイムアウト値を 20 秒に設定した。本来の倍の時間がか
  かっても確認応答が返ってこないということは，TCP セグメントが届かなかったのだろうと判断でき
  るためである。
- 　その後，ネットワークの利用率が下がったためか，TCP セグメントを送ってから確認応答が返って
  くるまで，1 秒しかからなくなった。
- 　このような状況になったのなら，届かなかったと判断するために 20 秒も待つ必要はなく，せいぜい
  5 秒待って応答がなかったのなら届かなかったと判断できる。よって，タイムアウト値を短くすると，
  送り直しを効率化できる。

　上の設定は，⓪ の記述と矛盾していない。よって，⓪ は正しいと判断できる。

①　誤り。⓪ と同じように，次のような状況を想定してみる。

[1]　ACK 番号ということもある。
[2]　ここでは，シーケンス番号の初期値を 1 としたが，実際には乱数で設定されることが多い。シーケンス番号の初期値を攻撃者に把握さ
　　れると，通信に割り込まれたり，本来の送信者になりすまされたりする危険があるためである。
[3]　通信を終了する際には，FIN ビットを用いてコネクションの切断を行う。
[4]　このように，TCP セグメントを一つずつ送って受信確認をしていく方法は確実だが，待ち時間の無駄が大きい。そこで，受信側から
　　の応答を待たずに，送信側が複数の TCP セグメントを送るウィンドウ方式という方法を用いることがある。
[5]　TCP セグメントを送ったにも関わらず確認応答がない，という事態は，①送信側が送った TCP セグメントが受信側に届かなかった，
　　② TCP セグメントは届き，受信側が確認応答を送ったが，その確認応答が送信側に届かなかった，という二つの場合に生じる。②の場
　　合，再送信すると受信側は同じ TCP セグメントを 2 回受け取ることになるので，後から来たものは破棄する。

- 　通信開始直後，TCPセグメントを送ってから確認応答が返ってくるまで，10秒かかったことが測定された。ここから，コンピュータAはタイムアウト値を20秒に設定した。本来の倍の時間がかかっても確認応答が返ってこないということは，TCPセグメントが送れなかったのだろうと判断できるためである。
- 　その後，ネットワークの利用率が上がって混雑したためか，TCPセグメントを送ってから確認応答が返ってくるまで，20秒かかるようになってしまった。
- 　このような状況になったのにも関わらず，タイムアウト値を短くしてしまったら，実際は単に送信側が送ったTCPセグメントが受信側にまだ届いていなかっただけかもしれないにも関わらず，同じデータを送り直すことになってしまう。これでは，不要なデータを送信することになってしまう。

　このように考えると，TCPセグメントを送ってから確認応答が返ってくるまでの時間が長くなっている場合は，タイムアウト値を長く設定しなければならないことが分かる。① は逆なので誤りである。

② 誤り。次のように順を追って考える。

- 　送信側→受信側　シーケンス番号401　データ400B送信
- 　受信側→送信側　確認応答番号801　TCPセグメント一つ受信
- 　送信側→受信側　シーケンス番号801　データ400B送信
- 　受信側→送信側　確認応答番号1201　TCPセグメント二つ受信
- 　送信側→受信側　シーケンス番号1201　データ400B送信
- 　受信側→送信側　確認応答番号1601　TCPセグメント三つ受信

　よって，TCPセグメントを三つ受信した後の確認応答番号は1601であり，2001は誤りである。

③ 誤り。これまでの問題でも見てきた通り，TCPセグメントを送ったとしても，受信側に届かない可能性がある。このようなときには，送信側は再度同じTCPセグメントを送る必要があるので，即座に削除するのは望ましくない。

第 3 問

解説動画

■ 文字列検索

分野　**7**　プログラミング

解答　問1 ア ③　イ ⓪　ウ ⑥　問2 エ ①　オ ④　カ ⑥　キ ③
ク ⓪　問3 ケ ②　(オ・カ は順不同可)

解説

■ 問1　アルゴリズムの確認

　ある「文章」の中で，探したい「検索対象」がどこにあるのかを調べるアルゴリズム・プログラムを作成しようとしている[1]。問1は，p.132〜133の【プログラムの説明と例】を見ながら，「結局，どのようなアルゴリズム・プログラムを作りたいのか？」ということを確認するという位置づけにある。

▶1　一般的に，このようなアルゴリズムを文字列検索という。文書作成ソフトウェア（Microsoft Wordなど）に限らず，ブラウザを使ってWebページの中から特定の文字列の位置を探す場合や，検索エンジンを使ってインターネットから特定のWebページを探す場合など，様々な場面で文字列検索が行われている。
　　本冊p.132ではWordの「検索と置換」による検索を例として示したが，第3問のアルゴリズムの動きにより近いものとして，表計算ソフトウェアのFIND関数が挙げられる。FIND関数は，「=FIND(検索文字列, 対象)」と引数を設定すると，「検索文字列」が「対象」の中で何文字目に現れるのかを返す。例えば，「=FIND("こんにちは","みなさんこんにちは")」の戻り値は5となる。

ア

「検索対象」を「うえお」,「文章」を「あいうえおかきく」とした場合の処理結果[1]が問われている。p.133 で,「検索対象」を「こんにちは」,「文章」を「みなさんこんにちは」とすると 5 が表示されることが例示されているので, これを参考にする。「あいうえおかきく」の中で「うえお」が現れるのは 3 字目から 5 字目なので, 3 が表示される。

イ

「検索対象」には, 1・2・3 字目しかない。よって, イ の答えは ⓪ となる。p.134 の図 4 にも, ほとんど イ の答えに相当する内容が示されている。

このアルゴリズム・プログラムは,「検索対象」の 1・2・3 字目と「文章」の 1・2・3 字目を比較 → 一致しなければ「検索対象」の 1・2・3 字目と「文章」の 2・3・4 字目を比較 → 一致しなければ「検索対象」の 1・2・3 字目と「文章」の 3・4・5 字目を比較……というように,「検索対象」の各文字と比較する「文章」の文字を 1 文字ずつずらして設定していくためのアイデアを考案できるか, ということが大きなポイントになっている。 イ は, そのことを検討するための前置きとしての位置づけにある。

ウ

「可能性」という言葉について, p.133 で先生（T）が次のように説明している。

> 例えば, 図 2 では「検索対象」の 1・2・3 字目と「文章」の 1・2・3 字目が一致するかどうかを確認するというのが「一つの可能性を試す」ということになります。

これを踏まえると,「検索対象」を「うえお」,「文章」を「あいうえおかきく」とした場合, 次の比較の「可能性」が存在する。

	検索対象	文章
1	1・2・3字目	1・2・3字目
2	1・2・3字目	2・3・4字目
3	1・2・3字目	3・4・5字目
4	1・2・3字目	4・5・6字目
5	1・2・3字目	5・6・7字目
6	1・2・3字目	6・7・8字目

「文章」に 9 字目は存在しないので,「検索対象」の 1・2・3 字目と「文章」の 7・8・9 字目を比較するという「可能性」はあり得ない。よって,「可能性」は 8 個ではなく 6 個である。このことを確認しておくのは, p.137 の問 3 に解答するためにも重要である。

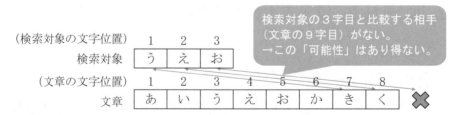

検索対象の 3 字目と比較する相手（文章の 9 字目）がない。→この「可能性」はあり得ない。

■ 問2　プログラムの作成

問 1 で確認したアルゴリズムを, 具体的にプログラムに落とし込んでいく。なお, 第 1・2 回模擬問題では改良プログラムも合わせて二つのプログラムを作成したが, 第 3 回ではやや難易度の高いプログラムであるか

▶ 1　表計算ソフトウェアの関数について,「=FIND(" うえお "," あいうえおかきく ")」の戻り値も 3 となる。第 3 問は, 文部科学省「高等学校学習指導要領（平成 30 年告示）解説 情報編」で, プログラミングの学習活動例として「問題解決のためのプログラミングを取り上げ, プログラミングでワードプロセッサや表計算ソフトウェアのようなアプリケーションソフトウェアが持つ検索や置換及び並べ替えなどの機能の一部を実現したり……することなどが考えられる」と示されていることを踏まえた問題である。

わりに，作成するプログラムは一つだけである。このように，ヘビーなプログラムを，時間をかけて一つだけ作成するというような出題パターンもあり得る。

エ

p.133 の例では，「１字目」の上に「１」，「２字目」の上に「２」……と振られていた。しかし，プログラムの配列において添字０の要素から値を記憶していく場合[1]，「１字目」の添字が「０」，「２字目」の添字が「１」……というようになる。よって，「……字目」の「……」の部分は，「０字目」がない以上，添字の値に１を加えたものとしなければならない。このことを説明している ① が正答となる。

⓪　誤り。この方法では処理結果が正しくならず，「－１字目」も生じてしまう。

①　正しい。

②　誤り。添字を０始まりにするかどうかとは関係のないことである。

③　誤り。要素数と添字の始まりは関係ない。

④　誤り。同上。

オ ～ **ク**

プログラムを作成する前に，処理の流れを確認しておく。p.134～135 で示されていることを整理すると，次のようになる。

> ①　Kensaku[0] と Text[0] を比較する。
>
> ②　一致していたら，次に Kensaku[1] と Text[1] を比較する。さらに一致していたら Kensaku[2] と Text[2] を比較する。以降，一致する限り繰り返す。
>
> ③　Kensaku の最後の文字まで比較して，「一致しない」が一度も出てこなければ，Text の中のその位置に Kensaku があるということになる。最初の文字の位置を表示して終了する。
>
> ④　一方，例えば Kensaku[0] と Text[0] が一致しなかった場合，その時点で Text の中のその位置に Kensaku があるはずがないので，Kensaku[1] と Text[1]，Kensaku[2] と Text[2]……の比較をする必要はない。
>
> 　Text[0] からの比較を終了し，次は Kensaku[0] と Text[1] の比較を行う。

この流れを，「検索対象」が「こんにちは」，「文章」が「みなさんこんにちは」の場合を想定して，図で確認してみよう。

(1)　Kensaku[0] と Text[0] の比較→一致しない

	0	1	2	3	4
Kensaku	こ	ん	に	ち	は

	0	1	2	3	4	5	6	7	8
Text	み	な	さ	ん	こ	ん	に	ち	は

(2)　Kensaku[0] と Text[1] の比較→一致しない

	0	1	2	3	4
Kensaku	こ	ん	に	ち	は

	0	1	2	3	4	5	6	7	8
Text	み	な	さ	ん	こ	ん	に	ち	は

(3)　Kensaku[0] と Text[2] の比較→一致しない

	0	1	2	3	4
Kensaku	こ	ん	に	ち	は

	0	1	2	3	4	5	6	7	8
Text	み	な	さ	ん	こ	ん	に	ち	は

(4)　Kensaku[0] と Text[3] の比較→一致しない

	0	1	2	3	4
Kensaku	こ	ん	に	ち	は

	0	1	2	3	4	5	6	7	8
Text	み	な	さ	ん	こ	ん	に	ち	は

---

[1]　必ずしも，添字０の要素から使用しなければならないというわけではない。なお，本書発刊時点の大学入試センターによる説明では，本冊 p.36 の「１」でも示した通り，「※特に説明がない場合，配列の要素を指定する添字は０から始まる」とされている。

(5) **Kensaku[0]** と **Text[4]** の比較→一致する

	0	1	2	3	4
Kensaku	こ	ん	に	ち	は

	0	1	2	3	4	5	6	7	8
Text	み	な	さ	ん	こ	ん	に	ち	は

(6) **Kensaku[1]** と **Text[5]** の比較→一致する

	0	1	2	3	4
Kensaku	こ	ん	に	ち	は

	0	1	2	3	4	5	6	7	8
Text	み	な	さ	ん	こ	ん	に	ち	は

(7) **Kensaku[2]** と **Text[6]** の比較→一致する

	0	1	2	3	4
Kensaku	こ	ん	に	ち	は

	0	1	2	3	4	5	6	7	8
Text	み	な	さ	ん	こ	ん	に	ち	は

(8) **Kensaku[3]** と **Text[7]** の比較→一致する

	0	1	2	3	4
Kensaku	こ	ん	に	ち	は

	0	1	2	3	4	5	6	7	8
Text	み	な	さ	ん	こ	ん	に	ち	は

(9) **Kensaku[4]** と **Text[8]** の比較→一致する

	0	1	2	3	4
Kensaku	こ	ん	に	ち	は

	0	1	2	3	4	5	6	7	8
Text	み	な	さ	ん	こ	ん	に	ち	は

→検索対象（Kensaku）の最後の文字まで順に文章（Text）の各文字と比較してきたが，「一致しない」が一つも出なかった。

→文章中の，検索対象の位置を特定できた。

p.136　図5のプログラム（完成版）

```
(1)    Kensaku = ["こ","ん","に","ち","は"]
(2)    Text = ["み","な","さ","ん","こ","ん","に","ち","は"]
(3)    kensaku_len = 要素数（Kensaku）
(4)    text_len = 要素数（Text）
(5)    i を 0 から text_len - 1 まで1ずつ増やしながら繰り返す：
(6)    │   j を 0 から kensaku_len - 1 まで1ずつ増やしながら繰り返す：
(7)    │   │   もし Kensaku[j] == Text[i + j] ならば：
(8)    │   │   │   もし j == kensaku_len - 1 ならば：
(9)    │   │   │   │   表示する（i + 1）
(10)   │   │   │   └   プログラムを終了する
(11)   │   │   そうでなければ：
(12)   └   └   繰り返しを抜ける　#内側の繰り返しを抜ける
(13)   表示する（"見つかりませんでした"）
```

```
1 Kensaku = ["こ","ん","に","ち","は"]
2 Text = ["み","な","さ","ん","こ","ん","に","ち","は"]
3 kensaku_len = len(Kensaku)
4 text_len = len(Text)
5 for i in range(0, text_len - 1 + 1, 1):
6   for j in range(0, kensaku_len - 1 + 1, 1):
7     if (Kensaku[j] == Text[i + j]):
8       if(j == kensaku_len - 1):
9         print(i + 1)
10        exit()  #プログラムを終了する
11     else:
12       break #内側の繰り返しを抜ける
13 print("見つかりませんでした")

5
```

p.136　図5のプログラムのトレース表

※ 配列 Kensaku と Text は，プログラム中で操作されない。各要素に記憶されている値を以下に示す。

添字	0	1	2	3	4
Kensaku	"こ"	"ん"	"に"	"ち"	"は"

添字	0	1	2	3	4	5	6	7	8
Text	"み"	"な"	"さ"	"ん"	"こ"	"ん"	"に"	"ち"	"は"

行	kensaku_len	text_len	i	j	Kensaku[j]	Text[i+j]	備考
(1)	−	−	−	−	−	−	配列 Kensaku に値を記憶。
(2)	−	−	−	−	−	−	配列 Text に値を記憶。
(3)	5	−	−	−	−	−	kensaku_len に要素数 (Kensaku) の戻り値である5を記憶。ただし，添字が0始まりのため，添字末尾は5ではなく4なので注意。
(4)	5	9	−	−	−	−	text_len に要素数 (Text) の戻り値である9を記憶。上と同様に，添字末尾は9ではなく8なので注意。
(5)	5	9	0	−	−	−	外側 for ループ始まり。i に初期値0をセット。「i ≦ text_len - 1」が成り立つのでループ継続。

▶1　10 行目の exit 関数はプログラムを終了する関数だが，実行環境によっては適切に機能しない場合がある。このような場合はプログラムを終了できないので，位置に加えて「見つかりませんでした」も表示されてしまう。

行	kensaku_len	text_len	i	j	Kensaku[j]	Text[i+j]	備　　考
(6)	5	9	0	0	" こ "	" み "	内側 for ループ始まり。j に初期値 0 をセット。「j ≦ kensaku_len - 1」が成り立つのでループ継続[1]。なお，Kensaku[j] と Text[i+j] はここで値が変わるわけではないが，(7) の比較を分かりやすく示すために併記している。
(7)	Kensaku[j] == Text[i+j] → NO						オ　および　カ　の空欄にあたる。どのようにすれば，図で確認したような比較を行えるのかを考える。特に，Text[i + j] という添字の設定方法を思いつくかどうかが最大のポイントとなっている。p.134～135 の図 4 も踏まえ，Text の添字の規則性を発見できるとよい。ここまでにも確認してきたように，「検索対象」（Kensaku）の文字と，「文章」（Text）の文字が一致しなかったら，すなわちこの文の判定結果が NO であれば，「文章」のその位置に「検索対象」はない。よって，NO の場合には「繰り返しを抜ける」で内側ループを抜けているのである。Kensaku[0] == Text[0 + 0] は NO。つまり，「文章」の添字 0 （0 + 0）と「検索対象」の添字 0 は一致しない。

▶ 1　このプログラムでは，(8)～(10) で「表示」および「プログラムの終了」，(11)～(12) で「繰り返しを抜ける」が設定されている。内側の for ループは「j ≦ kensaku_len - 1」が成り立たない場合に抜けるが，この判定によって内側の for ループを抜ける前に，「表示」および「プログラムの終了」か，「繰り返しを抜ける」のどちらかが実行される。よって，内側の for ループは，終了値が kensaku_len - 1 以上であれば，他の値を設定しても同様に動作する。

行	kensaku_len	text_len	i	j	Kensaku[j]	Text[i+j]	備　　考
(12)	内側の繰り返しを抜ける						Text[0] の位置から始まるところに「検索対象」はないことが確定。
(5)	5	9	1	0	"こ"	"な"	i に 1 を加える。「i ≦ text_len - 1」が成り立つのでループ継続。
(6)	5	9	1	0	"こ"	"な"	内側 for ループ始まり。j に初期値 0 をセット。「j ≦ kensaku_len - 1」が成り立つのでループ継続。
(7)	Kensaku[j] == Text[i+j] → NO						Kensaku[0] == Text[1 + 0] は NO。つまり,「文章」の添字 1 (1 + 0) と「検索対象」の添字 0 は一致しない。
(12)	内側の繰り返しを抜ける						Text[1] の位置から始まるところに「検索対象」はないことが確定。
(5)	5	9	2	0	"こ"	"さ"	i に 1 を加える。「i ≦ text_len - 1」が成り立つのでループ継続。
(6)	5	9	2	0	"こ"	"さ"	内側 for ループ始まり。j に初期値 0 をセット。「j ≦ kensaku_len - 1」が成り立つのでループ継続。
(7)	Kensaku[j] == Text[i+j] → NO						Kensaku[0] == Text[2 + 0] は NO。つまり,「文章」の添字 2 (2 + 0) と「検索対象」の添字 0 は一致しない。
(12)	内側の繰り返しを抜ける						Text[2] の位置から始まるところに「検索対象」はないことが確定。
(5)	5	9	3	0	"こ"	"ん"	i に 1 を加える。「i ≦ text_len - 1」が成り立つのでループ継続。
(6)	5	9	3	0	"こ"	"ん"	内側 for ループ始まり。j に初期値 0 をセット。「j ≦ kensaku_len - 1」が成り立つのでループ継続。

行	kensaku_len	text_len	i	j	Kensaku[j]	Text[i+j]	備　考
(7)					Kensaku[j] == Text[i+j] → NO		Kensaku[0] == Text[3 + 0] は NO。つまり，「文章」の添字 3（3 + 0）と「検索対象」の添字 0 は一致しない。
(12)	内側の繰り返しを抜ける						Text[3] の位置から始まるところに「検索対象」はないことが確定。
(5)	5	9	4	0	" こ "	" こ "	i に 1 を加える。「i ≦ text_len - 1」が成り立つのでループ継続。
(6)	5	9	4	0	" こ "	" こ "	内側 for ループ始まり。j に初期値 0 をセット。「j ≦ kensaku_len - 1」が成り立つのでループ継続。
(7)					Kensaku[j] == Text[i+j] → YES		Kensaku[0] == Text[4 + 0] は YES。つまり，「文章」の添字 4（4 + 0）と「検索対象」の添字 0 は一致する。
(8)					j == kensaku_len − 1 → NO		0 == 5 − 1 は NO。j は Kensaku の添字として使用するということは， オ ・ カ の解答結果および p.135 の先生（T）の説明からも明らかである。kensaku_len はこの設定の場合は 5 だが，配列 Kensaku は添字 0 の要素から値を記憶しているので，末尾の添字は 4 になる。つまり，j == kensaku_len - 1 かどうかの判定は，Kensaku の末尾の添字の要素まで比較が終わったかどうかの判定である。ここが YES になった場合は，(7) で一度も NO にならず Kensaku の最後の文字まで比較できたということなので，Kensaku の位置が確定したということになる。また，(7) が NO ならば (12) によって内側の for ループを抜けるが，(7) が YES で (8) が NO だとしたら，(12) は行われないので内側の for ループは継続するということにも注意する。

行	kensaku_len	text_len	i	j	Kensaku[j]	Text[i+j]	備　　考
(6)	5	9	4	1	"ん"	"ん"	jに1を加える。「j ≦ kensaku_len - 1」が成り立つのでループ継続。
(7)	Kensaku[j] == Text[i+j] → YES						Kensaku[1] == Text[4 + 1]はYES。つまり，「文章」の添字5（4 + 1）と「検索対象」の添字1は一致する。※
(8)	j == kensaku_len - 1 → NO						1 == 5 - 1はNO。
(6)	5	9	4	2	"に"	"に"	jに1を加える。「j ≦ kensaku_len - 1」が成り立つのでループ継続。
(7)	Kensaku[j] == Text[i+j] → YES						Kensaku[2] == Text[4 + 2]はYES。つまり，「文章」の添字6（4 + 2）と「検索対象」の添字2は一致する。
(8)	j == kensaku_len - 1 → NO						2 == 5 - 1はNO。
(6)	5	9	4	3	"ち"	"ち"	jに1を加える。「j ≦ kensaku_len - 1」が成り立つのでループ継続。
(7)	Kensaku[j] == Text[i+j] → YES						Kensaku[3] == Text[4 + 3]はYES。つまり，「文章」の添字7（4 + 3）と「検索対象」の添字3は一致する。
(8)	j == kensaku_len - 1 → NO						3 == 5 - 1はNO。
(6)	5	9	4	4	"は"	"は"	jに1を加える。「j ≦ kensaku_len - 1」が成り立つのでループ継続。
(7)	Kensaku[j] == Text[i+j] → YES						Kensaku[4] == Text[4 + 4]はYES。つまり，「文章」の添字8（4 + 4）と「検索対象」の添字4は一致する。
(8)	j == kensaku_len − 1 → YES						4 == 5 - 1はYES。Textの添字4の位置から始まる部分に，Kensakuがあるということが確定した。

※　オ ・ カ の部分（プログラム7行目）について，Kensaku[j] == Text[i]と答える誤答が多いと思われる。Kensaku[j]との比較対象をText[i + j]ではなくText[i]にしてしまうと，上の例ではKensaku[0]とText[4]を比較して一致した後，Kensaku[1]とText[5]ではなく，Kensaku[1]とText[4]が比較されてしまうため，Text[i]とするのは正しくない。この別冊解答のp.83〜84に掲載した図を確認しよう。

(9)	i + 1 を表示する	キ の空欄にあたる。p.133 にある通り，表示したいのは「『文章』の先頭から数えて何字目の位置から『検索対象』があるのか」を示す値になる。これは，i で制御してきた値に相当する。また，エ で確認した通り，添字 0 の要素から値を記憶しているので，1 を加えた値を表示しなければならない。よって，i ではなく i + 1 を表示する。
(10)	プログラムを終了する	以降の処理は行わず，プログラムを終了する。なお，もし Text の中に Kensaku が見つからなければ，(5) の for ループを抜ける。(13) に処理が至るということは，見つからなかったことを意味するので，ク は「見つかりませんでした」の表示を行うようにする。

■ 問3　プログラムの改良

ケ

　p.136 の図5のアルゴリズムには欠陥があるため，p.137 で改善を図ろうとしている。図5のプログラムの欠陥の内容は，p.137 の設問文を整理すると，次の2点になる。

---
① 不必要な処理を行ってしまうこと
② 存在しない要素を参照することによるエラーが生じること

　これらのエラーは p.137 に示されている通り，「『検索対象』が『文章』の中に存在しうる位置」を考えていないために生じているものである。

　ここで思い出したいのが，ウ の問題である。この別冊解答の p.82 でも解説した通り，「検索対象」の字数を考えると，「文章」のその位置から始まる部分に「検索対象」が存在するということは明らかにあり得ないというところがある。また，「検索対象」が「こんにちは」，「文章」が「みなさんこんばんは」の場合はエラーが生じないが，「検索対象」が「こんにちは」，「文章」が「みなさんやまなかこ」の場合はエラーが生じると書かれていることにも注目する。

　「検索対象」を「こんにちは」，「文章」を「みなさんやまなかこ」とする場合を想定して，上の2つの問題を具体的に確認してみよう。

① 不必要な処理を行ってしまうこと

	0	1	2	3	4
Kensaku	こ	ん	に	ち	は

Textの添字5以降の位置に，Kensaku があるはずがない。

	0	1	2	3	4	5	6	7	8
Text	み	な	さ	ん	や	ま	な	か	こ

　この例の場合，Kensaku の文字数（要素数）は5なので，Text の添字5の位置より後ろにあるはずがない。なぜなら，Kensaku は5字なのに，Text の添字5以降には4字しかないためである。そのため，Kensaku[0] と Text[5] の比較～Kensaku[0] と Text[8] の比較は行う必要がない。

② 存在しない要素を参照することによるエラーが生じること

	0	1	2	3	4
Kensaku	こ	ん	に	ち	は

	0	1	2	3	4	5	6	7	8	
Text	み	な	さ	ん	や	ま	な	か	こ	✖

　`Kensaku[0]` と `Text[8]` を比較すると一致するので内側のループを抜けず，`Kensaku[1]` と `Text[9]` の比較に進む。しかし，`Text[9]` は存在しないので，存在しない要素を参照することによるエラーが生じてしまう。なお，`Kensaku[0]` と `Text[8]` が一致しない場合は内側のループを抜けるので，`Kensaku[1]` と `Text[9]` の比較は行われず，エラーは発生しない。「検索対象」を「こんにちは」，「文章」を「みなさんこんばんは」とした場合，`Kensaku[0]` と `Text[8]` が一致しないので，エラーが発生していないのである。

```
 1 Kensaku = ["こ","ん","に","ち","は"]
 2 Text = ["み","な","さ","ん","や","ま","な","か","こ"]
 3 kensaku_len = len(Kensaku)
 4 text_len = len(Text)
 5 for i in range(0, text_len - 1 + 1):
 6   for j in range(0, kensaku_len - 1 + 1):
 7     if (Kensaku[j] == Text[i + j]):
 8       if(j == kensaku_len - 1):
 9         print(i + 1)
10         exit()  #プログラムを終了する
11     else:
12       break #内側の繰り返しを抜ける
13 print("見つかりませんでした")
```

```
IndexError                                Traceback (most recent call last)
                                  in <cell line: 5>()
      5 for i in range(0, text_len - 1 + 1):
      6   for j in range(0, kensaku_len - 1 + 1):
----> 7     if (Kensaku[j] == Text[i + j]):
      8       if(j == kensaku_len - 1):
      9         print(i + 1)

IndexError: list index out of range
```

存在しない要素を参照すると，「IndexError : list index out of range」のようなエラーが生じる。なお，index は「添字」，list は「配列」，out of range は「範囲外」を意味する。

　これらのエラーを防ぐためには，`Text` の未比較部分の字数（要素数）が `Kensaku` の要素数より小さくなったら，外側のループを抜けて「見つかりませんでした」を表示すればよい。よって，正答は ② となる[1]。

　③ も外側のループについて変更を図ろうとしているが，終了値を「`text_len + kensaku_len`」にしてしまうと，`Text` の要素が存在しないところを参照してしまうので誤りである。それ以外の選択肢も S さんが示す問題を解消できるものではないので誤りである[2]。

第 4 問

■ アンケート調査

分野 ⑬ データの活用

解答
問1 ア ② イ ⑤ 問2 ウ ② 問3 エ ② オ ⑤
問4 カ ② 問5 キ ② （ ア ・ イ および エ ・ オ は順不同可）

▶ 1　選択肢から消去法的に選ぶのであれば，具体的にどのような条件で外側のループを抜けるようにするかを検討しなくても解答はできる。解答するだけならここまで検討することは必須ではないが，以下に，より具体的な説明を補足する。「検索対象」を「こんにちは」，「文章」を「みなさんやまなかこ」とする場合，`i` の値が 5 になったら外側のループを抜けたい。`text_len` は 9，`kensaku_len` は 5 なので，「`text_len - kensaku_len`」は 4 となる。共通テスト用プログラム表記の for 文では，「カウンタ変数 ≦ 終了値」が成り立たなくなったらループを抜ける。そのため，`i` の値が 5 になったらループを抜けるようにするためには，終了値を「`text_len - kensaku_len`」にすればよい。

▶ 2　この問題で扱った文字列検索アルゴリズムは，「文章」の中から「検索対象」が存在し得るすべての位置について順に比較するというものであった。このようなアルゴリズムを力任せ法という（ナイーブ法，ブルートフォース法などということもある）。しかし，例えば「検索対象」の途中まで「文章」と一致していた場合に，その「途中まで」内にはもはや「検索対象」が存在しないことが明らかな場合もある。そのような場合でも全可能性を試す方法では，無駄が生じてしまう。このような問題を解消するために，文字列検索には KMP 法や Boyer-Moore 法などの改良アルゴリズムも存在する。

解説

■ 問1　アンケート調査票の設計

　ア・イ

　p.138〜139 のアンケート調査票に基づいて回答をするとき，回答者が回答内容を特定できないものが問われている。選択肢を一つずつ検討していく。

⓪　誤り。特定できる。（2）において，「6」と回答すればよい。

①　誤り。特定できる。（3）において，「3」・「9（英語に関する本）」と回答すればよい。（3）では，複数選択が認められている。

②　正しい。特定できない。月曜日〜金曜日は毎日1時間読書をし，土曜日・日曜日はまったく読書をしなかった場合，週の読書時間は5時間である。（4）については，5時間の場合，「1」と回答すればよいのか「2」と回答すればよいのかが特定できない。

③　誤り。特定できる。週の読書時間は合計で8時間になるので，（4）について，「3」と回答すればよい。

④　誤り。特定できる。（5）について，「1」と回答すればよい。

⑤　正しい。特定できない。（5）について，「2」と「4」が該当するが，（5）は複数選択が認められない。

■ 問2　尺度と分析

　ウ

⓪　誤り。p.138 の（2）でも示されている通り，本を借りるため以外の目的で図書室を利用した場合も利用回数に含む。また，学校の図書室を利用していないからといって，他の場所で読書をしていないとは言い切れない。（2）の「一週間の図書室の利用回数」の結果から「生徒が読書をしなくなった」と分析することには飛躍がある。なお，（4）の結果から「生徒が読書をしなくなった」と分析することは可能である。

①　誤り。（3）の番号は名義尺度にあたり，合計を求めても意味がない。

②　正しい。（6）の回答内容である「一週間の読書冊数」は，絶対的な「0」が存在するため比例尺度である。比例尺度においては四則演算を行うことが可能であるので，このような分析も行える。例えば，今年の一週間の読書冊数が全生徒平均で2冊，昨年の一週間の読書冊数が全生徒平均で4冊だとしたら，

$$2 \div 4 = 0.5$$

より，「今年，生徒が一週間に読む本の冊数は，昨年に比べて平均で0.5倍になった」と言える。

③　誤り。（9）の回答内容の字数は，必ずしも望むことの多さと直結しているわけではない[1]。例えば，同じことを繰り返して書いているような生徒がいた場合，字数の多さの割に含まれる情報量が多くないということもある。また，望むこと以外のことが書かれている可能性もある。

■ 問3　度数分布表

　エ・オ

　p.142 の解答群を見ると，⓪〜③はBについて，④〜⑥はEについて問われているので，BとEが何を意味するのかを検討すればよい。なお，⑦については，相対度数の合計は常に1なので誤りである。

▶ 1　こうした質的な回答内容に対しては，テキストマイニングなどの手法を用いることで有用な情報を発掘できる可能性がある。

（1）　Ｂの意味するもの

　Ｂが何を意味するのかを考えるが，結論から述べると，Ｂは平均値である。

　中学校の数学でも学習した通り，度数分布表の平均値は，

　　　　　　「各階級の階級値×各階級の度数」の合計÷総度数

で求められる。表１の値をこの式に当てはめると，次のようになる。なお，表１の「総度数」の値は300であるが，式変形の過程を分かりやすくするために，値ではなく「総度数」としている。

　　　　　平均値＝（1×195＋4×84＋7×18＋10×0＋13×3）÷総度数…①

　一方，Ｂは次のように求められている。

　　　　　Ｂ＝1×0.65＋4×0.28＋7×0.06＋10×0＋13×0.01 …②
　　　　　　　　相対度数　　　相対度数　　　相対度数　　　相対度数　　　相対度数

　ここで，相対度数＝各階級の度数÷総度数より，②式は次のように変形できる。

　　　　　Ｂ＝1×195÷総度数＋4×84÷総度数＋7×18÷総度数＋10×0÷総度数＋13×3÷総度数

　分配法則より，「÷総度数」を（　）の外にくくり出すことができるから，

　　　　　Ｂ＝（1×195＋4×84＋7×18＋10×0＋12×3）÷総度数 …②'

　よって，①式と②'式が一致するので，Ｂは平均値である。

　また，階級値は各階級の真ん中の値を取ったものであるため，その階級に属する各データの値とは必ずしも一致しない。すると平均値は必ずしも一致しないので，１つ目の正答は②である。

（2）　Ｅの意味するもの

　次にＥが何を意味するのかを考えるが，結論から述べると，Ｅは分散である。

　度数分布表の分散は，

　　　　　　各階級の「階級値−平均値」の２乗（度数分布表のＣ）を合計して総度数で割る

という方法で求められる。表１の値を当てはめると，次のようになる。

　　　　　分散＝（1.7×195＋2.8×84＋21.9×18＋59.0×0＋114.1×3）÷総度数…③

　一方，Ｅは D（C×相対度数）の合計だから，次のようになる。

　　　　　Ｅ＝1.7×195÷総度数＋2.8×84÷総度数＋21.9×18÷総度数＋59.0×0÷総度数＋114.1×3÷総度数…④
　　　　　　　　相対度数　　　　相対度数　　　　相対度数　　　　相対度数　　　　相対度数

　分配法則より，「÷総度数」を（　）の外にくくり出すことができるから，

　　　　　Ｅ＝（1.7×195＋2.8×84＋21.9×18＋59.0×0＋114.1×3）÷総度数…④'

　よって，③式と④'式が一致するので，Ｅは分散である。

　また，平均値のときと同様の理由により，度数分布表から得られる分散と各データから得られる分散は必ずしも一致しないので，２つ目の正答は⑤である。

■ 問４　クロス集計

カ

　クロス集計の結果を表したグラフについて問われている。

⓪　誤り。「ミステリ」については，「１年・２回以上」が69，「２年・２回以上」が65となっている。

①　誤り。p.138の（3）は複数回答なので，１年生・２年生全体の人数はこのグラフからは把握できない。

②　正しい。この設問文で示されている通りの結果になっている。

③　誤り。このグラフからは，そこまでの判断はできない。この分析を行うためには，「１回以下」の生徒に対して，「なぜ図書室を利用しないのか？」の質問もする必要がある。

■ 問5　CS ポートフォリオ分析

| キ |

　CS ポートフォリオ分析について問われているが，実際には相関に関する応用問題となっている。事前に，CS ポートフォリオ分析について学習してきていることを求める問題ではない。

　まず，この問題で問われていることは，「総合満足度を高めるために最も有効な施策」であることを確認する。次に，図3のグラフを見ると，横軸が「総合満足度と各項目の満足度の相関係数」，縦軸が「各項目の満足度」であることを確認する。ここから，グラフの中で右に位置するものほど，その項目の満足度が高まると総合満足度も高まるということが分かる。また，下にあればあるほど，現状はその項目の満足度が低いということが分かる。

　よって，総合満足度を高めるために最も重要なのは，「授業関連の調べもの」の満足度を高めることになる。なぜなら，最も右にある（総合満足度との正の相関が強い）にも関わらず，現状の満足度が低いためである。

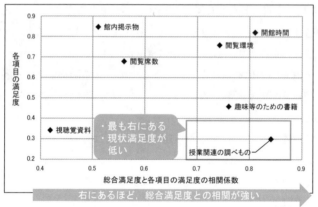

　⓪～③のうち，授業関連の調べものの満足度を高めるために有効な施策は②である。

　なお，このグラフは次のように4象限に分けることが可能である[1]。

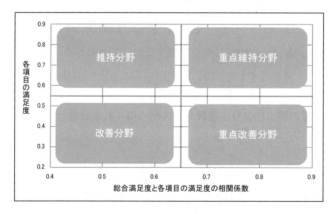

　このうち，「重点改善分野」は総合満足度との正の相関が強いのに満足度が低い項目なので，最も力を入れて改善することが求められる。「重点維持分野」は現時点で総合満足度を引き上げている項目なので，満足度が低下しないように注意する。「維持分野」と「改善分野」は総合満足度との正の相関は弱いので，無視してよいわけではないが，それぞれ「重点維持分野」「重点改善分野」に比べると重要度は落ちる。図書室の改善にかけられるマンパワーや予算などの資源は有限なので，このような手法により重みづけをすることが有効である。

▶1　分野名は，宮城県「満足度調査（CS分析）」（https://www.pref.miyagi.jp/documents/20321/617765.pdf）を参考にした。

試作問題　情　報　Ⅰ　（100点満点）

問題番号（配点）	設問	解答記号	正解	配点
第1問 (20)	1	ア－イ	1-4	各1
	1	ウ	3	2
	2	エ	1	3
	2	オ	1	3
	3	カ	0	2
	3	キ	2	2
	3	ク	1	2
	4	ケ	0	1
	4	コ－サ	3-4	3*1
第2問 (30)	A 1	ア	3	3
	A 2	イ	2	3
	A 3	ウ－エ	1-4	各2
	A 4	オ	2	5*2
	A 4	カ	0	
	A 4	キ	3	
	A 4	ク	1	
	B 1	ケ	8	3
	B 1	コ	4	3
	B 1	サ	1	3*2
	B 1	シ	3	
	B 2	ス	1	3
	B 3	セ	0	3

問題番号（配点）	設問	解答記号	正解	配点
第3問 (25)	1	ア	6	1
	1	イ	0	1
	1	ウ－エ	2-1	3*2
	2	オ	2	1
	2	カ	3	1
	2	キ	1	1
	2	ク	1	2
	2	ケ	0	2
	2	コ	1	2
	3	サ	3	2
	3	シ	0	2
	3	ス－セ	0-2	3*2
	3	ソ	0	2
	3	タ	1	2
第4問 (25)	1	ア	1	4
	2	イ	2	5
	3	ウ	0	5
	4	エ	2	5
	5	オ	2	3
	5	カ	1	3*2
	5	キ	1	

（注）

1　＊1は，両方正解の場合に3点を与える。ただし，いずれか一方のみ正解の場合は1点を与える。

2　＊2は，全部正解の場合のみ点を与える。

3　－（ハイフン）でつながれた正解は，順序を問わない。

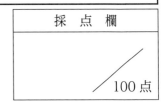

採　点　欄

／100点

試作問題　解説

問題➡ p.150

第 1 問

問1　インターネット上の情報の活用と情報モラル

分野 ❷ 情報に関する法規・情報モラル

解答 ｜ア｜ ① ｜イ｜ ④ ｜ウ｜ ③（｜ア・イ｜は順不同可）

解説

｜ア・イ｜

インターネット上のサービスの利用について，広範な観点から問われている。

⓪ 誤り。常に急いで返信しなければならないという気持ちを持つと，精神的な負担につながる。また，内容をよく精査しないでメッセージを送ることにつながるので，誤情報や暴言，他者の個人情報やプライバシー情報など，送ってはいけない情報を送ってしまう危険性も高める[1]。

① 正しい。その「信頼関係のある相手」のユーザ ID やパスワードが漏えいしている場合などは，悪意のある第三者が「信頼関係のある相手」を装ってサービスを利用している可能性もある[2]。

② 誤り。例えば X が Y に対して，SNS において匿名で誹謗中傷にあたる投稿をした際に，Y がプロバイダに対して発信者開示請求をすることにより，発信者が X であると特定されることがある[3]。

③ 誤り。非公開グループに所属するメンバーに個人情報が漏れてしまうと，そのメンバーに個人情報を悪用される危険がある。また，非公開グループに所属するメンバーが，いやがらせなどの目的で，非公開グループ内で書き込まれた個人情報を公開設定にして書き込む危険もある。

④ 正しい。アニメのキャラクターの画像は著作物であるので，原則として著作者の許諾を得ずに使用することはできない。

⑤ 誤り。芸能人であっても，肖像権の対象外にはならない[4]。

｜ウ｜

インターネット上の情報の信憑性について，広範な観点から問われている。

[1] 俗に，即座に返事（レスポンス）をすることを「即レス」，即レスをしなければならないという考え方に陥ってしまうことを「即レス症候群」などという。「即レス症候群」については，様々な側面から問題点が指摘されている。

[2] なりすまし以前に，そもそも相手と完全な信頼関係があるという考えや，信頼関係があるため秘密の情報を伝えても内緒にしてくれるという考えを持つことも危険である。

[3] プロバイダは，インターネット接続サービスを提供する業者である。また，プロバイダは本来，発信者の投稿を消したり，発信者が誰なのかを開示したりすることはできず，不必要にこれらを行うことは発信者からプロバイダに対する損害賠償請求の対象にもなるが，誹謗中傷が行われている場合などにおいては投稿を削除したり発信者を開示したりすることが許される。このように，プロバイダの責任を特定の場合に制限する法律をプロバイダ責任制限法という。SNS の普及などに伴い，インターネット上での誹謗中傷が社会問題と化している今日の状況を踏まえ，誹謗中傷の被害者がより簡単に発信者情報開示請求を行えるよう，プロバイダ責任制限法が改正され，2022 年に施行された。

[4] 芸能人の肖像権に関連して，パブリシティ権についても確認しておこう。パブリシティ権とは，芸能人やスポーツ選手などの著名人の名前や肖像を出すことによって商品の販売が促進される場合，その著名人が自分の名前や肖像を勝手に使われることを禁止し，使用に許諾を必要とすることによって，そうした経済的な利益を独占することができる権利である。例えば，広告に勝手に芸能人の名前や画像を使うことはパブリシティ権を侵害する。肖像権は人格的権利，パブリシティ権は財産的権利を保護するものであると区別される。

⓪　誤り。検索エンジンの検索結果で上位に表示されているからといって，信憑性の高い情報が掲載されているWebページとは限らない[1]。

①　誤り。ベストアンサーに選ばれていたとしても，信憑性が高いとは限らない[2]。

②　誤り。①と同様の理由による。

③　正しい。複数の根拠にあたることは，情報の妥当性を判断するために重要な態度である。

■ 問2　パリティビット

分野　**4** デジタルにするということ　**6** コンピュータの構成　**10** 情報セキュリティ

解答　エ ①　オ ①

解説

エ

　パリティビットに誤りがあった場合の解釈について問われている。なお，この問題の設定のように，ビット列中の「1」の個数が偶数の場合はパリティビットを0に，奇数の場合はパリティビットを1にして付加する方式を偶数パリティという。

⓪　誤り。パリティビットが誤っているのなら，データは必ず誤っている。ただし，③，④にも関係することだが，パリティビットとデータ中の「1」の数の整合性が取れているとしても，必ずしもデータが正しいとは限らない。

①　正しい。一つのビットが誤っている場合，データの「1」の個数が一つ増えているあるいは減っている状態になっているので，パリティビットとの整合性が取れなくなっている。また，仮にパリティビット自体の値が変わってしまっていたとしても，やはりデータの「1」の個数とパリティビットとの整合性が取れない。よって，誤りがあることは発見できる。しかし，どのビットが誤っているかを特定することはできない。

②　誤り。上に述べた通り，どのビットが誤っているかを特定することはできない。①，②について，次のように具体的に考えてみよう。

---

① 8ビットのデータ「01010101」に，偶数パリティによるパリティビットを付けたい。

② 「01010101」の1の個数は4つと偶数なので，パリティビットは0にする。これを付加すると「010101010」となる。

| 0 | 1 | 0 | 1 | 0 | 1 | 0 | 1 | 0 |

◀ 9ビット目はパリティビット

③ 「010101010」を送信したが，ノイズによって「110101010」のように1ビットが変わってしまった。

④ 受信者は，「110101010」のパリティビットを検証した。すると，パリティビットを除く部分の1の個数は5つと奇数なので，パリティビットは1にならないといけないはずなのだが，送られてきたデータのパリティビットは0となっている。よって，本来は0であるはずのビットが1に変わってしまったか，1であるはずのビットが0に変わってしまったかのどちらかは分からないが，1ビットの誤りが生じたのだろうと推測できる[3]。ただし，どのビットが変わってしまったのかまでは分からない。

---

[1]　検索エンジンの検索結果の表示順位は，検索エンジンが設定したアルゴリズムによって決定される。自分のWebページが検索結果の上位に表示されるようにWebページの内容などを調整することをSEO（Search Engine Optimization，検索エンジン最適化）といい，検索エンジンのアルゴリズムはそのキーワードで検索した人の利益に資するように表示内容を設定しているが，SEOにはある程度のテクニックがあることも事実である。あるWebページが検索結果の上位に表示されているのは，掲載されている情報の質が高いからではなく，SEOが上手であったから，またはたまたまアルゴリズムに適合したからという可能性もあることに注意が必要である。

[2]　感情的，過激な言葉を使用している回答が，その内容ではなく書きぶりなどによってベストアンサーに選ばれることもあり得る。

[3]　誤っているビットの個数が奇数であれば，データとパリティビットの整合性は取れない。例えば，010101010が111111010のように3ビット分変わった場合，パリティビットを除く1の個数は7つと奇数なのにも関わらずパリティビットは0なのでやはり整合性が取れていない。だが，誤っているのは1ビットではなく3ビットである。よって，偶数パリティを設定した場合，データとパリティビットの整合性が取れていないのなら，「1ビット誤っている」というよりも「奇数個の誤りがある」という方が正確である。

③　誤り。誤っているビットが偶数個の場合，パリティビットは正しい値になってしまうので誤りを判定できない[1]。次のように，具体的に考えてみるとよい。

---

①　8ビットのデータ「01010101」に，偶数パリティによるパリティビットを付けたい。

②　「01010101」の1の個数は4つと偶数なので，パリティビットは0にする。これを付加すると「010101010」となる。

③　「010101010」を送信したが，ノイズによって「111101010」のように2ビットが変わってしまった。

④　受信者は，「111101010」のパリティビットを検証した。すると，パリティビットを除く部分の1の個数は6つと偶数なので，パリティビットは0になるはずであり，送られてきたデータのパリティビットも0なので，データは誤っていないと判断してしまう。だが，実際は2ビット誤っているので，誤り検出を失敗している。

---

④　誤り。③と同様。かつ，どのビットに誤りがあるかは分からない。

オ

　まず，16進法の7Aを2進法に変換する。16進法を2進法に基数変換する場合は，一度10進法に変換し，その後2進法に変換すると安全である。（4ビットずつ16進法に変換してもよい）

　16進法のAは，10進法の10にあたる。よって，16進法の7Aは，

$$7 \times 16^1 + 10 \times 10^0$$
$$= 7 \times 16 + 10 \times 1$$
$$= 112 + 10$$
$$= 122$$

より，10進法の122である。10進法の122は，

$$2^6 + 2^5 + 2^4 + 2^3 + 2^1$$

と表すことができるので，2進法では1111010となる[2]。8ビット目には値がないので0を置くと，「01111010」と8ビットで表すことができる。

　本冊 p.152 にも示されている通り，1の個数が偶数なら0，奇数なら1のパリティビットを末尾に付加する。「01111010」の1の個数は5と奇数なので，末尾にはパリティビットとして1を付加する。よって，パリティビット付加後は「011110101」となるため①が正答になる。

■ 問3　論理回路

分野　**4** デジタルにするということ　**6** コンピュータの構成

解答　カ ⓪　キ ②　ク ①

解説

カ

　p.154 には，トイレAとトイレBの両方が同時に使用中になると，パネルのランプを点灯させるとある。入力値A・Bは，それぞれトイレA・Bが使用中なら1で空いていれば0になること，および，出力値Xはランプを点灯させるときに1，点灯しない場合に0とすることも合わせて設問文から読み取ると，要するに「入力

▶ 1　複数のパリティ検査用の値を付加することにより，2ビットまでの誤りを検出し，1ビットの誤りを自動で訂正できるハミング符号という誤り訂正符号もある。

▶ 2　基数変換の方法は，この別冊解答の p.6〜7 で既に説明したので詳細は割愛する。10進法の値を2進法に変換する場合は，商が0になるまで2で割り続け，余りを逆順に書き並べる方法（p.7参照）を使用してもよい。

値AとBが両方とも1の場合にのみ，出力値Xを1にする論理回路はどれか？」ということについて解答すればよいと分かる。

p.154の真理値表を見ると，この論理回路は論理積回路である。よって，答えは⓪となる。

| キ | ・ | ク |

こちらの設定では，トイレA・B・Cの3つのうち2つ以上が使用中になった場合にランプを点灯させるようにしたいのだということを読み取る。つまり，入力値A・B・Cのうち2個以上が1であれば出力値Xを1にし，そうでなければ出力値Xを0にする必要がある。

キ については，⓪～③がこれらの条件に当てはまるかどうかを一つずつ確認すればよい。下図において，青で示した部分は適切な入力・出力の関係になっていない。よって，正しいのは②である。

⓪

入力			出力
A	B	C	X
0	0	0	0
0	0	1	0
0	1	0	0
0	1	1	0
1	0	0	0
1	0	1	0
1	1	0	0
1	1	1	1

①

入力			出力
A	B	C	X
0	0	0	0
0	0	1	1
0	1	0	1
0	1	1	0
1	0	0	1
1	0	1	0
1	1	0	0
1	1	1	1

②

入力			出力
A	B	C	X
0	0	0	0
0	0	1	0
0	1	0	0
0	1	1	1
1	0	0	0
1	0	1	1
1	1	0	1
1	1	1	1

③

入力			出力
A	B	C	X
0	0	0	0
0	0	1	1
0	1	0	1
0	1	1	1
1	0	0	1
1	0	1	1
1	1	0	1
1	1	1	1

ク については，次のように適当な値をA・B・Cに設定してみて， ク が何になっていれば求めている出力になるのかを確認すればよい。

（1）入力値のうち，AとBが1，Cが0の場合　→　1が出力されなければならない

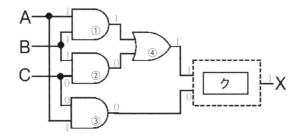

①	A AND B は，1 AND 1　→　1
②	B AND C は，1 AND 0　→　0
③	C AND A は，0 AND 1　→　0
④	①の結果 OR ②の結果は，1 OR 0　→　1
空欄	④の結果 ク ③の結果は，1 ク 0　→　1にならなければならない

解答群の中で，この条件を満たすのは①，②，④，⑤である。

（2）入力値のうち，Aが1，BとCが0の場合　→　0が出力されなければならない

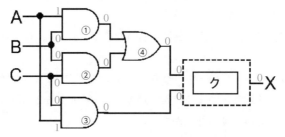

① 　　A AND B は，1 AND 0　→　0
② 　　B AND C は，0 AND 0　→　0
③ 　　C AND A は，0 AND 1　→　0
④ 　　①の結果 OR ②の結果は，0 OR 0　→　0
空欄　　④の結果 ク ③の結果は，0 ク 0　→　0にならなければならない

　　解答群の中で，この条件を満たすのは⓪，①，④である。しかし，⓪は（1）の入力値で正しい出力にならないので，①か④に絞られたことになる。

（3）入力値A・B・Cがすべて1の場合　→　1が出力されなければならない

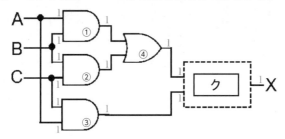

① 　　A AND B は 1 AND 1　→　1
② 　　B AND C は 1 AND 1　→　1
③ 　　C AND A は 1 AND 1　→　1
④ 　　①の結果 OR ②の結果は，1 OR 1　→　1
空欄　　④の結果 ク ③の結果は，1 ク 1　→　1にならなければならない

　　 ク の部分が④の回路になっていると，出力値Xは0になってしまうので正しくない。一方，①になっていると，出力値Xは1となり正しい。よって，（1）〜（3）のすべての条件を満たすのは①である。

■ 問4　究極の5つの帽子掛け

分野 5 情報デザイン

解答 ケ ⓪ コ ③ サ ④（ コ ・ サ は順不同可）

解説

 ケ

　図4の鉄道の路線図について，○で示される各駅の位置は当てずっぽうに決められているわけではなく，実

際の位置とある程度対応している。よって，⓪の「場所」が正解である。

| コ | ・ | サ |

　図5では，数多く存在するホテル・旅館について，すべてを当てずっぽうな順番で表示しているのではなく，まずオプションボタンによって「リゾートホテル」「シティホテル」などのようにカテゴリーに分け，さらにランキングで総合評価の高い順に階層的に表示している。これらに該当する整理方法は，③の「カテゴリー」と④の「階層（連続量）」である。

　一方，図5では，⓪のように場所で整理されているわけではなく，様々な都道府県のホテル・旅館が表示されている。また，①のように五十音順などでソートされているわけでもない。また，②のようにレビューがされた時期などに基づいてソート・整理されているわけでもない。よって，⓪〜②は誤りである。

第 2 問

Ａ　二次元コード

分野　**4** デジタルにするということ

解答　問1 | ア | ③　問2 | イ | ②　問3 | ウ | ①　| エ | ④
　　　　問4 | オ | ②　| カ | ⓪　| キ | ③　| ク | ①（| ウ | ・ | エ | は順不同可）

解説

問1　| ア |

　p.158の内容と，選択肢の末尾が「〜から」で終わっていることを踏まえ，二次元コードが「世の中で広く使われるようになった」理由が問われているのだと考える。事前にこの理由を学習していることを求める問題ではなく，文脈などから判断することが求められている問題である[1]。

⓪　誤り。使用料が高くなったら，二次元コードが使用される機会は減る。

①　誤り。誰でも特許を取れるようにしたら，別の誰かが特許を取得し，特許使用料を支払わないと二次元コードが使用できないようにする可能性がある。なお，二次元コードの開発者が本当に特許権を放棄しているのか，などという知識が求められている問題ではなく，①のような状況が生じたら「世の中で広く使われる」ことになるのか否かを判断する問題であることに注意する。

②　誤り。特許権を行使して厳密に管理した場合，使用者は特許使用料を支払わないと二次元コードを使用できなくなるので，世の中で広く使われるようにはならない。

③　正しい。特許権を保有していても権利を行使しなければ，特許使用料を支払わないでも誰もが使用できるので，世の中で広く使われるようになる。

問2　| イ |

判断が難しい問題であるが，円と正方形の違いについて考えてみるとよい。

⓪　誤り。円だけ，読み取り角度によって黒白の比率が異なるということはない。

①　誤り。二次元コードの向きは，目印の形によって判断しているわけではない。二次元コードは右下にのみ目印が置かれていないことから，向きを判断できる。

▶ 1　以降の問題および本書の模擬問題も同様に，事前に何かの知識を学んでいないと全く解答できないという問題は少ない。しかし，事前知識や経験があることで，安定してスピーディに解答できる可能性は高まる。例えば試作問題の第2問Ａについても，二次元コード（QRコード）をスマートフォンのカメラなどで読み取り，「どの方向からでも読み取ることができる」「QRコードにもいろいろな大きさがある」「自分でもQRコードを作ることができる」などという経験をしたことがあれば，文章の意味がより理解しやすくなるのではないだろうか。

② 正しい。正方形と丸の違いとして，正方形は水平線・垂直線のみで描写できる
のに対し，丸は曲線で描写されるということが挙げられる。画像処理ソフトウェア
などで曲線を含む図を右のように描いた際に，低解像度にすると曲線がギザギザに
なってしまう[1]。印刷でも同様に，低解像度ではギザギザが生じてしまうので，丸
と正しく認識されるように印刷するのは難しい。

③ 誤り。丸だけに生じることではない。

曲線は低解像度だと
ギザギザになる

問3　ウ・エ

表1から読み取れることと各選択肢の文がマッチしているかどうか，一つずつ確かめていく。なお，一般論
ではなく，あくまで表1から読み取れることが聞かれているということに注意する。

⓪ 誤り。復元能力7%の行を見ると，20文字と30文字でセルの数は変わっていない。また，復元能力
30%でも，15文字と20文字でセルの数は変わっていない。よって，文字数とセルの数は単純に比例しな
い。

① 正しい。復元能力7%において20文字と30文字のセルの数が同じことから，⓪のように文字数とセル
の数が直接的に比例しているということではなく，一定の範囲でセルの数が決まっているのだと推測する
ことができる。そして，文字数が多くなれば段階的にセルの数も多くなるということも表1から読み取れる。

② 誤り。表1においては，文字数が多いものの方が，文字数が少ないものよりセルの数が少ないというこ
とは生じていない。文字数がどのような範囲にあればセル数はいくつになる，という一般的な法則までは表
1から見出すことはできないが，少なくとも文字数とセルの数に何らかの関係があることは見出せる。

③ 誤り。例えば15文字の文字列を二次元コードにした場合，復元能力7%に設定するとセルの数は，

$$21 \times 21 = 441$$

より441個となる。一方，復元能力30%に設定するとセルの数は，

$$29 \times 29 = 841$$

より841個となる。よって，

$$841 \div 441 \fallingdotseq 1.9$$

より，この例では約2倍となっており，約4倍ではない。

④ 正しい。同じ文字数で比べると，復元能力7%のものより30%のものの方が，いずれも必要とするセル
の数が多くなっている。

⑤ 誤り。上で確認した通り，同じ文字数であれば復元能力を高めるとセルの数は増える。

問4　オ〜ク

まずは，問3と同じWebアプリケーションを使用しているということを確認する。問3で確認した内容で
ある，「文字数が増えると，一定の範囲ごとに二次元コードのセルの数も多くなる」，「同じ文字数なら復元能
力が高い方が，二次元コードのセルの数も多くなる」と矛盾しないよう，⓪〜③をオ〜クに当ては
めていく。また，もう一つ重要なこととして，p.158で先生が「黒白の小さな正方形はセルと言って，1と0
に符号化されるんだよ」と言っていることも確認する。すなわち，一つのセル単位で1か0の情報を持ってい
るのであり，二次元コード全体のデータ量を決めるのはセルの大きさではなくセルの数であるということにな
る。p.163の各選択肢について，大きさはデータ量と関係がない。セルの数に注目するようにする。

まず，オについては，最も文字数が少なく復元能力も低い。よって，最もセルの数が少ない②が正解
となる。

▶ 1　このギザギザのことをジャギーといい，ジャギーをなるべく目立たないように処理することをアンチエイリアシングという。例えば，
白背景に黒で曲線を描くことによりジャギーが生じるのであれば，黒と白の境界に灰色を多少配置することにより，背景との境界が強調
されないようにするなどの方法がある。また，曲線でなくても，三角形などのような斜めの線でもジャギーが生じる。

次に，同じ復元能力 30% における I ～ III のセルの数の大小関係を考える。セルの数については，

　　　I の復元能力 30% ＜ II の復元能力 30% ＜ III の復元能力 30%

が成り立ち，I の復元能力 30% の場合，セルの数は 33 × 33 であるから，選択肢から考えて キ は ③，ク は ① に確定する。

最後に，同じ選択肢を複数回使用することは許されていないので，カ には ⓪ が当てはまる。

■ B　文化祭の待ち時間シミュレーション

分野 　❽　シミュレーション

解答　問1 ケ ⑧ コ ④ サ ① シ ③ 問2 ス ① 問3 セ ⓪

解説

問1　ケ ～ シ

ケ については，p.164 で「累積相対度数を確率と見なして考えた」とあるため，p.165 で表計算ソフトウェアによって生成した乱数は p.164 の表1の累積相対度数とリンクしているということを確認する。

表2について，2人目の乱数は 0.31 であり，到着間隔は 2 分である。ここから，表2の「生成させた乱数」，「到着間隔」，表1の「累積相対度数」，「階級値」が次のような関係になっていることが読み取れる。

到着間隔（秒）	人数	階級値	相対度数	累積相対度数
0 以上～ 30 未満	6	0 分	0.12	0.12
30 以上～ 90 未満	7	1 分	0.14	0.26
90 以上～150 未満	8	2 分	0.16	0.42
1 ②表2の到着間隔をこの階級値に 3 分			0.2	①表2の乱数がこの範囲にあれば
210 以上～270 未満	9	4 分	0.18	0.82
270 以上～330 未満	4	5 分	0.08	0.90
330 以上～390 未満	2	6 分	0.04	0.94
390 以上～450 未満	0	7 分	0.00	0.94
450 以上～510 未満	1	8 分	0.02	0.96
5 ②表2の到着間隔をこの階級値に 9 分			0.0	①表2の乱数がこの範囲にあれば
570 以上	0	－	－	－

表2で問われている「10人目」の部分の「生成させた乱数」は 0.95 なので，表2の2人目にならうと，対応する表1の階級値（表2の到着間隔）は 8 分になる。よって，ケ は ⑧ となる。

コ ～ シ については，表2と対応した図1を完成させられれば解答できるので，シミュレーションをトレースすればよい。シミュレーション結果をすべて完成させると，次の図のようになる。

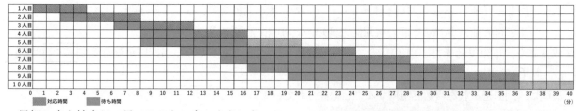

最初の方を拡大して見てみると，右のようになっている。p.164 にある通り，1 人の客の対応には 4 分かかり，同時に 1 人の客しか対応できないので，次に到着した客は待っていることになる。

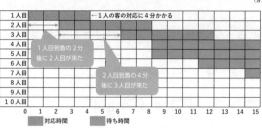

次の客が何分後に到着するかは，p.165 の表 2「到着間隔」に基づいて決めている。

同じ時間に待っている人数は，上図の「待ち時間」の青が縦にいくつ並んでいるかによって分かる。縦に並ぶ青の数が最も多いのは，19〜20 分の部分の 4 つである。よって，コ は ④ である。

また，待ち時間が最も長い，すなわち青のセル数が横に並ぶ数が最も多いのは，9 人目の 13 個である。よって，9 人目は 13 分待ったことになるので，サ シ は ①，③ である。

問2 ス

グラフの読み取りが問われている。なお，「読み取れないこと」を答えるので注意する。

⓪　誤り。読み取れる。

①　正しい。読み取れない。「来客人数 10 人」のグラフを見ると，最大待ち人数が 6 人となっていることがある。来客人数の半分以下（5 以下）に収まっていない。

②　誤り。読み取れる。どのグラフも，来客人数 ÷ 4 をしたあたりの最大待ち人数の部分に山がある。

③　誤り。読み取れる。散らばりは，棒の数に概ね対応する。来客人数 10 人の棒の数は 6，20 人は 9，30 人は 12，40 人は 15 となっているので，来客人数が多くなるほど散らばりは大きくなっている。

問3 セ

シミュレーション結果から生成されるであろうグラフを考える問題である。p.166 の，来客人数 40 人のグラフをもとにして，シミュレーションの値を変えているということにも注意する。

1 人の客の対応時間を 4 分から 3 分に減らしたら，最大待ち人数は減り，ヒストグラムの山は左に移動すると考えられる。これを踏まえ，各選択肢を検討していく。なお，設問文に「最も適当なものを」とあるため，決定的な根拠がない場合はある程度消去法的に解く必要がある[1]。

⓪　正しい。他の選択肢に比べると短縮前より山が左側に移動している。

①　誤り。短縮前のグラフと大きな変化はない。

②　誤り。短縮前のグラフに比べ，山の裾野が広がっているが，左に移動してるわけではない。

③　誤り。短縮前のグラフに比べ，山の裾野が狭くなっているが，左に移動してるわけではない。

▶1　乱数によってシミュレーションを行っているので，「回数」の合計が p.166 に示されている通り 100 回になっている以上，⓪〜③のどの結果になる可能性もある。しかし，この中で生じる可能性が最も高いのは，条件から判断すると⓪だと考えられる。「最も適当な」という条件に従って⓪を選ぶようにする。

第　3　問

上手な払い方

解説動画

分野　**7**　プログラミング

解答

問1　ア ⑥　イ ⓪　ウ ②　エ ①

問2　オ ②　カ ③　キ ①　ク ①　ケ ⓪　コ ①

問3　サ ③　シ ⓪　ス ⓪　セ ②　ソ ⓪　タ ①

（ ウ ・ エ および ス ・ セ は順不同可）

解説

問1　アルゴリズムの検討

ア

まず，「上手な払い方」を計算するプログラムを作成するということが第3問全体の最終目標であることを確認する。また，「上手な払い方」とは，p.168で「客が支払う枚数と釣り銭を受け取る枚数の合計を最小にする払い方」と定義されていることも確認する。

そのうえで，まずは関数「枚数（金額）」を作成しようとしている。p.169で，「枚数（金額）」の戻り値は，引数「金額」を1，5，10，50，100円玉で支払うときの最小硬貨枚数であると説明されている。そのため，「枚数（46）」というように引数が設定されているとき，46円を支払う最小の硬貨枚数は，

10円玉 × 4枚 ＋ 5円玉 × 1枚 ＋ 1円玉 × 1枚

の6枚であるため，戻り値は6となる。よって， ア の答えは ⑥ である。

イ

p.169の「客と店の間で交換される硬貨枚数の合計」は，「①客→店という方向で渡す硬貨の枚数」と「②店→客という方向で渡す硬貨の枚数」の合計である。

① 客→店という方向で渡す硬貨の枚数

この例では，客は51円を支払う。51円を支払うために用いる硬貨の最小枚数は，関数「枚数（金額）」を使用すると，「枚数（51）」と表すことができる。

② 店→客という方向で渡す硬貨の枚数

46円の商品を買うために51円を支払った客に対し，店は5円のお釣りを返す。5円をお釣りとして返すために用いる硬貨の最小枚数は，関数「枚数（金額）」を使用すると，「枚数（5）」と表すことができる。

以上を合計した「枚数（51） ＋ 枚数（5）」が，「客と店の間で交換される硬貨枚数の合計」となる。よって，答えは ⓪ である。

ウ ・ エ

解答の前提として，最小交換硬貨枚数とは「客と店が交換する硬貨の合計」（p.168）の最小値であることを確認する。また「客と店が交換する硬貨の合計」は，商品が46円で客が51円を支払った場合は，「枚数（51） ＋ 枚数（5）」と表したことも確認する。

p.169では，商品の価格xと釣り銭yを使い，「客と店が交換する硬貨の合計」を表そうとしている。ここで，客が支払う金額が変数として出てきていないが，

客が支払う金額 － 商品の価格x ＝ 釣り銭y

という関係が成り立つので，

$$客が支払う金額 = 商品の価格 x + 釣り銭 y$$

と表すことができる。

「客と店が交換する硬貨の合計」は,「客が支払う硬貨の枚数」と「店がお釣りとして返す硬貨の枚数」の合計なので, 関数「枚数(金額)」を用いると,「客と店が交換する硬貨の合計」を,

$$枚数(x + y) + 枚数(y)$$

と表すことができる。よって, 答えは　ウ　が②,　エ　が①である。

■ 問2　プログラムの作成

オ ・ カ

46円を支払うためには, 1円玉46枚によって支払うという方法もある[1]。しかし, このような支払い方は「使用する硬貨の枚数を最小にしたい」というこの問題の設定からすると「上手な支払い方」につながらない。

では, どのような方法によって,「使用する硬貨の枚数を最小にする」ための硬貨の組み合わせを見つけ出すことができるのだろうか。私たちは, 100円玉・50円玉・10円玉・5円玉・1円玉を組み合わせて46円を支払うとき,「10円玉4枚, 5円玉1枚, 1円玉1枚にすると枚数が最も少なくなる」とすぐに判断できる。では, この組み合わせを見つけ出す手順を, プログラムで実行できるようなアルゴリズムで表すとどうなるのだろうか。このようなことが, p.170～171では問われている。

p.170で, 先生(T)が「金額に対して, 高額の硬貨から使うように考えて枚数と残金を計算していくとよいでしょう」と話していることと, 整数値の商を求める演算子「÷」[2], 余りを求める演算子「%」を用いることがヒントとなっている。これらにならうと, 46円を支払うための硬貨の組み合わせを, 次のように決められる。商(整数部)が枚数, 余りが残りの金額なので注意する。

①　100円玉の枚数は, $46 ÷ 100 = \boxed{0} \cdots \boxed{46}$　余りは以降の硬貨で払う金額 より0枚。残りは46円。 （商(整数部)はその硬貨で払う枚数）	②　50円玉の枚数は, $\boxed{46} ÷ 50 = 0 \cdots 46$ より0枚。残りは46円。
③　10円玉の枚数は, $46 ÷ 10 = 4 \cdots 6$ より4枚。残りは6円。	④　5円玉の枚数は, $6 ÷ 5 = 1 \cdots 1$ より1枚。残りは1円。
⑤　1円玉の枚数は, $1 ÷ 1 = 1 \cdots 0$ より1枚。残りは0円。	

以上より,　オ　は②,　カ　は③である。なお, 硬貨枚数を最も少なくして46円を支払うためには, 10円玉は4枚使用するということはすぐに分かるはずなので, ここから次のように各選択肢について考察することができる。

⓪　$46 ÷ 10 + 1 → 4 + 1 → 5$（誤り。求めたい値ではない）

①　$46 \% 10 - 1 → 6 - 1 → 5$（誤り。求めたい値ではない）

②　$46 ÷ 10 → 4$（10円玉を使える枚数と一致する）

③　$46 \% 10 → 6$（10円玉を最大限使った後に残る金額に一致する）

キ ～ コ

以上を踏まえ, 図1のプログラムの作成に進む。

---

[1]　実際には,「通貨の単位及び貨幣の発行等に関する法律」の第7条に「貨幣は, 額面価格の20倍までを限り, 法貨として通用する」と規定されているので, 同じ種類の硬貨を1回の支払いで21枚以上使用することはできない。

[2]　数学では,「÷」は小数も含めて割り算の結果を求めることが普通であるが, ここでの「÷」は割り算をした商の整数部分のみを求めるので注意すること。なお, 本冊p.36にも示した通り, 数学の「÷」に相当する通常の割り算は, 共通テスト用プログラム表記では「/」で指定する。

```
(1)    Kouka = [1,5,10,50,100]

(2)    kingaku = 46

(3)    maisu = 0, nokori = kingaku

(4)    i を 4 から 0 まで 1 ずつ減らし ながら繰り返す：

(5)    │  maisu = maisu + nokori ÷ Kouka[i]

(6)    │  nokori = nokori % Kouka[i]

(7)    表示する (maisu)
```

（参考）Python で作成したプログラムと出力結果 ▶1

```
1 Kouka = [1, 5, 10, 50, 100]
2 kingaku = 46
3 maisu = 0; nokori = kingaku
4 for i in range(4, 0 - 1, -1):
5   maisu = maisu + nokori // Kouka[i]
6   nokori = nokori % Kouka[i]
7 print(maisu)

6
```

p.171　図1のプログラムのトレース表

※配列 Kouka についてはプログラム中で操作しない。上のプログラムを参照。添字 0 から使用する。

行	kingaku	maisu	nokori	i	備　　考
(1)	—	—	—	—	配列 Kouka に値を記憶。
(2)	46	—	—	—	kingaku に 46 を記憶。この値を支払うために必要な硬貨の最小枚数を，以降の処理で求めることになる。
(3)	46	0	46	—	maisu に 0 を記憶。また，nokori に kingaku を代入。
(4)	46	0	46	4	キ が問われている。i は，ケ・コ の解答群を見ると Kouka の添字に使用していることと，Kouka[i] で maisu や nokori を割っていることが分かる。p.170 で，先生は「高額の硬貨から使うように考えて」と言っているので，先に高額の硬貨について maisu や nokori の検討を行う必要がある。(1) を見ると，高額のものほど Kouka の添字が大きい方の要素に記憶されているので，i は大きいものから減らしていかなければならない。よって，キ の答えは ① となる。 for ループ始まり。i に初期値 4 をセット。「i ≧ 0」が成り立つのでループ継続▶2。

▶1　3行目について，1行で複数の処理を指定する場合はセミコロンで区切る。4行目について，for 文の終了値の扱いが共通テスト用プログラム表記と異なるので，－1 をしている。5行目について，Python においては，商の整数部分のみを求める算術演算子は「÷」ではなく「//」である。

▶2　i の値を減らしていくので，for 文の終了判定の不等号も逆向きになる。

行	kingaku	maisu	nokori	i	備　考
(5)	46	0	46	4	ク ・ ケ が問われている。(7) で maisu を表示しており、このプログラムでは最小硬貨枚数を求めるので、maisu には現在の i に対応する硬貨、すなわち Kouka[i] の硬貨を何枚使うのかを順に足していくのだと考える。 Kouka[i] を使える枚数は、この別冊解答の p.106 でも確認した通り、「支払わなければならない残りの金額 ÷ その硬貨の額面」で計算できる。よって、ケ は⓪になる。また、すべての硬貨についての合計を求めなければならないので、ループのたびにそれまで求めた maisu に足し続けていかなければならない。よって、ク は①となる。maisu は、「maisu + nokori ÷ Kouka[i]」で求める。 $0 + 46 ÷ 100 → 0 + 0 → 0$
(6)	46	0	46	4	nokori は、Kouka[i] を最大限使用した後に残る金額である。p.106 で確認した通り、「残りとして支払わなければならない金額 ％ その硬貨の額面」で計算できる。よって、コ の答えは①である。nokori は、「nokori ％ Kouka[i]」で求める。 $46 ％ 100 → 46$
(4)	46	0	46	3	i を 1 減らす。「i ≧ 0」が成り立つのでループ継続。
(5)	46	0	46	3	maisu + nokori ÷ Kouka[i] $0 + 46 ÷ 50 → 0 + 0 → 0$
(6)	46	0	46	3	nokori ％ Kouka[i] $46 ％ 50 → 46$
(4)	46	0	46	2	i を 1 減らす。「i ≧ 0」が成り立つのでループ継続。
(5)	46	4	46	2	maisu + nokori ÷ Kouka[i] $0 + 46 ÷ 10 → 0 + 4 → 4$
(6)	46	4	6	2	nokori ％ Kouka[i] $46 ％ 10 → 6$
(4)	46	4	6	1	i を 1 減らす。「i ≧ 0」が成り立つのでループ継続。
(5)	46	5	6	1	maisu + nokori ÷ Kouka[i] $4 + 6 ÷ 5 → 4 + 1 → 5$
(6)	46	5	1	1	nokori ％ Kouka[i] $6 ％ 5 → 1$
(4)	46	5	1	0	i を 1 減らす。「i ≧ 0」が成り立つのでループ継続。
(5)	46	6	1	0	maisu + nokori ÷ Kouka[i] $5 + 1 ÷ 1 → 5 + 1 → 6$
(6)	46	6	0	0	nokori ％ Kouka[i] $1 ％ 1 → 0$
(4)	46	6	0	-1	i を 1 減らす。「i ≧ 0」が成り立たないのでループ抜け。
(7)	maisu を表示 →　6 が表示される。				

■ 問3　プログラムの追加

サ ～ タ

図1で作成したプログラムを少し変更し，関数「枚数（金額）」のプログラムにしたうえで，この関数を利用した「最小交換硬貨枚数を求めるプログラム」を作成する。

p.173　図2のプログラム（完成版）

```
(1)    kakaku = 46
(2)    min_maisu = 100
(3)    tsuri を 0 から 99 まで 1 ずつ増やしながら繰り返す：
(4)    │   shiharai = kakaku + tsuri
(5)    │   maisu = 枚数(shiharai) + 枚数(tsuri)
(6)    │   もし maisu ＜ min_maisu ならば：
(7)    │   │   min_maisu = maisu
(8)    表示する(min_maisu)
```

（参考）Python で作成したプログラムと出力結果 ▶1

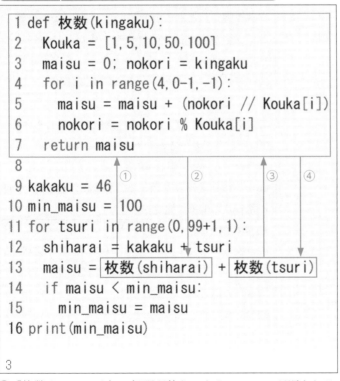

```
1 def 枚数(kingaku):
2   Kouka = [1, 5, 10, 50, 100]
3   maisu = 0; nokori = kingaku
4   for i in range(4, 0-1, -1):
5     maisu = maisu + (nokori // Kouka[i])
6     nokori = nokori % Kouka[i]
7   return maisu
8
9 kakaku = 46
10 min_maisu = 100
11 for tsuri in range(0, 99+1, 1):
12   shiharai = kakaku + tsuri
13   maisu = 枚数(shiharai) + 枚数(tsuri)
14   if maisu < min_maisu:
15     min_maisu = maisu
16 print(min_maisu)
```

3

※「def 枚数(kingaku):」のブロックは，関数「枚数(kingaku)」の定義である。関数「枚数(kingaku)」は，p.172で先生が説明している通り，p.171の図1について，kingaku を「46」のように代入するのではなく引数として受け取り，最後に maisu を表示するのではなく戻り値として返すように変更したものである。

①この時点での shiharai の値を「枚数(kingaku)」に渡す。shiharai の値が kingaku に記憶され，「枚数(kingaku)」に処理が移動する。

②「枚数(kingaku)」の処理が終わったら，maisu が返される。ここで返される maisu が，13行目の「枚数(shiharai)」の部分の値となる。

③この時点での tsuri の値を「枚数(kingaku)」に渡す。tsuri の値が kingaku に記憶され，「枚数(kingaku)」に処理が移動する。

④「枚数(kingaku)」の処理が終わったら，maisu が返される。ここで返される maisu が，13行目の「枚数(tsuri)」の部分の値となる。

このようにすることで，「枚数（客が店に支払う金額）」と「枚数（店が客に釣りとして渡す金額）」の合計を求められる仕組みになっている。

▶1　関数「枚数(kingaku)」のプログラムも一緒に載せているので，図2のプログラムと Python のプログラムの行番号が一致していない。また，Python のコードは参考例として載せているだけであり，例えば def や return などの使い方を知らないと共通テストが解けないということではない。ただし，この問題に関しては関数の移動の状況を p.173 の図2だけから捉えるのは難しく，p.171 の図1と行ったり来たりしなければならないので，このようにプログラムで併記されていると分かりやすいのではないだろうか。

p.173　図2のプログラムのトレース表（部分）

行	kakaku	min_maisu	tsuri	shiharai	maisu	備　考
(1)	46	—	—	—	—	**kakaku** に 46 を記憶。設問文より，46 円の商品を購入する際に，「客が店に払う硬貨枚数＋店が客にお釣りとして返す硬貨枚数」は最小で何枚になるのかを表示するプログラムを作ろうとしているのだということを読み取る。
(2)	46	100	—	—	—	**min_maisu** に 100 を記憶。最後に **min_maisu** が表示されていることから，**min_maisu** は「客が店に払う硬貨枚数＋店が客にお釣りとして返す硬貨枚数」の最小値を記憶する変数であると考える。最小値を記憶する変数には，あり得る最も大きい値よりも大きい値を記憶しておく。この別冊解答の p.13～18 も参照。
(3)	46	100	0	—	—	サ と シ が問われている。p.172 に，「妥当な **tsuri** のすべての値に対して交換する硬貨の枚数を調べ」とあるので，あり得る **tsuri** の値ごとに「客が店に払う硬貨枚数＋店が客にお釣りとして返す硬貨枚数」がどのようになるのかを順に調べていく。よって，**tsuri** の値を for ループのたびに変えていく。また，「妥当な **tsuri** のすべての値」は，p.172 に「釣り銭無しの場合も含め，99 円までのすべての釣り銭に対し」とあるため，初期値を 0，終了値を 99 とする。 **tsuri** に初期値 0 をセット。「**tsuri** ≦ 99」が成り立つのでループ継続。
(4)	46	100	0	46	—	**shiharai** は，「客→店」と渡す支払い金額。支払い枚数ではないので注意。例えば 46 円の商品を購入し，お釣りが 5 円だった場合，客が店に支払ったのは「46 ＋ 5 ＝ 51」より 51 円となる。**shiharai** は，**kakaku** と **tsuri** の合計で求められるのである。 現在のループでは，釣りが 0 円の場合を調べているので，**shiharai** は 46 である。

行	kakaku	min_maisu	tsuri	shiharai	maisu	備　考
(5)	46	100	0	46	6	ここは，関数の呼び出し・引数渡し・戻り値の仕組みが分かっていないと，解答は難しいだろう。**maisu** には，現在のループの **tsuri** の値における，「客→店」と渡す硬貨枚数と，「店→客」と渡す硬貨枚数の合計を記憶する。「客→店」と渡す支払い金額（**shiharai**）と，「店→客」と渡すお釣りの金額（**tsuri**）が既に明らかになっているので，関数「**枚数（金額）**」により，これらの金額を渡すために必要な最小硬貨枚数を求める。　ス　と　セ　を，「**枚数（shiharai）**」と「**枚数（tsuri）**」にすると，関数によって **shiharai**，**tsuri** を渡すために最小限必要な硬貨の枚数が，それぞれ戻り値として返される[1]。そして，これらの合計が **maisu** に記憶されることになる。このループでは，**shiharai** は 46 なので，「**枚数（shiharai）**」の戻り値は 6 である（10 円玉 4 枚，5 円玉 1 枚，1 円玉 1 枚）。また，**tsuri** は 0 なので，「**枚数（tsuri）**」の戻り値は 0 である。よって，**maisu** ＝ 6 ＋ 0 より，**maisu** には 6 が記憶される。これは，**tsuri** が 0 の場合，「客が店に払う硬貨枚数＋店が客にお釣りとして返す硬貨枚数」は 6 枚になるということを意味する。
(6)					maisu < min_maisu → YES	現在の**枚数（maisu）**が，暫定の最小枚数（**min_maisu**）より小さいかどうかを比較している。もし，**maisu** が **min_maisu** より小さければ（YES なら），**min_maisu** の値を **maisu** に変更すればよい。こうすることで，(3)〜(7) の for ループで **tsuri** を 0 から 99 まで 1 ずつ増やしながら最後まで処理すると，**min_maisu** には最も **maisu** が少なくなったときの値が記憶される。6 < 100 は YES[2]
(7)	46	6	0	46	6	(6) で YES となったので，**min_maisu** を，現在の **maisu** の値に更新する。**tsuri** が 0 のときの硬貨枚数が，暫定の「最小値」となった。
(3)	46	6	1	46	6	**tsuri** に 1 を加える。「**tsuri** ≦ 99」が成り立つのでループ継続。

▶ 1　p.171 の図 1 のプログラムについて，(2) のように kingaku を代入するのではなく呼び出し元（p.173 のプログラムの (5) 行目）から引数として渡されるようにし，(7) を「表示する（maisu）」ではなく「呼び出し元に戻り値として maisu を返す」に変更したものが，関数「**枚数（金額）**」である。p.173 の図 2 では，　ス　の部分で関数「**枚数（shiharai）**」が呼び出されて maisu が返され，さらに　セ　の部分で「**枚数（tsuri）**」が呼び出されて maisu が返され，これらの合計が (5) で maisu に記憶される。なお，図 1 のプログラムでも図 2 のプログラムでも maisu という変数が用いられているが，図 2 の maisu は「**枚数（shiharai）**」と「**枚数（tsuri）**」の合計なので注意。

▶ 2　最大値・最小値については，この別冊解答の p.13〜18 も参照。

行	kakaku	min_maisu	tsuri	shiharai	maisu	備　　考
(4)	46	6	1	47	6	tsuri が 1，kakaku が 46 ということは，客が支払った金額（shiharai）は 47 である。
(5)	46	6	1	47	8	枚数（shiharai）は 7，枚数（tsuri）は 1，maisu は 8 [1]。
(6)	maisu < min_maisu → NO					7 < 6 は NO。tsuri が 0 のときは maisu が 6，tsuri が 1 のときは maisu が 7 だったので，tsuri が 0 のときの方が必要となる合計枚数が少ないということである。よって，min_maisu は更新しない。 言い換えれば，客は 46 円の商品を買うとき，支払い金額として 47 円を出すより 46 円を出す方が「上手な支払い」をしているということになる。
(3)	46	6	2	47	8	tsuri に 1 を加える。「tsuri ≦ 99」が成り立つのでループ継続。
(4)	46	6	2	48	8	tsuri が 2，kakaku が 46 ということは，客が支払った金額（shiharai）は 48 である。
(5)	46	6	2	48	10	枚数（shiharai）は 8，枚数（tsuri）は 2，maisu は 10。
(6)	maisu < min_maisu → NO					10 < 6 は NO。
(3)	46	6	3	48	10	tsuri に 1 を加える。「tsuri ≦ 99」が成り立つのでループ継続。
(4)	46	6	3	49	10	tsuri が 3，kakaku が 46 ということは，客が支払った金額（shiharai）は 49 である。
(5)	46	6	3	49	12	枚数（shiharai）は 9，枚数（tsuri）は 3，maisu は 12。
(6)	maisu < min_maisu → NO					12 < 6 は NO。
(3)	46	6	4	49	12	tsuri に 1 を加える。「tsuri ≦ 99」が成り立つのでループ継続。
(4)	46	6	4	50	12	tsuri が 4，kakaku が 46 ということは，客が支払った金額（shiharai）は 50 である。
(5)	46	6	4	50	5	枚数（shiharai）は 1，枚数（tsuri）は 4，maisu は 5。
(6)	maisu < min_maisu → YES					5 < 6 は YES。
(7)	46	5	4	50	5	min_maisu を現在の maisu に更新。tsuri が 4 のときの maisu である 5 が，暫定の最小値となった。
(3)	46	5	5	50	5	tsuri に 1 を加える。「tsuri ≦ 99」が成り立つのでループ継続。
(4)	46	5	5	51	5	tsuri が 5，kakaku が 46 ということは，客が支払った金額（shiharai）は 51 である。
(5)	46	5	5	51	3	枚数（shiharai）は 2，枚数（tsuri）は 1，maisu は 3。
(6)	maisu < min_maisu → YES					3 < 5 は YES。

▶ 1 **枚数**（shiharai）は，**枚数**（47）となる。47 円を支払うために必要な硬貨の最小枚数は，10 円玉×4，5 円玉×1，1 円玉×2 の 7 枚。以下，**枚数**（金額）の詳細は割愛。

行	kakaku	min_maisu	tsuri	shiharai	maisu	備　考
(7)	46	3	5	51	3	min_maisu を現在の maisu に更新。tsuri が 5 のときの maisu である 3 が，暫定の最小値となった。

※　以下，**tsuri** を 6 から 99 まで 1 ずつ増やしながら **shiharai** と **maisu** を求め，その **tsuri** のときの **maisu** が **min_maisu** より小さいか確かめていく。**(3)** ～ **(7)** のループを抜けた時点で，**min_maisu** には合計枚数の最小値が記憶されている[1]。

```
tsuri：0    shiharai：46    釣りの枚数：0    支払いの枚数：6    合計枚数：6
tsuri：1    shiharai：47    釣りの枚数：1    支払いの枚数：7    合計枚数：8
tsuri：2    shiharai：48    釣りの枚数：2    支払いの枚数：8    合計枚数：10
tsuri：3    shiharai：49    釣りの枚数：3    支払いの枚数：9    合計枚数：12
tsuri：4    shiharai：50    釣りの枚数：4    支払いの枚数：1    合計枚数：5
tsuri：5    shiharai：51    釣りの枚数：1    支払いの枚数：2    合計枚数：3
tsuri：6    shiharai：52    釣りの枚数：2    支払いの枚数：3    合計枚数：5
tsuri：7    shiharai：53    釣りの枚数：3    支払いの枚数：4    合計枚数：7
tsuri：8    shiharai：54    釣りの枚数：4    支払いの枚数：5    合計枚数：9
tsuri：9    shiharai：55    釣りの枚数：5    支払いの枚数：2    合計枚数：7
tsuri：10   shiharai：56    釣りの枚数：1    支払いの枚数：3    合計枚数：4
tsuri：11   shiharai：57    釣りの枚数：2    支払いの枚数：4    合計枚数：6
tsuri：12   shiharai：58    釣りの枚数：3    支払いの枚数：5    合計枚数：8
```

tsuri が 0 から 12 までの，**tsuri**，**shiharai**，各枚数

第 4 問

生活時間の実態に関する統計調査の分析

分野　⑬　データの活用

解答　問1 ［ア］① 問2 ［イ］② 問3 ［ウ］⓪ 問4 ［エ］②
問5 ［オ］② ［カ］① ［キ］①

解説

問1　分析できない仮説

［ア］

p.174 の表をもとに分析可能な仮説・分析不可能な仮説が問われている。なお，ここでは仮説が正しいかどうかを問われているわけではないことに注意する。

⓪　誤り。分析できる。表 1-A と表 1-B の，食事の列を比較すればよい。

①　正しい。分析できない。表 1-B において，スマートフォン・パソコンを使用している時間に関するデータがないので，分析できない。

②　誤り。分析できる。表 1-B において，学業の時間と趣味・娯楽の時間は都道府県ごとにデータがある。

③　誤り。分析できる。表 1-A と表 1-B の，通学の列を比較すればよい。

▶1　最後まで調べたときの maisu の最小値は，p.173 で説明されている通り，tsuri が 5，shiharai が 51 のときの「3」である。また，p.173 の図 2 において，(6) が YES になった場合に「min_maisu = maisu」だけではなく「best_shiharai = shiharai」のような処理も行うことにより，最も「上手な払い方」をするために支払うべき金額も求めることができる。p.173 の図 2 においてこの処理を加え，最後に best_shiharai を表示すると，「51」と表示される。

▋ 問2　箱ひげ図の読み取り

| イ |

箱ひげ図の基本的な読み取りについて問われている。それぞれの線が何を表しているのかが分かれば，容易に解答することができる。

⓪　誤り。図1の420分の部分を見ると，表1-Aの箱ひげ図については第一四分位数と第二四分位数の間のあたりにあるが，表1-Bの箱ひげ図については第一四分位数よりも左にある。表1-Aと表1-Bのデータ数は都道府県数（47個）と同じであるので，表1-Bの方が420分以上の都道府県の数が多い。

①　誤り。図2の550分の部分を見ると，表1-Bについては確かに550分以上の都道府県は一つもないが，表1-Aについては第二四分位数の線が500分よりも左側にあるため，550分以上が「全体の半数以上」はない。

②　正しい。図2の450分の部分を見ると，表1-Bについては第三四分位数の線よりも右にあるため，75%以上が450分未満である。また，表1-Aについては，450分は第一四分位数の線のあたりにあるので，450分未満は50%未満である。

③　誤り。図1においては，表1-Aと1-Bの中央値（第二四分位数）の差は約10分である。一方，図2においては，表1-Aと1-Bの中央値の差は約100分である。よって，図2（学業の時間）の方が中央値の差の絶対値は大きい。グラフの横軸の目盛りにも注意すること。

▋ 問3　箱ひげ図の活用

| ウ |

まず，どのような処理を行っているのかを把握するようにする。p.174について，分かりやすくするために，問3で取り上げられている「睡眠の時間」と「学業の時間」だけを残すと次のようになる。

表1-A（スマートフォン・パソコン使用時間が短い）のうち，
「睡眠の時間」と「学業の時間」だけを取り出した表

都道府県	睡眠（分）	学業（分）
北海道	439	465
青森県	411	480
⋮	⋮	⋮
茨城県	407	552
栃木県	433	445
⋮	⋮	⋮

表1-B（スマートフォン・パソコン使用時間が長い）のうち，
「睡眠の時間」と「学業の時間」だけを取り出した表

都道府県	睡眠（分）	学業（分）
北海道	436	411
青森県	461	269
⋮	⋮	⋮
茨城県	443	423
栃木県	386	504
⋮	⋮	⋮

p.178 では，表 1-A の各値から，表 1-B の各値を引くと書かれている。この処理を行うと，次のようになる。

表 1-A の各値から表 1-B の各値を引いた結果

都道府県	睡眠（分）	学業（分）
北海道	3	54
青森県	− 50	211
⋮	⋮	⋮
茨城県	− 36	129
栃木県	47	− 59
⋮	⋮	⋮

465 − 411 = 54

あるセルの値が正になるということは，「その行の都道府県では，その列の行動（睡眠／学業）に対して，スマートフォン・パソコンの使用時間が長い人よりも短い人の方が，多くの時間をかけている」ということになる。負になる場合はこの逆である。

p.178 の箱ひげ図は，上の表の処理を全都道府県に対して行った結果を表したものである。以上を踏まえて，p.179 の A～E を検討していく。

A　正しい。箱ひげ図の読み取りというよりも，行った処理に対する理解を問うものである。表 1-A の各値から表 1-B の各値を引いていることに注意する。表 1-A は「スマートフォン・パソコン利用時間が短い」，表 1-B は「スマートフォン・パソコン利用時間が長い」なので，例えば前者の学業の時間が平均 200 分，後者の学業の時間が平均 150 分の都道府県があった場合，その都道府県では「200 − 150 = 50」より，「スマートフォン・パソコン利用時間が短いグループの方が，長いグループより，平均で 50 分多くの時間を学業に使っている」と言える。

B　誤り。A で確認した通りである。

C　正しい。「表 1-A の値から表 1-B の値を引いた差」が大きければ大きいほど，差が顕著に表れているといえる。箱ひげ図を見ると，「学業」の方が差が大きい。

D　誤り。C で確認した通りである。

E　誤り。C で確認した通りである。二つの箱ひげ図を見比べると，「同程度」ではない。

以上より，正しいのは A と C なので，⓪ が正解である。

▌問 4　散布図の読み取り

エ

相関に関する基本的な理解が問われている。p.180 に散布図が掲載されているが，問われていることをよく確認し，相関の基本を理解していれば，選択肢だけでも正誤判定が可能である。

⓪　誤り。ここで問われているのは，p.181 にある通り「負の相関の解釈」であり，散らばり度合いは関係がない。なお，「データの範囲」とは，最大値から最小値を引いたものを指す。

①　誤り。同上。

②　正しい。負の相関の説明になっている。

③　誤り。学業の時間が大きくなれば，睡眠の時間も大きくなるような関係は正の相関にあたる。

問5　残差

　散布図における分布の傾向を一次関数で近似して表す回帰直線は，相関関係にある2値の分布の傾向を把握し，値を予測する際には便利な手法である。しかし，問5は，回帰直線の使用においては注意点があるということを暗に示す問題になっている。問題設定の意味，特に図6の意味を正しく捉えられるかどうかが，この問題に解答するための鍵となる。

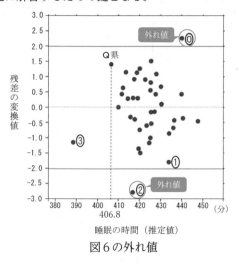

図6の外れ値

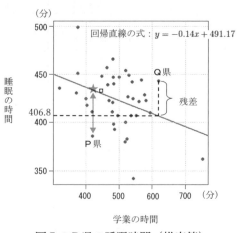

図5のP県の睡眠時間（推定値）

　図6は，図5の各点の残差を，平均値0，標準偏差1に変換した値をプロットしている。つまり，図6の各点の縦の位置は，図5において各点がどれだけ図の上または下にあるか，ということと対応するのではなく，どれだけ回帰直線と離れているか，ということと対応している。このことを読み間違えないように注意する。

　また，図6の各点の横の位置は，睡眠の時間（推定値）である。この「推定値」とは，図5の各点が示す実際の「睡眠の時間」の値ではなく，図5の各点の「学業の時間」を回帰直線の式「$y = -0.14x + 491.17$」のxに代入して求めた値であることを意味する。さらに，図5においては「睡眠の時間」は縦軸にあたるが，図6においては「睡眠の時間（推定値）」は横軸にあたるという点にも注意が必要である。

オ

　p.183において，「平均値から標準偏差の2倍以上離れた値を外れ値とする」とある。そのため，図6の2.0の線より上にある点と，-2.0の線より下にある点が外れ値になる。よって，外れ値は2個となる。

カ ・ キ

　p.182に，図6の横軸にあたる「睡眠の時間（推定値）」は，図5の回帰直線の式をもとに学業の時間から推定される睡眠の時間を表すと説明されている。図5において，P県の実際の「睡眠の時間」は約380分であるが，回帰直線をもとに算出した「睡眠の時間（推定値）」は，上図（右）の★のyにあたるため，約430分であると読み取れる。図6において，「睡眠の時間（推定値）」の値が約430分の点には⓪と①があるが，P県の残差は負の値になるので，⓪ではなく①が正解である。

　また，①の点は図6の-2.0の線より上にあるため，外れ値ではない。よって，キ は①である。

A1X0